음식과 언어

— 식문화에 대한 대조언어학적 연구

이성범

서울에서 태어나 서울대학교 인문대학 영어영문학과 및 같은 대학 대학원 언어학과 석사과정을 졸업하고 미국 예일대학교 대학원에서 언어학 박사학위를 받았다. 한양대학교 문과대학 영어영문학과 교수를 거쳐 현재 서강대학교 영미어문 교수로 재직하고 있다. 의미론 및 화용론 전공자로서 특히 언어와 추론, 커뮤니케이션 모델, 게임이론, 광고와 언어, 법과 언어 등의 분야를 연구하고 있으며, 이론적 연구와 병행하여 실험화용론을 연구, 개발하는 서강화용론랩(Sogang Pragmatics Lab)을 이끌고 있다. 대한민국학술원 저술상 및 문화관광부 선정 우수도서를 저술하였으며 다수의 논문을 발표하였다. 대표적인 저서로는 『언어와 의미: 현대의미론의 이해』, 『추론의 화용론』, 『영어로 읽는 세계』, 『영어화용론』, 『영어 지시 표현의 이해: 인지·화용적 접근』, 『화용론 연구의 거시적 관점』, 『화용론 연구』(공저), 『형식문법과 한국어 기술』(공저) 등이 있으며, 번역서로는 『화용론』, 『화용론 개관』 등이 있다.

서강학술총서
053

음식과 언어

식문화에 대한 대조언어학적 연구

이성범 지음

서강대학교 출판부

서강학술총서 053

음식과 언어
—식문화에 대한 대조언어학적 연구

초판발행 | 2013년 2월 27일
2쇄 발행 | 2013년 7월 25일
지 은 이 | 이성범
발 행 인 | 유기풍
편 집 인 | 우찬제
발 행 처 | 서강대학교 출판부
등록번호 | 1978년 9월 28일 제313-2002-170호

주 소 | 서울특별시 마포구 백범로 35번지
전 화 | (02) 705-8212
팩 스 | (02) 705-8612

ISBN 978-89-7273-228-0 94700
ISBN 978-89-7273-139-9(세트)

값 15,000원

* '서강학술총서'는 SK SUPEX 기금의 후원으로 제작됩니다.
* 이 연구는 2012년도 서강대학교 교내연구비 지원에 의한 연구임(과제번호 201210078.01).

서문

이 책은 '음식과 언어'라는 인간 존재의 가장 기본적인 두 측면을 대조언어학 및 화용론, 문화인류언어학 등의 관점에서 조명한 것이다. 음식이 인간의 물질적, 육체적 생존을 이어나가기 위한 필수 요소라고 한다면 언어는 인간의 정신적, 사회적 활동을 가능케 하는 또 다른 필수 요소라고 할 수 있다. 우리의 삶에서 음식과 언어를 제외한다면 이는 마치 물고기들로부터 물과 산소를 빼앗아버리는 것과 같을 것이다. 우리는 누구나 힘든 일과를 마치고 집에 돌아와 가족들과 따뜻한 저녁과 정겨운 대화를 나누는 것만으로도 힘을 얻고 계속 살아가는 이유를 찾을 수 있다. 그런데 음식과 언어는 한쪽은 물질적 차원에 속하는 것이고 다른 한쪽은 정신적 차원에 속하는 것이라고 하여 전혀 무관한 것이라고 생각하기 쉽다. 그러나 음식과 언어는 우연이라고 할 수 없는 연관성과 유사성을 갖고 있다. 저자는 오래전에 유치원의 학부모 참관 수업에 참여한 적이 있다. 그 수업에서는 인체의 여러 기관들의 기능을 다루었는데, 예를 들어 선생님께서 "눈은 왜 있지요?"라고 물으면 학생들은 "물건을 보려고 있어요"라고 대답하는 식으로 진행되었다. 또한 "귀는 왜 있지요?"라고 묻자 "소리를 들으려고 있어요"라고 대답했다. 마지막으로 "입은 왜 있지요?"라고 선생님께서 묻자 한 학생이 손을 번쩍 들고서는 "밥을 먹으려고 있습니다"라고 아주 씩씩하게 대답했다. 물론 틀린 말은 아니다. 입은 인간의 물리적 생존을 가능케 하기 위한 음식 섭취가 시작되는 부분이다. 그러나 인류는 다른 동물과는 달리 입을 또 다른 차원에서의 생존, 즉 정신적 · 사회적 활동을 위한 도구로 사용하는 법을 찾아내었고 그 결과 언어는 인간을 다른 동물들과는 비교할 수 없는 문명적 존재로 만들어주었다. 또한 음식과 언어는 입에서만 그치는 것이 아니라 우리의 뇌와 연결되며, 지성과 감성이 겸비되어야 하고, 기술적인 측면도 있지만 한 차원 승화되면 예술의 경지에까지 오를 수 있다. 영국의 작가 메레디스(Meredith)의 말처럼 키스를 잘하는 여자는 오래가지 않지만 요리를 잘하는 여자는 오래간다. 마찬가지로 돈을 잘 쓰는 남자는 쉽게 싫증나지만 진실한 말을 하는 남자는 오래 마음에 남게 된다. 음식도 과식이나 폭식 · 편식을 한다든지 요리를 비위생적으로 하여 배탈을 일으킨다든지 하는 부정적 측면이 있는 것처럼, 언어도 저속하거나 공격적이며 남의 마음을 해치는 표현을 사용함으로써 인간관계를 위험에 처하게 만들 수도 있다. 미식가들이 맛있는 음식을 찾는 것은 독자가 명문장을 찾는 것과 비슷하다. 그러나 매일 맛있는 음식을 먹는 것보다 영양분이 고루 들어 있는 절제된 식사를 하는 것이 중요한 것처럼 매일 듣기 좋은 교언영색의 문장만을 들으려고 하는 것보다 다소 투박하더라도 진솔한 대화를 나누는 것이 더 중요하다. 이처럼 음식과 언어는 개인의 문제인 동시에 또한 가정이나 소집단, 더 나아가 사회와 국가 · 인종 등의 문제이다. 따라서 이를 제대로 이해하기 위해서는 사회적 · 문화적 · 인류학적 의미를 잘 파악하는 것이 중요하다. 아울러 인간의 가장 중요한 두 측면인 음식과 언어는 소통의 필수적 요소이다. 즉 사랑하는 가족들을 생각하면서 깨끗하게 잘 준비된 식재료를 위생적으로 조리하여 정갈하게 차려내는 사람은, 마치 소중한 사람에게 자신이 생각하고 느낀 것을 알기 쉽고 적절한 표현으로 전달해주는 화자에 비유할 수 있고, 그런 음식을 고맙게 받아들여 맛있게 먹는 사람은 자기에게 정보를 전달해주는 사람의 말을 받아들여 그와 공감의 폭을 넓혀가는 청자에게 비유할 수 있다. 따라서 음식과 언어가 사람들 사이에서의 소통에 결정적 역할을 한다는 것은 결코 가볍게 볼 수 없다.

그 어느 때보다 음식에 대한 사회적 담론이 활발한 요즈음, 이 책은 이 주제에 대해 관심이 있는 독자들이 재미있고 쉽게 읽을 수 있되 그러면서도 어느 정도 학문적 깊이가 있는 내용을 전달하는 데 목표를 두었다. 이런 목표를 위해 이 책의 전반부에서는 음식 문화와 언어에 대한 개괄적 고찰에서부터 시작하여 한국어를 포함한 주요 언어에서의 요리하기 술어(predicates of cooking)의 의미 분석 및 다양한 음식의 맛을 표현하는 맛 어휘(words of taste)와 음식 어휘(culinary vocabulary)에 대한 어휘의미론적 접근을 다루었고, 후반부에서는 음식에 대한 사회적 담론과 상업 광고, 언어 행위로서의 식사에 대한 화행 분석, 그리고 음식과 관련된 한국어 및 외국어 속담에 대해 다루었다.

음식과 언어 모두 한편으로는 인간의 원초적인 본능과 밀접하게 연결되어 있고 다른 한편으로는 고상하고 우아한 교양과 연결되어 있기 때문에 이것이 자칫 변질, 악용되거나 반사회적으로 타락하는 것을 막기 위해 어느 문화에서나 엄격한 식사 예절과 언어 예절을 정하고 사회 규범으로서 강조하는 것이다. 결국 음식과 언어는 인간의 사회적 관계에 대한 하나의 물질적, 정신적 표현이며, 따라서 인간의 본질과 사회 문화적 특성을 설명하는 훌륭한 예가 된다. 아무쪼록 이 책이 음식과 언어에 대해, 즉 우리 인간의 가장 기본적이고도 중요한 두 요소에 대해, 좀 더 자세히 알고자 하는 모든 독자들에게 맛깔스러운 한 그릇의 매생이국처럼 받아들여지길 바라는 마음이다. 오늘은 또 어떤 맛난 음식과 따뜻한 대화가 기다리고 있을지 설레는 마음으로 기대하며 원고의 마지막 마침표를 찍고 미숙하나마 독자 제현의 테이블로 이 책을 보내고자 한다. 이 책을 내기까지 여러모로 도움을 준 한양대 제자들과 김석훈 군과 한승훈 군에게 감사한다. 또한 서강학술총서 발행위원회와 우찬제 교수께 감사하며 서강대학교 출판부에도 감사한다. 이 책은 저자와 함께 맛있는 음식과 정겨운 언어를 공유하는 모든 분들에게 바친다.

2013년 봄기운이 움트는 목멱을 바라보며
이성범 적음

차례

제1장
음식 문화와 언어

1. 인간, 음식 그리고 언어

음식과 언어는 인류 문명의 가장 기본적이고 핵심적인 두 부분이라고 할 수 있다. 음식은 인간의 생물학적 생존을 유지하기 위한 필수 요소인 반면, 언어는 인간의 정신적 활동을 가능케 하는 필수 요소라고 할 수 있다. 우연의 일치라고 하기에는 공교롭게도 음식과 언어는 공히 인간의 입과 직접적으로 연결되어 있고, 더 나아가서는 인간의 두뇌와 연결되며, 그 자체로서 끝나는 것이 아니라 사회적, 문화적, 인류학적 의미까지 지니게 된다. 어떤 사람이나 부족, 민족들을 잘 이해하기 위해서 그들이 무엇을 주로 먹고 어떻게 요리하며 식사 방식과 예절은 어떠한지를 아는 것이 중요한 것처럼, 그들이 무엇을 말하고 어떤 식으로 의사소통하며 언어를 둘러싼 규범과 의식은 어떠한지를 아는 것도 중요하다. 또한 음식은 일반적으로 그것을 만드는 사람과 그것을 먹는 사람이 존재하듯이 언어도 말을 하는 사람과 그 말을 듣는 사람이 존재한다는 점에서 상호작용이 이루어지는 의사소통의 한 형태로 볼 수 있다. 즉 깨끗하게 준비된 식재료들을 그들이 공유하는 방식으로 정갈하게 차려내어 손님에게 대접하는 사람은 마치 적절하게 개념화된 생각들을 그들이 공유하는 방식으로 알기 쉽게 표현하여 상대방에게 전달하는 화자에 비유할 수 있다. 그런 음식을 받아들여 맛있게 섭취함으로써 음식을 제공한 이와의 관계를 선하게 유지하는 사람은 화자의 말을 제대로 받아들여 그의 의사나 의도를 이해함으로써 적절한 관계를 유지하는 사람에 비유할 수 있다.

우리는 가족 또는 지인들과 음식을 함께 나눔으로써 사해문서가 발견된 키르베트 쿰란(Khirbet Qumran)과 같은 기독교 공동체에서의 공동 식사나 성체 의식에서처럼 개인적 우의나 집단 공동체 의식을 다지기도 한다. 이 점은 언어적 의사소통의 대표적 방식인 대화(dialogue) 역시 마찬가지로서, 대화를 나눔으로써 우리는 주위 사람들과 관계를 맺거나 연대감을 형성하고 유지할 수 있다. 반대로 누군가와 함께 음식 먹기를 거부하는 것은 그에 대한 분노나 불화를 나타내기도 하는데 최악의 경우 식량 때문에 집단이나 부족, 국가 간에 전쟁을 치르기도 한다. 뿐만 아니라 언어 역시 그것이 잘 쓰일 경우에는 더 없이 유용한 도구이지만, 자칫하면 오해와 반목, 갈등과 논쟁의 단초를 제공하는 경우가 허다하다. 이런 점은 최창모(2003)도 지적하듯이 히브리어에서 '전쟁'이라는 단어가 음식을 총칭적으로 뜻하는 '빵'과 그 어원이 같으며, 영어에서 '싸움'을 뜻하는 'argument'는 원래 '말하다'에서 나온 것에서도 알 수 있다. 음식과 언어 모두 한편으로는 인간의 원초적인 본능과 밀접하게 연결되어 있고 다른 한편으로는 고상하고 우아한 교양과 연결되어 있기 때문에 이것이 자칫 변질, 악용되거나 반사회적으로 타락하는 것을 막기 위해 어느 문화에서나 엄격한 식사 예절과 언어 예절을 정하고 사회 규범으로서 강조하는 것이다. 결국 음식과 언어는 인간의 사회적 관계에 대한 하나의 물질적, 정신적 표현이며, 따라서 인간의 본질과 사회 문화적 특성을 설명하는 훌륭한 예가 된다.

음식과 언어는 모두 그것이 사용되는 환경이나 맥락에 속한 사람들이 갖고 있는 믿음이나 신념, 공유된 가치 체계 등에 따라 권력과 명예의 상징이 될 수 있다. 음식과 언어에는 권력과 사회 제도가 어떤 방식으로든지 개입하게 된다. 우선 인류학자인 마가렛 미드(Margaret Mead)의 연구에서 볼 수 있듯이 인류의 역사에서 음식과 관련된 수많은 금기(taboo)들이 있어온 것처럼 음식은 단순히 영양의 공급원에 머무는 것이 아니라 사회적 유대감이나 결속을 유지하고 가진 자와 그렇지 못한 자들을 자연스럽게 구분하여 신분적 위계질서를 공고히 하는 데 결정적 역할을 했다. 특히 과거에 모든 사람들을 먹여 살릴 수 있을 정도로 먹거리가 충분하지 않고 굶주림과 기근이 다반사였을 경우, 음식은 많은 사회에서 정치권력의 엄격한 통제 대상이 되어왔다. 마찬가지로 언어 역시 단순히 정보의 전달 수단에 그치는 것이 아니라 같은 언어 사용자들끼리 언어 공동체 내에서 지켜야 할 가치나 규범을 확인하고 이를 감히 무시하거나 위반하는 것을 막는 금기들이 설정되어왔다. 언어 사용에 있어서 계급이나 지역, 성, 직업, 신분 등에 따라 차별이 생기고, 문자를 해독할 수 있는 계층과 그렇지 못한 계층 사이에서 지식과 정보량의 차이가 심화됨에 따라 언어는 자연스럽게 권력의 표상으로까지 인식되어왔다.

그러나 오늘날 농업 혁명으로 인한 대량 생산이 보편화되고 일반 백성들의 수준에서 절대 기근이 눈에 띄게 감소하면서 과거 전제 군주나 귀족들만 누릴 수 있을 법한 음식을 거의 모든 사람들이 먹고 즐길 수 있게 되었고, 신분 철폐 및 근대화로 인한 대중 교육의 보편화로 인해 거의 모든 국민들이 문자를 해독하고 언론과 표현의 자유를 향유하게 되면서 과거 일부 사대부들의 전유물인 언어 정보의 민주화가 실현되게 되었다. 오히려 현대에 들어와 국민들의 먹거리는 정치 권력자들에게 부담으로 작용하게 되는데, 예를 들어 오늘날 북한 정권에 대해 서양 언론이나 정부가 주로 하는 비판은 "자기 백성들을 굶어 죽게 내버려두는 무능한 정권"이라는 점이며 김정일의 아들인 김정은이 공언한 제1의 목표는 "모든 인민들이 쌀밥에 고깃국을 먹게 하는 것"이라는 점과, 우루과이 라운드 당시 김영삼 대통령이 "쌀은 한국의 자존심으로서 모든 것을 걸고 쌀시장 개방만은 막아내겠다"고 공언한 것이라든지, 모택동이 중국을 공산화하고 "이제 중국에서 굶주림을 몰아내겠다"고 선언한 점 등은 현대 정치에서 먹거리의 중요성을 잘 보여주는 것이라고 할 수 있다. 뿐만 아니라 과거 우민화 정책으로 적당히 어리석은 백성들을 대상으로 일부 소수 엘리트들이 권력을 독점하던 시절에 비해 오늘날은 오히려 정보를 문자 그대로 빛의 속도로 더 빨리 생성, 전파하고 공유하는 능력을 가진 네티즌들이 존재한다. 이들은 정치 권력자들을 견제하는 수준을 벗어나 가히 그들 스스로 새로운 세력을 형성하기도 한다. 예를 들어 북한에서는 철권통치를 위해 언론과 표현의 자유를 철저히 억압하고 서방 세계로부터의 자유로운 정보 유입을 차단하고 있으며, 이명박 정부 초기에 미숙한 대미 협상의 결과로 촉발된 촛불 시위는 언론과 네티즌들의 영향력이 그 어느 때보다 강력함을 보여주는 생생한 사례로 기록될 것이다. 또한 해커 출신인 줄리안 어샌지(Julian Assange)는 도덕성에 의심을 받고 있고 동기의 순수성에 대해 평가가 엇갈리지만, 철옹성 같은 미국 정부조차도 고급 정보를 독점할 수 없고 일반 민중을 배제하는 비밀스런 내부 정보는 더 이상 존재할 수 없으며, 이러한 성역을 없애고 정보와 의사소통의 민주화를 이루려는 민초들의 움직임을 여실히 보여주는 대표적 사례로 볼 수 있다. 역사적으로 음식과 언어를 둘러싼 이런 변화는 인간 존재의 가장 기본적인 두 축으로서 음식과 언어의 중요성을 극명히 보여준다고 할 수 있다. 그렇다면 보다 구체적으로 음식과 언어는 인간의 활동에 어떤 의미를 갖는지를 우리나라의 경우를 중심으로 살펴보자.

2. 3대 요소

흔히 인간 생존의 3대 요소를 의식주라고 하는데, 이 가운데 의복과 주거에 비해 음식은 문화 보존성이 더 강력하다. 한국의 예를 보면 현재 한국 사람들 중에서 고유한 한복을 늘 입고 다니거나 한국의 전통미가 그대로 살아 있는 한옥에서 거주하는 사람들의 비율은 과거에 비해 매우 낮다. 한복은 그 아름다움에도 불구하고 흔히 바다를 건너 들어온 외래 복식인 "양복"(洋服)이나 "양장"(洋裝)에 자리를 내주고 명절 때와 같이 특별한 경우에나 가끔씩 입는 옷이 되었다. 특히 남자들의 경우는 여자들에 비해 한복의 착용 비율이 현저히 낮아서 명절 때에도 양복을 입는 남자들이 더 많고, 결혼식이나 영안실에서도 남자들은 대부분 서양식 정장을 차려 입는 경우가 더 많다(한 가지 예외는 폐백을 할 때 새신랑은 대부분 생애 처음이자 마지막으로 사모관대를 두르고 용포나 관복을 입고 의식을 치른다). 이는 남자들이 일반적으로 여자들보다 대외적으로 활동을 많이 하기 때문에 한복보다 기능성에서 앞선다고 생각하는 양복을 착용하기 때문이기도 하지만 대부분의 문화에서 전통성은 여성들을 중심으로 전수, 보존된다는 문화의 일반 법칙의 한 단면이기도 하다. 또한 요즘에는 기능성을 높인 개량 한복이 나오지만 아직 널리 보급되지는 못하고 있는데 이는 양복이 그만큼, 적어도 문화적 경직성이 강한 성인 남성들 사이에서는,

사회적으로 수용되는 표준적인 의복으로 어느 샌가 자리매김해서, 한복이 다시 그 틈을 비집고 들어가기가 어렵다는 것을 의미한다. 일본의 경우 역시 서양 문물을 받아들인 후 일본의 전통 의복인 화복(和服), 또는 기모노(着物)를 착용하는 경우가 급격히 줄어들었다. 그 결과, 일본에서는 관광지 등에 기모노와 같은 전통 의상을 입고 오면 무료로 들여보내주는 것과 같은 정책을 써서 전통 복식 문화를 지키려고 하지만 날로 세계화되고 번성하는 일본의 음식에 비해 일본의 의복은 그 전망이 밝지만은 않다.

의식주 중의 또 하나 요소인 주거 문화는 또 어떠한가? 한국의 현대 역사에서 급격히 서구화가 일어난 부분 중의 하나가 바로 주택이라고 할 수 있다. 불과 100여 년 전만 해도 아파트라는 것은 존재하지 않았고 대부분은 한식 가옥으로 기와집이나 초가집 아니면 극히 일부 일본식 적산 가옥에 살았다고 해도 과언이 아니다. 그러던 것이 서구화의 물결이 들어오면서 입식 부엌과 수세식 화장실로 상징되는 2층 "양옥"(洋屋) 집이 선망의 대상이 되었고, 한국전쟁 이후 인구의 급증 및 서울 등 일부 도시의 급격한 팽창 때문에 주거 밀도를 높일 수 있는 아파트라는 공동 주택이 곳곳에 들어서게 되었다. 또한 농촌에서도 근대화의 상징이라며 초가집을 없애고 슬레이트 지붕을 얹은 규격화된 집들이 속속 들어서는 바람에 몇 천 년 이상 내려온 전통 가옥은 이제 웬만한 곳에서는 눈을 씻고 찾아봐도 드물 정도가 되었다. 한적한 시골에도 논이나 밭 한가운데 홀로 우뚝 선 고층 아파트를 보는 것이 더 이상 낯설지 않으며 서울의 스카이라인은 날로 늘어가는 고층 아파트의 물결로 뒤덮이고 있다. 미국의 대건축가 프랭크 로이드 라이트(Frank Lloyd Wright)를 비롯한 많은 건축학자들이 한옥의 환경 친화성과 온돌의 우수성을 이야기하지만 그럼에도 불구하고 선뜻 아파트를 버리고 한옥으로 이사하겠다는 사람이 그리 많지 않은 것은 한복의 경우와 마찬가지로 현대 한국 사회에서 한옥이 지니는 한계 때문으로 생각된다.

그렇다면 한복(韓服)과 한옥(韓屋)처럼 한국인들의 전통적인 음식인 한식(韓食)도 사라질 운명에 처한 것일까? 음식에서도 서구화의 바람이 거세게 불어오는 것은 마찬가지이다. 많은 한국의 어린아이들이 김치나 된장국보다 피자나 햄버거를 선호한다. 그럼에도 불구하고 여전히 대다수의 한국인들이 한식을 주로 먹으며 그 비율은 견고하다. 단적인 예로 해외여행을 할 때 국내 항공사의 비행기에서 제공되는 기내식의 경우, 과거에는 생각하기 힘들었던 한식 메뉴, 즉 예를 들어 김치나 비빔밥, 미역국, 비빔국수 등이 제공되는데, 이 메뉴는 샌드위치나 햄버거 등의 양식 메뉴보다 인기가 높다고 한다. 또한 이민이나 취업, 유학 등으로 외국에 나가 생활하는 동포들의 경우 주거 방식이나 의복 등은 현지 사정에 따라 동화되는 경우가 많지만, 음식만큼은 그들이 한국에서 먹던 한식을 고수하는 경우가 많다. 스탈린 집권 당시 연해주에서 중앙아시아의 우즈베키스탄이나 카자흐스탄 등으로 강제 이주된 고려인들의 후손들은 이미 원주민들과 혼인 등을 통해 혼혈 3세, 4세로 이어져 내려가지만 아직도 기본적인 한국식 음식을 먹는 가정을 볼 수 있다고 한다. 이런 음식 문화의 세대 보존성은 비단 한민족에만 국한되는 것은 아니다. 미국으로 건너간 중남미 이민자들은 다른 부분에서는 미국 주류 문화에 비교적 빨리 동화되지만 음식만큼은 자신들의 히스패닉 음식 문화를 고수하는 경향이 강하다. 이는 중국이나 일본, 태국, 베트남 등의 아시아계 이민자뿐 아니라 이탈리아, 프랑스, 헝가리, 러시아 등의 유럽계 이민자들에게도 공통적으로 볼 수 있는 현상이다. 이처럼 음식은 언어와 함께 민족 정체성을 나타내는 가장 중요한 요소로 여겨진다.

오늘날 한국 음식, 즉 한식은 한복이나 한옥과 달리 오히려 세계로 뻗어나갈 기회를 잡고 있다. 이미 1960년대에 세계화에 성공한 일식이라든지, 1990년대에 미국에서 선풍적인 인기를 끌기 시작한 타이 푸드(Thai food)처럼 한식도 세계인의 입맛을 사로잡을 수 있다는 확신 하에 한국 정부에서는 한식을 한국 문화의 아이콘(icon) 중의 하나로 생각하고 이를 세계화하기 위한 노력을 기울이고 있다. 이에 부응이라도 하려는 듯 어떤 텔레비전 프로그램에서는 한국 청년 두 명이 외국에 나가 무작정 떡볶이를 직접 만들어서 맛보게 하고 홍보하는 것을 보여주었다. 그런데 이 프로그램 제작진들이 어떤 의도를 갖고 얼마나 첨삭가감하고 편집했는지 알 수 없지만, 실제 화면에 나온 장면만을 미루어 짐작하건대 떡볶이에 대한 외국인들의 반응은 기대 이하로 생각된다. 물론 한국인들에게 매콤한 고추장에 버무린 쫄깃쫄깃한 떡볶이는 출출할 때 간식으로 제격이지만, 기본적으로 매운 맛에 길들어져 있지 않고, 음식은 쉽게 씹혀야 한다는 생각을 가진 외국인들에게는 떡볶이가 간식이라고 하기엔 너무 맵고, 씹다가 지칠 정도로 질겨서, 음식이라기보다는 마치 뜨거운 고무를 씹는 느낌을 준다고 토로하는 사람도 있다. 역사적으로 매운 맛은 한국인들이 즐겨 찾는 고유한 맛이 아니었음에도 불구하고, 최근 들어 한국인들의 입맛을 점령한 특이한 사례로 기록될 수 있는데 이에 대한 분석은 단순히 미각의 관점에서뿐 아니라 음식의 사회문화적 관점에서 총체적으로 접근할 필요가 있다. 예를 들어 떡볶이에 주로 사용되는 고추장은 재료 중에 고기를 볶아서 만드는 경우가 많은데 이 고기가 이슬람 율법에 따라 제대로 도살된 이른바 할랄 음식이 아니라면 이슬람권에서 떡볶이는 제자리를 찾기 어려울 것이다. 또한 음식이기에 기본적으로 부드럽고 달콤한 것이어야 한다는 인식에 사로잡힌 외국인들에게는 무미한 쌀밥에 잘 어울리는 불붙는 듯한 고추장의 지극히 자극적인 매운 맛은 단기간에 쉽게 어필하기 어려울 것이다. 아울러 한 가지 부연할 것은 '떡볶이'라는 이름 자체가 많은 외국인들에게는 제대로 발음하기 어려운 구조를 갖고 있어서, 한식 세계화를 추진하는 기관에서는 대외용으로 'topoki'로 고쳐서 표기하는 방법을 택했다고 하는데, 이 점은 가볍게 생각할 문제는 아니라고 본다. 일본의 경우 서양인들이 발음하기 어려운 '스시'(壽司)도 그냥 원음대로 'sushi'로 표기하였지만 거부감 없이 널리 통용되는 데 성공한 것을 볼 때 음식의 세계화는 단순한 발음만의 문제가 아닌 것으로 보인다.

한식의 특징 가운데 장이나 김치와 같은 숙성 기간이 길고 자극적인 맛을 가진 발효 음식이 많다는 점, 주된 음식인 밥과 함께 나오는 반찬의 종류와 가짓수가 많다는 점, 찌개나 국과 같이 액체로 된 떠먹는 음식이 많다는 점, 세계인들이 보편적으로 선호하는 단맛보다는 맵고 짠맛이 두드러진다는 점, 양념의 종류와 양이 많다는 점, 가공이나 조리에 손이 많이 간다는 점, 표준화된 조리법의 부재와 안정적인 재료 공급이 어렵다는 점, 한식 이름의 통일된 표기법이 없다는 점 등이 한식 세계화를 이루는 데 장애 요인으로 지적될 수 있다. 반면에 한식은 대표적인 슬로푸드이며, 육식과 채식이 조화를 이루는 균형 잡힌 영양식이고, 성인병을 유발하는 고지방, 고열량과는 거리가 먼 건강식인 동시에, 식재료가 다양하여 질리지 않고 입맛을 붙이기까지가 어렵지만 일단 맛을 알게 되면 쉽게 뗄 수 없는 그윽하고 깊은 맛을 갖고 있다는 점이 장점이라고 할 수 있다. 따라서 어떻게 하면 단점을 슬기롭게 극복하고 장점을 극대화하느냐가 앞으로 한식 세계화의 성패를 가늠할 것이다. 이제는 세계적 음식이 된 일식에서 가장 대표적인 음식으로 생각되는 sashimi(刺身), 즉 생선회(膾)의 경우, 1980년대까지만 해도 평균적인 미국인들은 어떻게 생선을 날것으로 먹을 수 있는지 회의적인 반응을 보였지만 일부 오피니언 리더 층을 중심으로 일식은 미각적으로나 시각적으로 완벽한 음식이라는 생각이 전파되면서 1990년대 들어서는 프랑스 음식에 버금가는 지위를 확고하게 차지하게 되었다. 필자의 한 미국인 은사님은 일본 음식을 처음 접했을 때는 전혀 마음에 들지 않았지만 갈수록 맛을 알게 되었다("Japanese food grew on me")라고 말씀하시곤 했는데 한식 역시 미국인들 밥상에 성공적으로 정착할 날이 있을 것으로 본다. 현재 미국을 포함한 서양 여러 나라에서 한식은 불고기나 잡채, 갈비 등과 같은 몇몇 대표적인 요리로 인기를 끌고 있지만, 진정으로 한식이 인정을 받으려면 한식의 기본을 이루는 발효 음식, 즉 된장이나 간장, 고추장 등이 들어간 음식과 아직도 저항감이 많은 김치 등에서 외국인들의 입맛을 사로잡을 혁신적인 방법들이 나와야 한다. 사실 한식의 진정한 맛과 개성과 가치는 그런 발효 음식에 있다는 점에서 이에 대한 노력이 필요하다고 본다. 엘리자베스 여왕이 1999년에 한국을 방문하여 가장 전통적인 모습이 남아 있는 안동 하회마을을 찾게 되자 그 마을 주민들은 정성을 다해 온갖 재료로 산해진미의 푸짐한 상을 차렸지만 정작 그 상을 본 여왕은 어느 한 가지 접시에도 손을 대지 않고 그저 눈으로만 감상하는 데 그쳐 적지 않은 이들이 실망을 금치 못했다고 한다. 이를 두고 여러 말들이 많았지만 이는 여왕이 한국 음식에 생각이 없어서 차린 사람의 정성도 생각하지 않고 무례하게 거부한 것이 아니라 경호상의 이유로 원래 여왕 체류 기간 동안 공식적으로 음식은 양국이 미리 정한 곳 이외에서 제공하는 것은 일체 먹지 않는 것으로 되어 있었고 이는 어느 나라를 방문할 경우에도 적용된다고 한다. 아무튼 한국으로서는 아쉽지만 영국 여왕 앞에서 그동안 세계 음식의 변방에 있던 한식을 널리 알릴 기회를 가진 것으로 이러한 시도가 보다 세련된 방식으로 계속 이어질 필요가 있다.

앞에서 살펴본 의복, 음식, 주택이 인간의 물리적 생존을 위한 3대 요소라고 한다면 인간의 정신적 생존을 위한 3대 요소는 언어, 사유,

사회화라고 할 수 있다. 간단히 정리하여 인간은 '언어를 가진, 생각하는 사회적 동물'이라고 할 수 있는데 이 가운데 언어가 가장 중심적인 역할을 한다. 이는 의식주가 모두 중요한 것이지만 그 중 먹는 것이 보다 기본적이라고 볼 수 있는 것과 일맥상통한다. 과거 파스칼은 인간의 위대성을 생각하는 것에 두어서 "인간은 생각하는 갈대이다"라고 말했지만 많은 학자들의 연구에서 생각한다는 것이 종(種)으로서의 인간에 특정된 속성은 아님이 속속 밝혀지고 있다. 또한 인간은 사회적 동물이라는 점 역시 인간의 특성을 설명하는 데 요긴하지만 무리를 지어 사는 것은 인간뿐 아니라 많은 다른 동물에도 공통적으로 볼 수 있는 속성이다. 따라서 이 둘은 물론 인간이 인간으로서 생존하는 데 필요한 요소이지만 '언어 사용'처럼 인간을 다른 존재로부터 가장 잘 구별시켜주는 요소는 아니라고 할 수 있다.

모든 인간들에게 공평하게 주어지는 본유적 능력으로서의 언어는 고차원적인 사유를 촉진하고 사회화를 가능케 한다는 점에서 보다 기본적인 요소이며 일단 습득이 된 모국어는 죽을 때까지 자신의 정체성을 표시하는 핵심적 요소가 된다. 다만 음식이 자국의 음식 외에 다른 나라의 음식을 받아들여 즐겨 먹을 수 있는 것처럼 언어 역시 모국어 외에 다른 외국어를 배워 또 다른 세계를 경험하는 발판으로 삼을 수 있고, 한 민족의 식단에 다른 민족의 음식이 차용되는 것처럼 언어 역시 필요한 경우 차용되어 쓰일 수 있다. 뿐만 아니라 음식은 그 음식을 먹는 사람의 힘이나 지위의 표상이 될 수 있으며 이 점에서 언어 역시 마찬가지이다. 어떤 음식은 인위적으로 고급스럽고 품위가 있는 것으로 포장되는 것처럼 어떤 언어는 다른 언어나 방언에 비해 우아하거나 위신이 있는 것으로 받아들여지기도 한다.

3. 음식과 문화: 금기

원칙적으로 음식은 길들이기의 문제이다. 물론 독성이 있거나 소화를 시킬 수 없는 성분이 들어 있는 것들은 당연히 제외되지만, 그런 것들 외에 식재료가 될 수 있는 것은 모두 인간이 먹을 수 있는 것들이다. 어떤 특정한 고기나 식재료가 처음부터 선천적으로 또는 인간 본능적으로 먹을 수 없는 것이라고 생각되었기 때문에 먹지 않는 것은 아니다. 다만 잘 알려진 것처럼 모든 곳에서 모든 가능한 식재료를 음식으로 만들어 먹는 것은 아니며, 그들의 종교나 사회 관습이나 금기, 생활환경 등에 따라 후천적으로 먹는 것과 그렇지 않은 것이 구별될 수 있다. 이 중 가장 대표적인 것이 종교이다. 음식에 대한 종교의 영향은 매우 강력해서 굶어죽을지언정 음식과 관련된 종교의 가르침을 버릴 수 없는 경우가 허다하다. 인도를 처음 방문한 외국인들은 거리에서 마주치는 인도 사람들이 그들의 기준에서 볼 때 마른 사람들이 대부분이고 그 중에 적지 않은 사람들은 영양 상태가 의심스러운 경우도 있는데 그런 사람들 사이에서 유유히 돌아다니는 소들을 보고 충격을 받는다고 한다(물론 반면에 제3세계 사람들이 미국을 방문하면 너무나도 많은 사람들이 과체중이나 비만인데도 게걸스럽게 먹어대거나 체중을 빼려고 악착같이 운동하는 것을 보고 충격을 받을 수도 있을 것이다).

인도에 처음 온 외부인들의 시각으로는 저렇게 넘쳐나는 소들을 다 도살해서 먹으면 식생활을 풍족하게 하는 데 일조할 수 있을 거라고 생각하지만 그것은 어디까지나 다수 인도인들의 정신적 지주가 되는 힌두교에 대해 무지하기 때문이다. 그들에게 소는 단순한 동물 이상의 것이어서 감히 먹을 생각을 못하는데 이는 마치 개나 고양이를 가족처럼 또는 때로는 그 이상으로 끔찍하게 여기는 사람들이 반려 동물을 감히 식용으로 생각할 수 없는 것과 다를 바가 없다. 영어에서 'sacred cow'라는 말은 '실제 이상으로 과대 포장되어 칭송받거나 맹목적으로 추앙받는 사람이나 사물'을 가리키는데, 흔히 더 이상 도움이 되지 않는 낡은 사고방식을 말한다. 그런데 과연 인도의 소는 그런 케케묵은 시대착오적 사고방식을 보여주는 상징물인지 아니면 그들의 문화적 정체성을 보여주는 상징물인지는 문화인류학적 관점에서 흥미롭게 주시해야 할 부분이라고 생각한다.

이처럼 인도에서는 힌두교의 가르침에 따라 대부분의 사람들이 소를 신성시하여 먹지 않거나 아예 먹을 수 없는 존재라고 생각하지만 알코올음료는 종교의 제약을 받지 않고 비교적 자유롭게 마시는 반면, 인도와 바로 인접한 파키스탄에서는 이슬람의 가르침에 따라 돼지고기를 먹지 않고 알코올음료도 금한다. 전 세계 인구의 약 4분의 1에 해당하는 16억 인구가 믿는 이슬람교 경전인 코란에서는 '자비할'(Dhabihal)이라고 하여 먹을 수 있는 음식과 먹을 수 없는 음식을 구별하고 있는데 돼지고기는 어느 경우에나 먹어서는 안 되며, 다른 고기의 경우에도 짐승의 머리를 메카를 향하여 눕히고, 기도를 한 다음, 짐승의 고통을 없애기 위해 흠이 없는 칼로 단칼에 목을 쳐 동맥을 절단하고, 척수를 건드리지 않고 견피를 제거하는 이슬람식 도축 절차를 밟은 고기만 먹을 수 있는데 이를 '할랄'(Halal)이라고 한다. 이는 코란 2장에 "신의 이름으로 도살되지 아니한 고기는 먹지 말라"는 가르침에 따른 것이다. 할랄이란 '허용되는 것'이라는 뜻의 아랍어로서 이슬람권의 국가에서는 식재료뿐 아니라 식당이나 정육점 등에도 이처럼 정식 도축 절차를 밟았음을 표시하는 할랄 마크가 붙은 가게들을 볼 수 있다.

이는 비단 눈으로 고기임을 확인할 수 있는 음식에만 적용되는 것이 아니라 겉으로 보아서는 고기와 별 관계가 없는 것처럼 보이지만 그 재료나 성분 또는 조리 과정에서의 양념 등에 그런 것이 들어갈 수 있는 모든 제품들에 빠짐없이 적용된다. 예를 들어 한국에서는 누구나 즐겨먹는 라면은 겉으로 보기엔 짐승의 고기가 없어서 할랄과 무관하게 보일 수 있지만, 라면을 만드는 과정에서 닭고기 국물에 튀겼다든지, 수프에 육고기 성분이 첨가되어 있다면 그 라면은 할랄이 될 수 없다. 저자가 미국에서 공부할 때 알게 된 파키스탄 친구에게 라면을 끓여서 대접했더니 수상한 눈으로 킁킁대며 냄새를 맡고 난 후 이 국물에는 무엇인지 모르겠지만 고기 성분이 있는데 라면 포장지에 할랄 마크가 없기 때문에 먹을 수 없다고 정중하게 사양한 적이 있다. 그래서 대신 빵을 먹으라고 건네자 이번에도 냄새를 맡더니 그 빵에 알코올 성분이 들어 있는 것 같다면서 사양했다. 이처럼 할랄은 고기에만 적용되지 않고 소시지나 초콜릿과 같은 가공 식품 및 심지어 커피나 음료수에도 적용된다. 이슬람권에도 맥도날드라든지 KFC와 같은, 미국에서 시작한 다국적 패스트푸드 체인점들이 많이 진출해 있다. 예를 들어 말레이시아의 쿠알라룸푸르에서는 번화가에 히잡(hijab)을 쓴 무슬림 여성들이 맥도날드에서 햄버거를 먹는 모습을 볼 수 있는데, 처음에는 이것을 의아하게 생각하기 쉽지만 이들이 먹는 햄버거의 패티는 돼지고기가 아닌 닭고기나 소고기로서, 이 역시 할랄로 인정받은 것이므로 하등 문제가 없다. 반면에 이런 할랄 과정을 거치지 않은 고기를 '하람'(haram)이라고 부르는데 이는 절대 먹어서는 안 된다. 그러나 일부 이슬람 국가에서는 할랄의 의미를 제한적으로 적용하는 경우도 있다. 예를 들어 바다에서 잡히는 새우나 가재와 같은 갑각류, 조개류, 고래와 같은 해양 포유류 등에 대해서는 그런 할랄이 적용되지 않는다고 한다. 또한 같은 이슬람권이라고 하지만 시아파에서는 비늘과 지느러미가 있는 물고기만 할랄로 인정하는 반면, 수니파에서는 모든 바다 생선은 할랄로 인정하는 차이가 있다. 인종 구성이 다양한 나라, 예를 들어 말레이시아와 같이 중국계 민족이 상당한 비율을 차지하는 나라에서는 할랄을 지키는 사람들과 그렇지 않은 사람들이 섞여서 살고 있으며 음식에 대한 사회적 담론과 음식 금기에 대한 비판이 비교적 자유롭다.

이슬람에서 돼지고기를 금기시하는 이유에 대해서는 설(說)이 분분하다. 가장 널리 받아들여지는 설에 의하면 돼지고기는 처음부터 금기한 것이 아니라 이슬람이 시작된 중동 지역 중 당시 돼지고기를 먹었던 헤자즈 지방의 사람들 가운데 배탈을 일으킨 사람들이 많았기에 무함마드가 돼지고기를 가급적이면 먹지 말라고 한 것에서 비롯되었다고 한다. 후대에 많은 사람들이 이를 잘못 확대 해석해서 처음부터 이슬람의 신인 알라가 돼지고기를 금지했다고 받아들여졌다는 것이다. 즉 중동 지역의 기후 조건이 돼지고기의 부패를 촉진하기 때문이라는 설인데 종교는 다르지만 같은 지역에서 시작된 유대교에서도 돼지고기를 먹는 것을 금지하는 것은 이 주장을 뒷받침하기도 한다. 중동 지역뿐 아니라 일반적으로도 돼지고기는 다른 고기에 비해 쉽게 부패되기 때문에 이슬람교나 유대교 외에도 건강과 깨끗한 음식의 중요성을 강조하는 다른 종교, 예를 들어 안식교나 모르몬교에서도 돼지고기는 금기 음식으로 되어 있다. 그러나 이런 기후 연관설은 이슬람이 대두되기 훨씬 이전인 과거 오리엔트 문명에서는 돼지고기를 금기하지 않고 즐겨 먹었고 중동 지역보다도 더 기후 조건이 열악한 곳에서도 종교적으로 돼지고기를 금지하지 않는다는 점에서 그 설득력이 떨어진다. 또한 낙타와 같은 다른 동물의 고기를 유대교에서는 금기하면서 이슬람교에서는 금기하지 않는 이유도 이 지역의 기후만으로는 설명하기 어렵다. 다만 메소포타미아 지역에서 돼지고기를 먹지 않게 된 것은 수메르 지역의 전답이 소금으로 오염되면서 염분에 약한 밀보다 염분에는 강하지만 사료로는 적합하지 않은 보리를 다량으로 재배하기 시작한 것과 연관성이 있다고 한다. 또 다른 주장에 의하면 돼지는 다른 가축에 비해 그 성장 속도가 빠르고 소비하는 사료가 많기 때문에 돼지의 사육을 억제하기 위한 방편으로 그런 신화적 수단을 동원했다는 것이라는 설이다. 그러나 마빈 해리스 (Marvin Harris, 1997)도 지적하듯이 돼지는 자신이 섭취하는 사료 에너지의 약 3분의 1 정도인 35%를 고기로 내어놓기 때문에 13%에 불과한 양이나 6.5%에 불과한 닭 등과 비교할 때 월등한 사료 대비 생산 효율성을 지닌 가축이며 또한 번식도 빨라서 수정이 이루어진 지 넉 달도 채 안 되어 대개 8마리 또는 그 이상의 새끼를 낳는다. 이처럼 돼지는 가축으로서 많은 점에서 비교 우위를 차지하고 있기 때문에 사료를 많이 먹는다는 이유로 돼지고기 음식을 금기했다는 것은 설득력이 떨어진다고 하겠다. 돼지고기가 금기 음식화된 또 다른 설은 돼지가 불행인지 다행인지 악마인 사탄을 상징하게 되었기 때문이라는 것이다. 이슬람의 코란 2장 176절에서는 "죽은 고기와 피와 돼지고기를 먹지 말라"고 유독 돼지고기를 적시하여 금지하고 있다. 이에 대해 해리스는 중동 지방에서 돼지는 가장 더러운 가축으로 받아들여지는데, 코란 2장 168절에는 "사람들이여, 지상에 있는 허용된 좋은 것을 먹되 사탄의 발자국을 따르지 말라. 그는 실로 너희들의 반역자"라고 씌어 있고, 사탄을 형상화할 때 가장 더러운 존재로 생각되는 돼지를 사용하는 것이 쉽기 때문에 결국 돼지는 사탄과 같은 동물로 낙인 찍혀 그 고기를 먹는 것이 금기시되는 것으로 보고 있다. 이슬람교와 같은 지역에서 연원한 기독교의 성경에도 멧돼지가 포도밭을 망치는 동물이라고 하는 등 돼지는 모든 더러움과 사악함의 상징이고 특히 검은 돼지는 사탄을 의미한다. 레위기 11장 11절과 24절에는 "너희는 이 고기를 먹지 말고 그 주검도 만지지 말라. 이것들은 너희에게 부정하니라"라고 씌어 있다. 그러나 이런 주장 역시 세속적 또는 축산학적 관점에서 볼 때 문제가 있는데, 돼지는 가축들을 기르는 사람들에 의하면 소나 닭과는 달리 용변도 가능한 한 일정한 구역을 정해 그곳에서만 보고 자기가 있는 곳도 최대한 청결을 유지하려고 행동한다는 점에서 선천적으로 더러운 동물은 아니라고 한다. 한국 속담에 "돼지는 제 우리 더러운 줄 모른다"라고 하여 돼지를 비하하지만 돼지우리가 유난히 더러운 것은 돼지의 왕성한 식욕과 신진대사 때문이며 이를 제때에 처리해주지 않고 비좁은 우리에서 너무 많은 돼지를 사육하는 게으른 사람들이 돼지 탓만 하는 측면도 있다. 영어 속담에 "Familiarity breeds contempt", 즉 익숙한 것은 경멸의 대상이 되기 쉽다고 한 것처럼 인간 주위에 가장 흔한 가축인 돼지와 개가 그런 대상이 되어 온갖 경멸적 표현에 동원되는 것은 쉽게 이해할 수 있다.

오늘날 같은 유대교 내에서도 개혁주의자들(Reformist Jews)은 성서의 레위기에 나온 음식 금기에 대한 현대의 과학적, 의학적 연구를 받아들여 돼지고기를 비롯한 금기 음식들이 위생적으로 조리되는 한 섭취를 허용해야 한다고 주장하는 반면, 정통주의자들(Orthodox Jews)은 이들 금기 음식이 다른 음식들에 비해 의학적으로나 식품영양학적으로 문제가 되지 않는다는 점을 인정하지만 앞에서 본 모세 5경 중의 하나인 레위기에 표현된 신의 목적은 인간이 결코 다 이해할 수 없는 것이기 때문에 이를 묵묵히 따르는 것이 중요하다고 주장한다. 그렇지 않고 이에 대해 인간들이 함부로 자신들의 과학적, 의학적 지식을 이용하여 재해석하려고 할 경우 신의 율법을 적은 책은 "한낮 의학 텍스트 중의 하나"(class of a minor medical text)로 전락하고 말 것이라고 경고하고 있다. 오래전부터 이슬람 세계에 둘러싸인, 이스라엘을 중심으로 한 유대교에서는 이슬람의 자비에 비교될 수 있는 자신들만의 금기 음식에 대한 규정인 카슈루트(Kashrut)가 있다. 이 규정에 따라 적절하게 준비되고 조리된 음식을 '코셔'(Kosher)라고 한다. 유대교에서는 음식뿐 아니라 음식을 조리하는 기구와 식기류에 대한 규정도 엄격하다. 예를 들어 우유 제품을 요리하는 주방기구와 육류를 요리하는 기구가 따로 있으며 이들을 서브하는 식기도 따로 있는데 이는 코셔 식품과 코셔가 아닌 식품이 섞이는 것을 방지하기 위해서이다. 유대교의 음식 금기와 이슬람교의 음식 금기는 많은 점에서 놀랍도록 유사하지만 한 가지 다른 점은 유대인들은 카슈루트가 여호와 하나님이 직접 명한 것으로 생각하는 반면, 이슬람은 알라신의 예언자인 무함마드가 알린 것이라고 생각한다는 점이다. 예를 들어 돼지고기뿐 아니라 술의 경우에도 이슬람교에서 처음부터 금지된 것이 아니라 술 취한 무슬림들이 몸을 제대로 가누지 못하는 것을 무함마드가 보고 적당히 마실 것을 권고했을 뿐인데 나중에는 완전 금주로 강화되었다는 것이다. 이는 기독교가 한국에 전래될 때 외국인 선교사들이 한국에 들어와 보니 술 때문에 패가망신하고 사회적으로도 문제가 되는 사례들이 비일비재함을 알고 술을 절제하라고 가르친 것이 기독교도들은 술을 아예 못하는 것으로 알려지게 된 것과 유사하다고 볼 수 있다. 이 점은 종교적 지도자들이 하는 말은 그를 따르는 사람들에게는 일반적으로 확대 해석되거나 규범화되기 쉽다는 것을 보여준다. '율법이냐 인간의 자유냐'의 문제와도 연결된 이 문제는 아직도 논란의 대상이 되고 있는데, 예를 들어 이슬람 법학자들은 무함마드가 수박을 먹으라고 했느냐 아니면 먹지 말라 했느냐에 대해 의견이 분분하다고 한다. 구전으로 내려온 것이고 기록 자체가 불완전하기 때문에 이 논란은 쉽게 해결될 여지가 없는데 앞서 본 유대교와 마찬가지로 이슬람교에서도 대체로 엄격한 근본주의 계열의 법학자들은 코란과 하디스를 토대로 금기 음식의 범위를 넓게 잡으려고 하는 반면, 보다 자유주의적 입장의 법학자들은 제한 품목에 융통성을 가지려고 하는 입장으로 알려져 있다.

불교에서는 모든 살생을 금하고 있기 때문에 육식은 금지되고 채식만 허용된다. 혹자는 풀이나 나무열매 등도 생명이 있는 것이기 때문에 이율배반적이라고 말할 수 있지만 식물의 경우 동물과는 달리 유정적이지 않고 일부분을 인간이 채취하더라도 바로 생명이 끊어지지 않고 재생하거나 순환할 수 있으며 오히려 그렇게 하는 것이 그 식물의 성장과 번식에 도움이 되기 때문에 이 둘은 구별되는 것이 옳다고 한다. 다만 식물 중에서도 불가의 수행에 방해가 될 수 있는 마늘, 파, 부추, 달래, 흥거 또는 양파 등 다섯 가지는 오신채(五辛菜)라고 하여 금지하고 있는데 이들은 대부분 자극이 강하고 냄새가 많은 것이 특징이다. 이 채소들은 성장기 아이들의 2차 성징을 촉진하므로 성장기에는 삼가도록 하는데 사찰에서 오신채를 금지하는 이유는 능엄경에 잘 나와 있는데 "중생들이 선의 삼매를 구하려면 세간의 다섯 가지 신채를 끊어야 하나니 이 오신채를 익혀 먹으면 음심(淫心)을 일으키고 생으로 먹으면 분노를 더하느니라" 라고 한다. 즉 이 다섯 가지 식물의 성질이 맵고, 향이 강하기 때문에 마음을 심란하게 하여 수행에 방해가 되기 때문이며 대신 다시마나 들깨, 방앗잎, 계피가루, 버섯 등을 사용하여 맛을 낸다. 그렇다면 이들 다섯 채소에 못지않게 자극적인 맛을 가진 다른 채소들, 예를 들어 고추, 생강, 후추, 냉이 등을 금지하지 않는 이유가 궁금해질 수 있다. 이에 대해서는 아마도 오신채의 다섯 가지가 중요한 것이 아니라 수행에 방해가 될 수 있는 요인을 멀리하라는 뜻이 중요한 것으로서 굳이 특정 식물에 제한됨이 없이 어떤 음식이라도 자신의 수행에 방해가 된다면 삼가야 한다는 것을 포괄적으로 가르치고 있는 것으로 이해해야 할 것이다. 이는 유대교에서 레위기에 특별히 언급되지 않은 물고기라도 실제 식생활에서 금기가 될 수 있는 것과 같은 맥락으로 볼 수 있다.

한국뿐 아니라 태국이나 미얀마 등에서 불교 신자라고 할지라도 육식을 하는 경우가 적지 않고, 근본주의적 기독교 사상을 가진 사람이라고 할지라도 구약 성서의 레위기에 적힌 음식을 먹는 경우도 많다. 어떤 음식은 먹을 수 없고, 먹을 수 있는 음식일지라도 어떤 방식으로 조리해야만 먹을 수 있다는 음식에 대한 사회적, 종교적, 문화적 금기는 기본적으로 인간 본성에서 비롯된 것이 아니고 외부적인 요인에 의해 부과된 것이기 때문에 생존과 직결된 극한 상황의 경우 깨어질 수 있고 또한 그런 외부 환경적 요인을 모르는 경우 지켜지지 않을 수도 있다. 과거 칠레 안데스 지방에 추락한 비행기의 생존자들이 구조를 기다리며 살아남기 위해 같은 비행기에 탄 사망자의 인육을 먹었다는 충격적인 사실이 전해졌지만 이로 인해 형사처벌을 받지 않은 것은 사람이 사람을 먹어서는 안 된다는 묵시적 금기의 한계를 보여준다. 이런 점을 반영하듯 코란에서는 "고의가 아니고 어쩔 수 없이 먹을 경우는 죄악이 아니라 했거늘 신은 진실로 관용과 자비로 충만하심이라"라는 말로 음식 금기에 대한 예외를 인정하고 있다. 또한 음식 금기는 고대로부터 일반 백성보다는 왕이나 귀족 등과 같이 강력한 힘을 가진 자들에게 적용되었다. 예를 들어 성서의 에스겔 44절 31절에서 보듯이 제사장에게는 평민과 달리 음식 금기가 더 적용되었는데 이런 종교적인 차원을 떠나 사회적으로도 음식에 대한 이러한 금기는 가진 자들의 끝없는 탐욕을 경계하는 사회적 제어 장치 역할을 한 것으로 볼 수 있다. 그런 점에서 피에르 부르디외(Pierre Bourdieu, 1984)는 먹고 마시는 방식은 가진 자들이 자기들 위주로 설정한 고상하고 정당한 생활 방식(legitimate art of living)이라는 것에 평민들이 도전할 수 있는, 몇 안 되는 부분 중의 하나라고 주장한다. 반면에 신분이 높은 자들은 계속해서 자신들의 음식 취향을 평민들의 그것과 구분하려고 한다. 즉 천한 것들이나 먹는 것은 아무리 맛이 뛰어나더라도 있는 사람들이 선호하는 음식이 될 수 없다. 중국 음식 중에 가장 고급 요리로 알려진 제비집은 일반적으로 기실 그렇게 훌륭한 맛을 가진 요리라고 볼 수 없음에도 불구하고 그 재료를 구하기 어렵다는 점에서 아무나 먹을 수 없는 비싼 요리가 되었고 이런 음식을 먹을 수 있다는 것은 자신의 신분이나 재력을 과시할 수 있어서 스스로에게 만족감을 주게 된다. 조지 부시 대통령이 브로콜리를 먹지 않는다고 말했다가 당장 브로콜리 소비가 격감하자 입장을 바꾸어 "나는 그때 브로콜리를 너무 많이 먹어서 잠시 쉬고 있었을 뿐"이라며 무마한 적이 있다. 또한 레이건 대통령이 재임 중 한때 프랑스식 수프를 좋아한다고 말했다가 엘리트주의적 취향이라는 여론의 맹비난을 받고 곧 순미국식 햄버거 수프를 개발하도록 지시한 것은 공인의 음식 취향은 단순히 개인적인 것이 아니라 사회적 해석까지도 수반한다는 것을 잘 보여주는 사례이다. 즉 음식은 "You are what you eat"이라는 말처럼 그 사람의 모든 것을 잘 드러내준다. 이런 음식이 가진 사회적 의미는 음식과 문화를 논할 때 다시 다루기로 한다.

제2장

요리하기 어휘

1. 음식, 식품, 요리

이 장에서는 음식을 요리하는 방식을 나타내는 어휘들에 대해 살펴보고자 한다. 이를 위해 먼저 음식이란 무엇인지, 또한 요리란 무엇인지를 살펴보자. 먼저 음식(飮食)이란 마시는 것(飮)과 먹는 것(食)을 아울러 가리키는 말이다. 이에 가까운 한자 어휘로서 고유 한국어로는 '먹을거리' 또는 이의 준말인 '먹거리'가 있는데 '먹거리'는 일반적으로 액체로 된 음식은 포함하지 않는 관계로 아직 사전에 등재되지 않은 비표준어지만 '마실거리'라는 단어가 사용되기도 한다. 한국어에서는 '먹고 마시다'라는 표현처럼 이 둘을 구별하는데 영어에서도 음식은 일반적으로 food라고 하지만 때에 따라서는 고체와 액체를 구별하여 food and drink로 나누기도 한다. 즉 food는 drink를 의미상으로 포함하는 상위어 또는 상의어(hypernym)도 되면서 동시에 drink와 동위어(co-hyponym)도 된다. 그러나 한국어에서는 다음 예문에서처럼 액체인 술을 섭취하는 행위도 '마시다' 대신 종종

'먹다'로 쓰며, 심지어 기체인 담배 연기를 흡입하는 것도 '먹다'로 표현하기도 한다.

(1) 한 盞 먹세 그려, 또 한 盞 먹세 그려
꽃 꺾어 술잔 수를 세면서 無盡無盡 먹세 그려 (정철, 「將進酒辭」 중에서)

(2) 밥 먹듯이 담배를 먹는다고 한다. [……] 연기를 들이켜니 담배를 먹는다고 하겠으나, 죄다 넘기지 않고 입과 코 밖으로 연기를 품어내니 피운다는 말도 옳다. 먹으나 피우나 매한가지지만, 예부터 우리네 사람들은 대개 담배를 먹는다고들 하였다. (김진악, 「담바구타령」 중에서)

반면에 영어에서는 술과 같은 액체일 경우는 drink라는 동사의 목적어로만 쓰지 eat의 목적어로는 쓰지 않으며, 담배를 가리키는 cigarette이나 cigar와 마리화나 등의 연기를 흡입하는 마약을 가리키는 pot 등은 원래 '연기'라는 명사에서 나온 smoke라는 또 다른 동사를 사용하여 구별한다.

고체든 아니든 음식은 주로 탄수화물, 단백질, 지방, 무기질 등의 영양소와 일정량의 수분이 포함되어 있어서 인간이 섭취했을 때 열량과 에너지를 공급하는 일체의 먹거리를 지칭한다. 다만 인간이 먹을 수 있는 것과 먹지 못하는 것을 구분하는 것은 인류의 진화 과정에서 습득한 유전적 본능에 속하는 것으로 보는 설과 후천적 학습에 의한 것으로 보는 설이 나뉘어져 있다. 잘 알려져 있듯이 한 문화권에서는 식용인 것이 다른 문화권에서는 식용이 아닌 경우가 흔히 있다. 예를 들어 고사리는 한국 등 일부 동양 문화권에서는 식용으로 널리 애용되는 반면 서양 문화권에서는 식물도감 등에 비식용으로 분류되어 있다. 또한 개고기의 경우는 국내는 물론 국제적으로도 논란이 끊이지 않고 있다. 한국은 개고기를 먹는 인구가 다른 어느 나라보다 월등히 많아서 일부 외국의 동물애호단체로부터 비난을 받기도 하는데 이에 대해 문화 주권을 내세우는 사람들은 이를 반박하기도 한다. 영국인들에게 한국 하면 한국전쟁, 김치, 그리고 개고기가 이미지로 떠오를 만큼 개고기는 한국과 떼려야 뗄 수 없는 관계를 맺고 있다. 영국의 프리미어 리그 맨체스터 유나이티드(Manchester United)에서 활약했던 박지성 선수가 골을 넣으면 관중들이 다음과 같은 가사로 된 이른바 '개고기송'을 합창했다는 점은 그만큼 좋건 싫건 개고기가 한국의 대표적 상징이라는 것을 의미한다.

Park, Park
Wherever you may be
You eat dogs in your home country
Could be worse
Could be scouse
Eating rats
In a council house

이 가사 내용에는 한국 사람인 박지성이 개고기를 먹는 것을 조롱하는 듯하다가 맨체스터 유나이티드의 라이벌인 리버풀의 빈민들이 거주하는 임대주택가에서는 쥐고기를 먹는 것보다는 낫다고 하여 경쟁 팀을 공격하는 것으로 끝내고 있다. 반면에 맨체스터 유나이티드의 동향 라이벌인 맨체스터시티 팀은 박지성의 유니폼 상의 뒷면에 JI SUNG PARK라는 이름 밑에 그의 맨체스터 유나이티드 당시 번호 13이 아닌 8을 쓰고 그 밑에 MY DOG이라고 써서 결국 'JI SUNG PARK ATE MY DOG'이라는 비난 문구를 만들어 걸어놓고 야유를 퍼붓기도 했다.

그런데 사실 개고기는 한국에서도 소고기나 닭고기와는 달리 이를 먹는 사람과 그렇지 않은 사람으로 완전히 양분화된 특별한 종류의 음식이라고 볼 수 있다. 1988년 올림픽 당시 개고기가 외국인들에게 혐오감을 준다고 해서 보신탕집의 간판을 바꾸게 하고 일반 시장에서 도살된 개고기를 진열, 판매하지 못하게 한 것도 개고기가 인류보편적인 음식이 아님을 간접적으로 인정한 것이라고 볼 수 있다. 개고기에 대한 법령도 모호한 부분이 있는데 어떤 시민이 식품의약품안전청의 인터넷 홈페이지에 올린 질문에서 개고기 쇼핑몰을 인터넷에 개설 운영하는 것이 가능한지를 물은 바 있다. 이에 대해 식품의약품안전청의 공식 답변은 다음과 같다(www.epoeple.co.kr에서 인용함):

가. 식용견 판매행위는 현행 식품위생법에 의한 영업신고 대상이 되지 않으나, 탕 또는 수육, 전골 등으로 조리하여 판매하는 식당은 관할 소재지의 시 · 군 · 구에 일반음식점 영업신고를 하고 있습니다.

나. 개고기는 현재 축산물가공처리법의 가축의 범위에 포함되지 않아 동 법령에 따른 일반적인 도축, 가공규정이 적용되지는 않지만, 예전부터 유래되어 불특정 다수인들이 먹어온 점을 감안하여,

다. 우리 청에서는 축산물가공처리법상 가축의 범위에 포함되지는 않았다 할지라도 국민건강보호 및 개식육 등의 안전성 차원에서 병든 개고기 등을 식용으로 사용하지 못하도록 생고기와 가열 조리한 삶은 고기 등에 대하여 지도점검 및 수거검사를 강화하고 있습니다.

라. 따라서 위생적으로 안전한 개식육을 위생적으로 포장하여 냉장으로 판매는 가능할 것으로 판단이 되나 식품위생법상 허가나 신고사항은 아니며, 이에 대한 자세한 내용에 대하여는 축산물을 담당하는 농림수산식품부 국립수

의과학검역원의 의견도 참고하셔야 할 것으로 판단됩니다.

이 댓글에서 최종 판단은 유보한 채 다른 부서의 의견을 참고하라고 되어 있는데, 정부는 개고기가 실생활에 광범위하게 유통되는 현실을 감안해 "개고기 위생관리 강화 방안"들을 마련했지만 그 방안을 만든 것이 개고기 유통을 정부가 합법화하는 것은 아니며, 이런 기존 입장을 유지하기 위해 각 법령에 '식용견', '개고기', '개 도축'이라는 표현 대신 각각 '동물', '식용육', '동물 도축'이라는 포괄적이고 애매한 표현을 사용하는 등 어정쩡한 행보를 보였다. 그 이면에는 개고기에 대한 국제적 반발과 압력을 외면할 수 없는 정부의 고민이 들어 있는데, 그렇다고 하더라도 용어를 일부 수정하는 식의 소극적 대응은 이 문제를 해결하기 위한 진정한 대국민 소통의 자세라고 볼 수는 없을 것이다.

현재 한국에서의 개고기 논쟁의 핵심은 과연 개고기를 축산물로 보아야 하는가의 문제이다. 개고기를 축산물로 지정하는 데 반대하는 개인이나 동물애호단체들은 개는 소나 돼지와 같은 다른 가축들과 달리 애완동물 또는 더 나아가 반려동물이라는 점을 강조하고 있다. 그런 가족과도 같은 동물을 식용으로 허가하는 것은 비인도적 처사로 국내 동물애호가들은 물론 국제 사회의 비난을 초래할 것이라는 주장이다. 이에 반해 개고기의 축산물 지정을 지지하는 측은 개고기는 한국 사람들이 오래전부터 즐겨 먹던 음식이며 애완견은 식용으로 쓰지 않고 대신 개 사육 농장에서 식용으로 기르는 개만 위생적으로 처리하여 먹는 것을 막을 이유가 없다고 한다. 개고기 문제는 한국 외에도 개고기를 먹는 나라들이 있다는 점에서 보편적 인도주의나 국제 규범으로 접근할 사안이 아니라 우리의 고유한 문화 현상으로서 어디까지나 한국인들이 선택할 문제라고 주장한다. 「뉴욕타임스」 기사에도 나왔듯이 20세기 초까지만 해도 독일에서 개고기 소비가 급증했다는 보도가 있었다는 사실은 개고기가 일부 야만적인 아시아인들의 비인도적 식문화라고 비난할 수 없음을 보여준다. 또한 일부 서구 문화에서 개만큼이나 애착을 갖는 동물인 말의 경우에 일본과 같은 국가에서는 말을 식용으로 먹는 데도 불구하고 이에 대해서는 아무런 비난도 하지 못하면서 한국이나 베트남 등지에서 개고기를 먹는 것을 비난하는 것은 강대국에는 약하고, 약소국에 강한 문화제국주의적 발상이라고 반박하기도 한다. 물론 쉽지 않은 문제이지만 그렇다고 이를 책임지고 관리해야 할 정부가 이율배반적인 태도로 수수방관하는 것은 바람직하지 못하며 적극적으로 명확한 기준을 제시하고 최소한이라도 합의점을 찾아야 할 것이다. 이처럼 개고기는 대내외적으로 문화 보편성과 특수성이 충돌하는 예민한 문제라고 할 것이다. 개고기는 사서에 의하면 삼국시대 이전부터 한국인들이 먹던 음식으로 '구장'(狗醬)이나 '지양탕'(地羊湯), '개장국', '멍멍탕' 등으로 불리다가 이보다 완곡어법(euphemism)인 '보신탕'(補身湯)으로 널리 통용되었는데, 이 단어도 마치 원래 완곡어법인 '변소'(便所)가 그 효용 가치를 상실하고 '화장실'이라는 이름에 자리를 물려주었고 이마저도 일부에서는 '맞이방'이라는 새 이름으로 대체되고 있는 것처럼, 그 완곡함(euphony)의 효용이 다하여 새로운 완곡어법인 '영양탕'이나 '사철탕'에 자리를 내어주고 있는 중이다. 개고기 외에도 뱀이라든지 개구리, 자라, 지네 등을 음식으로 간주할 것인지 아니면 단순히 건강을 위한 건강보조식품으로 볼 것인지는 사람들마다 생각이 다르며 동남아시아나 아프리카에서는 기상천외한 재료들이 음식에 사용되기도 하며 이를 애용하는 국가나 문화권과, 이를 혐오하는 국가나 문화권들끼리 문명 충돌까지 거론될 정도라는 점은 음식에 대한 절대적이고 보편적인 정의가 쉽지 않음을 보여준다.

음식에 대한 정의가 어쨌든 간에 인간을 포함한 모든 동물은 음식을 섭취해야 한다. 인간이 음식을 먹거나 마시는 기본적인 목적은 영양소와 신진대사에 필요한 에너지로서 열량을 얻는 것이지만 그에 못지않게 음식 자체 및 음식을 먹는 행위가 주는 만족감을 얻는 것도 중요한 목적이 된다. 흔히 '살기 위해 먹는가, 아니면 먹기 위해 사는가?'라는 물음을 통해 그 사람의 음식관이나 인생관, 가치관까지도 엿볼 수 있지만 인간을 제외한 다른 동물들의 경우는 생존을 위해 필요한 경우만 먹을 뿐, 식도락을 위해, 즉 음식을 먹는 행위를 즐기기 위해 식물이나 다른 동물을 잡아먹지는 않는다는 점에서 식도락이란 성행위와 마찬가지로 인간이 특별한 의미를 부여한 지극히 인간적인 개념이라고 볼 수 있다. 아울러 음식을 될 수 있는 대로 맛있게 요리하여 먹고자 하는 미식(美食)이나 필요 이상으로 음식을 탐하는 과식(過食) 역시 대부분의 동물에서는 찾아볼 수 없는 인간만이 지닌 특성으로 보인다.

2. 식품과 요리

음식과 유사한 용어로 '식품'(食品)이 있다. 음식과 식품, 이 두 용어는 거의 서로 바꿔 쓸 수 있을 정도로 실생활의 어법에서는 의미의 차이가 없지만, 식품학 또는 식품영양학에서 '식품이란 영양소를 한 가지 또는 그 이상 함유하고 유해한 물질을 함유하지 않은 천연물 또는 가공품'을 말한다. 또한 우리가 일상적으로 사용하는 의미에서는 어느 정도의 가공 공정을 거쳐 직접 먹을 수 있는 상태가 된 것을 식품이라고 하고, 이에 비하여 직접 섭취할 수 없는 상태의 것을 식품 재료 또는 식료품(食料品,

grocery)이라고 한다. 영어에서 food는 '음식'을 주로 가리키고 foodstuff는 '식품' 및 '식료품'을 두루 가리키며, grocery는 '식료품'을 가리키는 경향이 있다. 예를 들면 쌀이나 배추는 식료품이기는 하지만 아직 식품이나 음식은 아니며, 밥이나 김치는 식료품이 아니라 식품인 동시에 음식이라고 할 수 있고, 우유나 과일 등은 식료품인 동시에 식품이면서 동시에 음식이라고 할 수 있다. 음식은 때로는 날것일 수도 있고 유해 물질이 포함되어 있을 수도 있고, 심지어는 부패해서 먹을 수 없는 것일 수도 있지만, 식품은 가공이 되어 먹을 수 있는 음식으로서 때로는 요리 상태나 영양 상태가 불량한 경우도 있지만 적어도 먹을 수 있어야 하며 먹을 수 없다면 식품이라고 말할 수 없다. 정부에서 먹거리의 안전성을 관리 감독하는 기관을 식품의약품안전청이라고 하고, 그런 것의 위생을 다루는 법을 식품위생법이라고 하며, 판매를 목적으로 하는 식품 또는 첨가물의 제조, 가공, 조리 및 보존의 방법에 관한 기준과 그 식품 또는 첨가물의 성분에 관한 규칙을 정한 것을 대한민국 식품공전(食品公典, Korea Food Standards Codex)이라고 부른다. 식품의 공식적인 정의와 분류는 이런 법률 문서 등에 규정되어 있지만, 때로는 일상생활에서의 음식 분류와 일치하지 않을 수도 있다. 뿐만 아니라 서로 다른 식문화에 소속된 음식들의 이름은 다양한 변이를 보여주는데 이 점은 우리에게 그 문화권에 속한 사람들의 개념 구조와 인식 패턴에 대한 여러 가지 정보를 보여주는 귀한 자료가 된다. 그중에서 우선 음식 이름의 개념적 의미와 범주화에 주목하고자 한다. 식문화를 구성하는 가장 중심적인 요소인 식재료에는 곡물, 채소, 육류, 해산물, 과일 등이 있고, 이를 보충하는 각종 양념 재료가 있으며, 맛을 내는 장류와 낙농 유제품 등이 있다. 이들을 지칭하는 표현들은 서로 거대한 의미망을 구성하여 그 식문화의 개념적 인프라 구조를 형성하고 이들의 사용은 그 언어에 속한 사람들의 음식에 대한 개념화를 반영한다.

예를 들어 세계 각지에서 흔히 볼 수 있는 '감자'(甘蔗, potato)를 보자. 호프만(Hofmann, 1993)의 연구에 따르면 미국인들이나 독일인들은 감자를 쌀밥(rice), 빵(bread), 국수(noodles) 등과 같은 주식 그룹에 속한 공동하의어, 또는 공동하위어(co-hyponym), 즉 의미 포함관계에서의 같은 수준에서의 동위어로 생각한다. 식당이나 비행기 안에서 "빵으로 하실래요? 밥으로 하실래요?"나 "Chicken or beef?"라고 묻는 경우가 많은데 이는 이들이 같은 수준에서 하나만을 선택해 먹는 것이라는 점을 함축한다. 따라서 감자를 쌀밥이나 빵과 같은 주식 그룹으로 보는 미국인의 식단에서 감자를 이들 다른 주식과 함께 먹는 것을 거의 생각하기 어려운 반면, 한국인이나 일본인들에게 감자는 주식이 아니라 당근이나 오이, 배추 등과 함께 부식인 채소로 분류되기 때문에 이와 다른 범주인 쌀밥과 함께 먹는 것이 얼마든지 자연스럽다. 대신 빵은 쌀밥, 국수 등과 같은 동등한 수준의 주식으로 생각하기 때문에 쌀밥을 먹을 경우 빵을 함께 먹는 것은 거의 볼 수 없다. 이처럼 주부식의 분류가 달라지는 것은 한국이나 일본의 경우에 주곡이 아닌 감자는 논이 아닌 밭에 심는 게 보통인데 이처럼 밭에 심어서 가꾸어 먹는 초본 식물의 신선한 상태로 식용할 수 있는 부위를 채소라고 일컫고 주식인 쌀이나 밀과는 구별한다. 재미있는 사실은 UN의 식량 보고서에는 감자를 쌀, 보리, 밀 등과 같은 곡류로 분류하고 있는데 이는 서구의 농경문화적 관점을 반영하는 것이다. 이 점에서 독일어와 일본어의 차이를 하의(hyponymy) 관계의 나무그림으로 나타내면 다음 쪽의 도표와 같다.

단어들의 의미 포함 관계를 나타내는 이 나무그림에서 보듯 독일어에서 감자(Kartoffel)는 곡물(Getreide)의 하의어이지 채소(Gemüse)의 하의어가 아니다. 반면 일본어에서 감자(ジャガイモ)는 채소(そさい)의 하의어이며 곡물(こくもつ)의 하의어가 아니다. 즉 같은 대상이라도 독일어와 일본어에서는 범주화가 다르다.

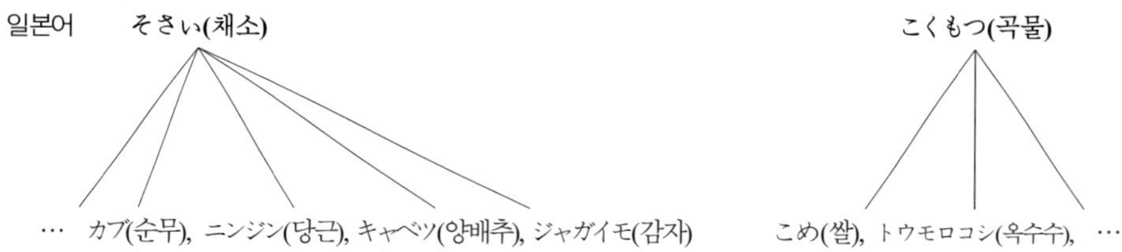

이와 유사한 것이 채소와 과일의 구분인데 영어나 한국어에서 수박이나 참외, 토마토는 일반적으로 과일로 분류되지만 식물학적인 정의에 따르면 수박과 참외는 박과(Cucurbitaceae)에 속하는 한해살이 채소이며 토마토 역시 가지과(Solanaceae)에 속하는 채소이다. 그러나 이들은 일반적인 채소들과는 달리 단맛이 강하며 즙이 많아서 과일로 생각되어 시장이나 슈퍼에서는 채소를 진열하는 곳이 아닌 과일을 진열하는 곳에 놓는 것이 보통이다. 따라서 이런 종류의 채소를 '과채'(果菜)라고 부르기도 한다. 때에 따라서는 한 언어에서는 어떤 음식 재료를 나타내는 말이 중의적으로 사용되기도 하는 반면, 다른 단어에서는 서로 다른 두 하위

개념을 포괄하는 상위개념에 해당하는 단어가 없는 경우도 있다. 예를 들어 한국어에서 '고기'란 '인간이 먹는 동물의 살'을 이르는 말인데 쇠고기나 돼지고기와 같은 육류와 강이나 바다의 물고기를 두루 총칭한다. 반면에 영어는 전자를 meat라고 하고 후자를 fish라고 하여 구별하는데, fish는 음식으로서의 '생선'이라는 의미와 어류에 속한 동물의 종(種)을 일컫는 두 가지 의미를 모두 갖는다. 따라서 'I want fish'라면 중의성이 있는 반면 한국어에서는 음식으로서의 물고기는 '생선'이라는 별도의 어휘로 구별한다. 이와 같은 음식 범주화의 차이에 대해서는 다음 장에서 더 자세히 다루고 여기서는 그런 음식을 만드는 행위를 기술하는 요리 어휘에 대해 알아보기로 한다.

요리(料理)란 먹을 수 있는 것을 가공하여 맛과 영양을 높이는 행위나 기술을 말하거나 그런 과정을 통해 차려진 최소한의 형식을 갖춘 음식을 말한다. 일부 음식은 날것으로도 먹을 수 있지만, 대부분의 음식은 안전이나 맛을 높이고, 소화나 보존이 용이하도록 준비 및 가공 과정을 거친다. 특정한 문화권에서 고기나 채소를 날것으로 먹기도 하는데 이를 생식(生食)이라고 부른다. 예를 들어 한국에서도 전통적으로 생선은 날로 먹지 않았지만, 일제강점기를 거쳐 1960년대 이후 폭발적으로 인기가 높아진 일본 음식 회(膾)는 살아 있는 생선이나 해산물 등을 별다른 양념 처리나 가공 없이 얇게 썰어서 먹는 요리이며,[1] 서양의 스테이크 타르타르(Steak

1 우리나라에서 생선회가 대중화된 것은 최근의 일이지만 그렇다고 해서 생선을 날로 먹었다는 기록이 없는 것은 아니다. 예를 들어 조선 광해군 시대 유몽인의 『어우야담』을 보면 임진왜란 때 우리나라 사람들이 생선회를 먹는 것을 보고 명나라 군인들이 비웃자 우리나라 군인들이 『논어』의 「향당」편에 브면 "공자도 가늘게 썬 회(膾)를 즐겼다고 나와 있다"고 따졌다는 내용이 있다. 또한 17세기 말부터 18세기 초 홍만선이 저술한 『산림경제』에는 생선회를

Tartar)와 연어 타르타르(Salmon Tartar)는 날고기와 연어를 썰거나 갈아서 내는 요리로, 다양한 재료를 섞어서 바게트 등의 빵과 함께 먹는다. 한국은 보통 가공을 하고 먹는 식물성 식재료에 비해 동물성 식재료는 일본과 같이 날로 먹는 음식이 갈수록 많아지고 있는데, 대표적인 것으로 산낙지나 홍어회가 있다. 또한 육회는 기름기 없는 소의 우둔살을 얇게 저민 후, 간장으로 만든 양념장에 무쳐서 만드는 한국의 생식성 음식으로 이탈리아 음식인 카르파초(Carpaccio)와 유사하다.

그러나 대부분의 식문화에서 음식은 날것이 아닌 적당한 처리 과정을 거쳐 요리해 먹는 것이 보통이다. 이 장에서 살펴볼 요리 어휘란 넓은 의미의 식재료 준비 과정 및 가공 과정을 기술하는 단어들을 모두 포함한다. 기본적 형태의 준비 과정은 씻기, 썰기, 자르기, 다듬기, 고르기 등이 포함되는데 한국어를 포함한 여러 언어들은 이런 요리 준비의 각 과정을 구별하기 위해 개념적으로 세분화된 어휘들을 발전시키고 사용하고 있다. 이런 준비 과정 다음으로 요리의 본 과정이라고 할 수 있는 가공 과정이 있는데 여기에는 재료 섞기, 가열하기, 냉각하기, 압력주기, 발효시키기, 변형시키기, 장식하기 등이 있다. 이 과정들 모두 적절한 단어들로 구별된다. 그밖에도 요리는 아니지만 관련된 행위로서 상차리기라든지 음식 내어오기, 권하기, 식사하기 등이 있을 수 있다. 식사(食事)란 특별한 장소와 시간에 먹을 수 있도록 준비된 음식들이나 이를 섭취하는 행위를 말한다. 이 모든 일련의 과정에 대해 각 언어는 자신들의 문화를 반영하는 어휘 체계를 갖고 있어서 이를 잘 이해하는 것이 그 언어가 쓰이는 곳의 식문화를 이해하는 데 필수적이라고 할 수 있다.

먹는 법에 대해 자세히 기술되어 있고 생선회를 먹고 체했을 경우 생강즙을 먹으라는 것까지 기술된 것으로 보아 이 당시에도 일부에서 생선회를 먹었음을 알 수 있다.

3. 음식 이름

음식의 이름은 다양한 방식으로 정해지고 통용된다. 충북 단양에서는 어떤 음식점 주인이 여러 마리의 작은 민물고기들을 프라이팬에 원형으로 가지런히 빼곡하게 늘어놓고 기름을 부은 후 튀기다가 지글지글 익기 시작하면 고추장, 고춧가루, 마늘, 간장, 맛술 등의 양념을 버무린 것을 발라 민물고기에 잘 스며들게 한 후 다 익으면 몇 마리씩 떼어서 먹는 새로운 요리를 개발하였다. 그 맛에 반한 손님들이 그 요리의 이름이 무엇인지 묻자 주인은 그냥 엉겁결에 '도리뱅뱅이'라고 말했는데 그것이 그 새로운 요리의 이름이 되었다고 한다. 작은 민물고기들을 프라이팬 하나 가득 해바라기 꽃잎처럼 동그랗게 만들어 쌓는 것을 묘사한 즉석 표현이었는데 이것이 인기를 끌고 맛을 본 손님들 사이에서 회자되면서 음식 표현으로 굳어지게 되었다. 그 결과 민물고기 대신 멸치를 사용한 '멸치 도리뱅뱅이'도 나왔다고 한다. 이와는 다르지만 음식 이름이 생겨나는 일반적인 방법으로는 그 이름과 관련된 사람이나 지명 등의 고유명사가 그 음식명으로 보통명사화한 이름유래어(eponym)가 있다. 음식에서 이름유래어의 널리 알려진 예로는 '샌드위치'(sandwich)를 들 수 있는데 이는 18세기 후반에 카드놀이를 좋아하던 영국의 존 몬태규 샌드위치(J. M. Sandwich, 1718~1792) 백작이 카드놀이에 전념하기 위해 두 장의 빵 사이에 햄이나 채소를 넣어 포크 없이 한 손으로 쥐고 먹던 간편식이 그의 이름에서 유래해 보통명사화된 것이다. '샌드위치'는 여기서 더 나아가 샌드위치와 비슷하게 양쪽의 과자 사이에 크림이나 치즈를 넣어 포갠 과자를 지칭하는 데까지 이르렀는데, 다만 긴 외래어 단어의 꼬리를 자르기 좋아하는 일본인들의 차용어법에 따라 '산도'라는 새 유형의 과자를 지칭하는 말로도 쓰이게 되었다. 한국에서는 1961년에 '크라운 산도'라는 이름으로 처음 출시된 이래 일본어의 '산도'를 무작정 빌려 쓰다가 이에 대한 비판이 일자 일본어도 아니고 영어도 아닌 '샌드'로 바꾸었다가 그 다음에는 '비스킷 샌드위치'를 사용하는 회사도 있고(예를 들어 "오리온 다이제: 정통 통밀 비스킷 샌드위치"), 이 '비스킷 샌드위치'가 그 개념으로 잘 떠오르지 않는다는 이유로 아예 소비자들이 더 익숙한 원래의 일본식 이름인 '산도'로 다시 돌아간 회사도 있다(예를 들어 "크라운 왕산도 클래식"). 사실 '비스킷 샌드위치'란 미국 남부 지방에서 비스킷 빵 사이에 소시지 패티와 계란프라이를 넣어 샌드위치처럼 먹는 음식을 의미하기 때문에 우리에게 친숙한 과자로서의 산도와는 다른 음식이라고 할 수 있다. 어쨌든 한국에서 샌드위치 식 과자의 이름을 둘러싸고 일본어 식으로 회귀하려는 복고적 움직임과, 그 보다는 정확하지는 않지만 그래도 영어에 가깝게 대체하려는 움직임 중 어느 쪽 움직임이 장기적으로 더 우세해질지는 사회언어학적 관심사로서 그 결과는 시간을 두고 보아야 할 것이다. 또한 '카스텔라'(castella)는 스페인의 까스띠야(Castilla) 지방에서 주로 만들어 먹던 케이크를 포르투갈어 식으로 부른 것이 굳어진 것이다. 카스텔라의 고급 컵케이크 버전인 '마들렌'(madeleine)은 'madeira cake'에서 유래한 것으로서 대서양에 있는 포르투갈령 마데이라 제도에서 나온 포도주를 사용했기 때문에 이런 이름이 붙은 것으로 알려져 있다. 또한 'Bing cherry'는 미국의 원예학자인 세스 루엘링(Seth Lewelling)이 만주 출신 빙(Bing)의 도움을 받아 개발한 체리의 일종으로 그의 이름을 따서 지은 것이고, 'Rainier cherry'는 그 후 해롤드 보겔(Harold Vogel)이 bing cherry와 van cherry를 교배하여 만든 것으로서 워싱턴주에 있는

산 이름을 따서 지은 것으로 알려져 있다. 그런데 'French toast'라는 이름만 보면 프랑스가 원조인 토스트처럼 들리지만 사실은 미국에서 처음 만든 토스트라고 하며, 프랑스식 가재 요리의 하나인 'homard à l'americain', 즉 'lobster American style'은 실제로는 프랑스에서 처음 개발한 요리라고 한다. 뿐만 아니라 미국인들이 'French fries' 또는 'French-fried potatoes'라고 하는 것은 프랑스에서는 단지 'pommes frites', 즉 'fried potatoes'라고만 부른다고 한다. 부시(George W. Bush) 정권이 이라크를 침공했을 때 서유럽에서 이를 공개적으로 지지하지 않은 몇 안 되는 나라가 프랑스였다. 그러자 이에 분노한 미국 시민들, 특히 9·11 사건이 일어난 뉴욕의 패스트푸드 가게들뿐 아니라 미국 의회 구내식당에서는 프랑스를 연상하는 'French fries'라는 이름을 떼어버리고 대신 억눌린 이라크 국민들을 해방시켜주는 자유의 십자군으로 미군을 지지한다는 뜻을 담은 'freedom fries'로 개명하기까지 했다. 과거 미국에 '자유의 여신상'을 선물한 나라가 바로 프랑스였고 미국의 이라크 침공은 이라크의 자유보다는 미국의 국익을 우선한 행동이었음을 생각할 때 이런 음식 이름을 둘러싼 작은 충돌은 역사적 아이러니에 가깝다고 할 것이다.

음식 이름이 특정한 사람이나 장소의 이름에서 유래되는 경우는 한국어에서도 많이 찾아볼 수 있다. 대표적인 예로 '설렁탕'은 임금이 농사와 관련한 제를 지내던 '선농단'에서 제사를 끝낸 후 백성들과 함께 간편하게 먹을 수 있는 음식을 개발한 것이 그 장소의 이름을 따서 굳어진 이름유래어(eponym)이다. 또한 '숙주나물'은 수양대군에 반대하다가 나중에 변절한 조선시대 재상 신숙주(申叔舟)를 빗대어 상하기 쉬운 나물의 이름으로 사용했다고 하는데 이는 어디까지나 민간어원(folk etymology)이라고 보는

견해도 있다. 쥐놀래미과에 속하는 바닷물고기인 '이면수'는 임연수(林延壽)라는 어부가 잘 잡았다고 해서 그의 이름을 딴 것이다. 과거 동해안의 한 부자가 비싼 이면수로 쌈만 싸서 먹다가 가산을 탕진했다고 하여 '이면수 쌈 먹다가 천석꾼도 망한다'는 말이 있다. 또한 지금은 거의 '단무지'로 대체되었지만 한때 널리 쓰이던 '다꾸앙'은 일본 전국시대에 맨 주먹밥을 먹는 사병들을 위해 이 단무지 음식을 개발한 일본의 승려 다꾸앙 소호(澤庵宗彭, たくあんそうほう, 1573~1645)의 이름에서 나온 것인데, 한국에서는 일식점보다는 중국음식점이나 분식점에서 더 많이 볼 수 있다. 중국 상해 지방의 음식으로 유명한 '동파육'(東坡肉)은 북송시대의 유명한 문장가이자 관리였던 소동파(蘇東坡, 1037~1101)가 즐겨 먹었다고 해서 그런 이름이 붙은 것이다. 또한 대표적인 사천 요리 중의 하나인 '쿵파오 치킨'(宮保鷄)은 청나라 때 궁보(宮保)였던 딩 바오젠(丁寶楨, 1820~1886)에서 나온 것이라고 한다. 그밖에도 다음의 음식 용어들은 모두 어원사전 등에 수록되어 있는 단어들로서 사람 이름이나 지명 등의 고유명사에서 유래한 이름유래어이다:

Bonaparte's Ribs: 프랑스의 영웅 나폴레옹의 이름을 따서 19세기 영국인들이 지은 사탕 이름.

Boysenberry: 캘리포니아의 Knott's Berry Farm을 운영하던 월터 낫(Walter Knott)이 식물학자인 루돌프 보이젠(Rudolf Boysen)의 이름을 따서 지은 열매 이름.

Hot Brown: 브라운 호텔(Brown Hotel)의 소유주였던 제이 그레이엄 브라운(J. Graham Brown)이 개발한 핫 샌드위치.

Caesar salad: 멕시코 티후아나(Tijuana)의 호텔 시저(Hotel Caesar)의 레스토랑에서 개발한 샐러드.

Chateaubriand: 프랑스의 작가이자 외교관이었던 프랑스와 르네 드 샤토브리앙(François René de Chateaubriand)이 영국 대사 시절 즐겨 찾던 식당의 주방장이 개발한 스테이크 요리 이름.

Danish: 견과류와 과일 등이 들어간 달콤한 빵으로 덴마크에서는 오스트리아의 빈(Wien) 사람들이 만든 빵이라고 해서 "Wienerbrød"라고 하지만, 오스트리아에서는 덴마크 코펜하겐(Copenhagen) 사람들이 만든 빵이라고 해서 "Copenhagener"라고 부른다. 이는 아마도 19세기 중엽 덴마크 제빵사들이 파업을 했을 때 오스트리아 출신 제빵사들이 일자리를 얻기 위해 덴마크에 와서 자신들의 제빵술을 선보인 것이 덴마크에 전수된 것으로 보인다.

Earl Grey tea: 영국의 총리를 지낸 찰스 그레이(Charles Grey)의 이름을 딴 차.

Heath bar: 미국의 제과업자인 베이나드 히스와 에버렛 히스(Baynard Heath, Everett Heath) 형제의 이름을 딴 것.

Oh Henry!: 1920년에 미국 시카고의 윌리엄슨 캔디 캄퍼니(Williamson Candy Company)가 개발한 캔디 바의 이름으로 그곳에 자주 찾아와 "Oh Henry!"라고 부르면 허드렛일도 마다하지 않던 젊은이의 이름을 딴 것.

Coquilles St. Jacques: 예수의 제자였던 야곱(Saint James)의 이름을 딴 프랑스식 가리비 요리. 야곱은 어부였는데 예수의 제자가 된 후 제일 먼저 순교한 인물이다. 그의 무덤이 발견된 후 그를 기리며 세워진 스페인의 산티아고 데 콤포스텔라(Santiago de Compostela) 성당을 찾는 순례자들은 가리비 조개껍질을 순례의 상징처럼 달았다고 하는 데에서 유래한 가리비 요리 이름.

Kaiser rolls: 신성로마제국의 황제인 프레데릭 3세의 이름을 따서 비엔나의 제빵업자가 만든 롤케이크.

Loganberry: 1883년에 캘리포니아의 변호사이자 원예학자인 제임스 하비 로간(James Harvey Logan)이 우연히 블랙베리와 라스베리를 접목하여 만든 신품종.

Mapo doufu: 마파두부. 청나라 때 사천성 청두(成都)에 살던 얼굴에 곰보 자국이 있는 할머니인 진마파(陳痲婆)가 자신의 가게를 찾던 가난한 노동자들을 위해 개발한 두부 요리로서 중국 문화대혁명 시대에는 "마랄두부"(痲辣豆腐)라고 개칭하기도 했다.

McIntosh apple: 캐나다의 농부로서 이 품종의 사과를 개발한 존 매킨토시(John McIntosh, 1777~1846)의 이름을 딴 것. 이는 나중에 미국 애플(Apple) 컴퓨터 회사가 디자인, 개발, 판매한 개인용 컴퓨터의 제품 이름으로도 쓰임.

Nachos: 1943년경에 이냐시오 "나초" 아나야(Ignacio "Nacho" Anaya)가 개발한 것.

Veal Oscar: 1897년에 스웨덴 스톡홀름에서 열린 세계박람회 기간 중 유명 레스토랑에서 당시 국왕이었던 Oscar 2세(1829~1907)의 이름을 따서 만든 요리.

Pavlova: 러시아의 발레리나인 안나 파블로바(Anna Pavlova, 1881~1931)의 이름을 딴 머랭 및 과일 디저트.

Dr Pepper: 콜라보다 1년 앞선 1885년에 미국 텍사스의 약사가 개발한 탄산음료의 판권을 넘겨받은 모리슨(Morrison)이 명명한 것. "Dr Pepper"라는 이름은 Morrison을 고용한 Dr Charles T. Pepper를 지칭한다는 설과 소화 효소인 펩신(pepsin)에서 나왔다는 설이 있음.

Dom Pérignon: 프랑스의 베네딕트 수도원 수도사이자 와인 및 샴페인의 전문가였던 돔 페리뇽(Dom Pérignon, 1638~1715)의 이름을 딴 와인.

Ronald Reagan's Hamburger Soup: 레이건이 대통령으로 재직할 때 자신은 팬시한 프렌치 수프를 좋아한다고 말했다가 엘리트주의적 기호라고 비난을 받자, 새롭게 순미국식 수프를 개발하게 하여 1986년에 발표한 것. 2파운드의 얇게 갈은 쇠고기, 버터, 양파, 당근, 옥수수, 마늘, 부추, 토마토, 셀러리 등이 들어간다는 점에서 이 역시 그다지 평범하지는 않아 보임.

Baby Ruth: 전설적인 야구왕인 베이브 루스(Babe Ruth, 1895~1948)의 이름을 딴 캔디 바.

Salisbury steak: 19세기에 건강한 음식 섭취운동을 펼친 의사 제임스 솔즈베리(Dr. James H. Salisbury, 1823~1905)가 개발하여 자신의 환자에게 하루에 세 번씩 먹게 한 스테이크 요리. 대신 채소와 전분은 먹지 못하게 했다고 함.

Shirley Temple: 아역 배우로 유명했던 셜리 템플(Shirley Temple, 1928~)의 이름을 딴 어린아이용 음료.

Tootsie Rolls: 종이에 싼 캔디를 개발한 리오 허시필드(Leo Hirshfield)의 딸 클라라 "투시" 허시필드(Clara "Tootsie" Hirshfield)의 이름을 딴 것.

Lamb chops Victor Hugo: 프랑스의 저명한 소설가인 빅토르 위고(Victor Hugo, 1802~1885)의 이름을 딴 양고기 요리.

Vienna coffee: 아메리카노 위에 거품과 휘핑 크림(whipping cream)이나 생크림을 얹은 커피. 오스트리아 비엔나, 즉 빈에서 유래했다고 하지만 정작 현지에서는 마차를 끄는 사람들이 주로 마셨다고 해서 "마차꾼 커피"(Einspanner Coffee)라고 부른다.

Wiener schnitzel: 어린 송아지 고기에 밀가루 튀김옷을 입혀 기름에 튀겨낸 오스트리아 식 송아지 고기 커틀릿.

이상과 같은 음식의 이름유래어 중 지명에서 유래한 음식 이름은 사람들 사이에서 통용되는 과정 중 재분석되거나 형태가 재배치되는 경우가 있다. 예를 들어 햄버거(hamburger)는 독일의 항구 도시 함부르크(Hamburg)에서 온 것으로, 원래는 'Hamburg+er'이었는데 영어에 들어와 'ham+burger'로 재분석되어 마치 '햄이 들어 있는 버거'라는 뜻으로 재해석되기에 이르렀다(물론 원래 햄버거에는 햄이 아니라 잘게 다져 동글납작하게 구운 쇠고기 패티가 들어 있었음). 그 결과, 'burger'가 새로운 형태소로 사용되기 시작하면서 'cheese+burger', 'chicken+burger', 'shrimp+burger', 'bacon+burger', 'fish+burger', 'rice+burger', 'bulgogi+burger', 'veggie+burger', 'kimchi+burger' 등이 나왔고 'Burger King', 'California Burger', 'garden burger' 등의 표현 등도 생겨났다. 같은 독일의 도시인 프랑크푸르트(Frankfurt)에서 유래한 'Frankfurter'는 'frank+furter'로 분석되어 'frank sausage'라든지, 'turkeyfurter', 'turkeyfrank'와 같은 표현들을 낳게 되었다. 이 Frankfurter를 가리키는 비격식적 표현인 'hot dog'는 이 frankfurter를 미국에 들여와 팔던 독일계 이민자가 이 음식을 가리켜 "Dachshund sandwiches"라고 불렀는데 1884년 당시 뉴욕 포스트에 만화를 그리던 사람이 독일어인 dachshund를 쓸 줄 모르자 대신 그림으로 개를 그렸던 것이 결국 미국인들에게는 "소시지가 들어 있는 뜨거운 개 모양의 빵"이란 뜻으로 'hot dog'이 되었다고 한다. 그 후 한동안 dog라는 단어는 sausage의 뜻으로도 쓰였는데 그러는 바람에 혹시 개고기를 원료로 하는 것이 아닌가 하는 의구심이 소비자들을 사로잡기도 했다. 그도 그럴 것이 지금에는 상상도 못하겠지만 20세기 초까지만 해도 독일에서는 개고기가 불법이 아니어서 1907년 6월 23일자 「뉴욕타임스」 신문에는 "Germany's dog meat market; Consumption of Canines and Horses Is on the Increase"라는 제목의 기사가 오르기도 하였다. 최근에는 채식주의자들을 위한 핫도그가 나왔는데 그 이름이 'Tofu Pup'으로, 이를 직역하면 앙증맞게도 '두부 강아지' 정도가 되겠다.

지금까지는 음식이나 요리명이 사람 이름이나 지명 등에서 유래한 경우를 보았는데, 이밖에도 음식이나 요리의 이름이 정해지는 또 다른 방법에는 다음과 같은 것들이 있다.

1) 주재료: 음식에 들어가는 주된 재료나 성분 이름이 전체 음식 이름으로 된 경우.

김밥, 곤드레밥, 회덮밥, 알밥, 라면, 김치찌개, 된장찌개, 콩나물국밥, 삼계탕, 족발, 닭똥집, 잡채, 고추잡채, 팔보채, 차슈바우, 돈지루, 다마고토후, 타코라이스, 소면(素麵, 양념을 하지 않은 밀가루로 반죽한 국수), risotto, caviar, chicken almond, beef and mushrooms, creamed tuna casserole, oatmeal, foie gras, truffe.

단, 감자탕은 주재료가 돼지갈비임에도 불구하고 부재료에 불과한 감자를 음식 이름으로 했다는 점에서 예외적인 경우라고 할 수 있다.

2) 용기: 음식이 담겨져 나오거나 조리될 때 사용되는 그릇이나 용기의 이름이 전체 음식의 이름 또는 그 일부가 된 경우.

뚝배기 불고기, 양푼(이) 비빔밥, 솥뚜껑 삼겹살, 항아리 갈비, 옹기 보쌈, 양은냄비 라면, 철판구이, 창코나베, 오뎅나베, 나베야키우동, 사라우동, pot-au-feu(불 위에 얹은 냄비 요리).

3) 특징적인 맛:

매운탕, 냉면, 오향장육, 불도장(佛跳牆), sweet and sour pork, sweet and sour chicken, deviled egg('deviled'는 '지나칠 정도로 매운 양념을 쓴'의

의미였음).

4) 전래된 곳:

부대찌개, 설렁탕, 장터국수, 충무김밥, 부산어묵, 황남빵, 월남쌈, 도쿄라멘, 사누키우동(讃岐우동: 일본 가가와현 사누키 지방 음식), 오키나와소바, 요시다우동(吉田우동: 일본 야마나시현 요시다 지방 음식), 아카시야키(明石焼: 일본 효고현 아카시 지방 음식), 에키벤(驛弁: 일본의 기차역 매점에서 파는 도시락), LA갈비, 캘리포니아롤, Kiev cake(우크라이나 키에프에서 유래한 케이크), Edam cheese(네덜란드 이담에서 유래한 치즈), Cheddar cheese(영국 서머셋주 체더에서 유래한 치즈), Buffalo wings(미국 뉴욕주 버팔로시에서 유래한 닭날개 요리), Peking duck.

5) 조리 방법:

곰탕, 불고기, 갈비찜, 계란찜, 계란말이, 찜닭, 섞어찌개, 돼지두루치기, 전복두루치기, 부침개, 지짐이, 비빔밥, 솥뚜껑 삼겹살, 수타국수, 깐풍기(干烹鷄: '깐풍'이란 국물 없이 볶는 것을 말하며 '기'는 닭고기를 뜻함), 로바다야키(爐端焼き), 돈부리(丼物), 후리카케(振り掛け: 밥 위에 해조류나 깨, 가쓰오 부시, 채소 등을 뿌려 비벼 먹는 음식. 1990년대 한국의 '뿌비또'[뿌리고 비비고 또 먹고]나 '보크라이스'는 이를 모방한 것), 크레페(crêpe: '둥글게 말다'라는 뜻의 라틴어 crispa에서 유래), poached eggs on toast, pork and vegetable stir-fry, pork chop, popover, scrambled eggs, mashed potato, pancake, enchilada('고추를 더하다'라는 뜻의 enchilar의 과거분사형), paella(프라이팬을 뜻하는 라틴어 'patella'에서 유래한 스페인 요리).

6) 식사 방법:

콧등치기 국수, 회전 초밥, 비빔밥.

'콧등치기 국수'란 강원도 정선 지방에서 메밀을 원료로 찰지게 반죽한 국수가 먹을 때 콧등을 친다고 해서 이름 붙여진 것이다.

7) 음식의 모양이나 형태:

주먹밥, 붕어빵, 올챙이국수, 오니기리, croissant, onion ring, meatloaf, sub(marine) sandwich, chicken nugget, chicken finger, beaver tails.

8) 음식의 용도나 기능:

해장국(解酲국), 보신탕(補身湯), 영양탕(榮養湯), fortune cookie, digestivo ('소화를 돕는다'는 뜻의 이탈리아 식후주).

9) 위의 사항들이 복합된 것:

유산슬(溜三絲)은 육류와 해산물을 가늘게 채 썰어 볶은 후 걸쭉하게 만든 중국요리. 유(溜)는 녹말을 끼얹어 걸쭉해진 것을, 산(三)은 세 가지 재료를, 슬(絲)은 가늘게 썬 것을 뜻한다. 난자완스(南煎丸子)는 중국의 남부(南) 지방에서 유래한 요리로 다진 돼지고기를 둥글게 완자(丸子)로 지져서(煎) 녹말을 끼얹어 먹는 요리이다. 그밖에도 Manhattan clam chowder, Boston cream pie, Scandinavian pancake 등이 있다.

4. 레비스트로스의 요리 삼각형

인류가 음식을 요리하는 방법을 언어로 표현하거나 기술하는 것에 대한 보편적이고 추상적인 모델을 최초로 제시하려고 한 것은 클로드 레비스트로스(Claude Lévi-Strauss)였다고 할 수 있다. 1965년에 발표한 "The Culinary Triangle"이란 글에서 그는 마치 세계의 모든 언어가 사용하고 있는 말소리는 제각기 상이하지만 각 언어의 개별성을 뛰어넘는 보편적인 음성기호(phonetic symbol)로써 기술할 수 있는 것처럼 세계 각 지역의 음식 요리 방법은 다양하고 다기하지만 몇 가지 기본적인 의미 속성으로 분류할 수 있다고 생각하였다. 그에 의하면 언어의 모음과 자음은 diffuse, acute, grave라는 세 가지 특질을 기준으로 다음과 같이 각기 "모음 삼각형"(vowel triangle)과 "자음 삼각형"(consonant triangle)으로 분류될 수 있다.

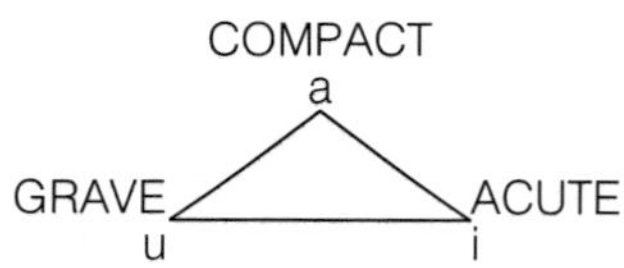

[그림-1] 모음 삼각형

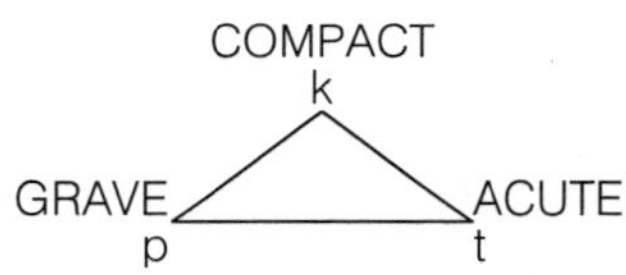

[그림-2] 자음 삼각형

이 삼각형은 서로 성격이 가장 다른 대표적인 모음 또는 자음을 세 극단에 놓고 이들과 각기 유사한 성격을 공유하는 다른 모음 또는 자음들을 배열하여 하나의 모음 체계 또는 자음 체계를 완성하게 된다. 언어학에서의 이런 방식에 착안하여 레비스트로스는 음식을 요리하는 방식을 나타내는 요리 삼각형(culinary triangle)을 [그림-3]과 같이 제안한다. 이 삼각형에서 수평축을 이루는 COOKED와 ROTTED는 각각 문화(Culture)와 자연(Nature)의 영역에 속한 것이며, RAW는 그 중간 영역에 속한다. 또한 수직축의 RAW는 정상적인 것(Normal)의 영역인 반면 COOKED나 ROTTED는 변형된 것(Transformed)의 영역에 속한다.

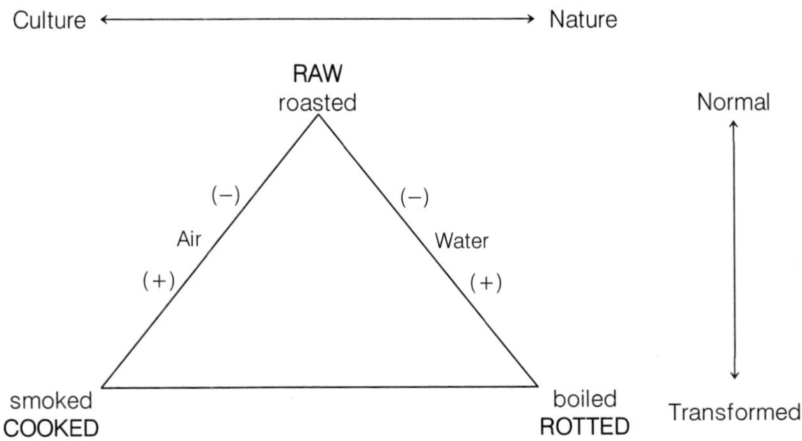

[그림-3] 요리 삼각형(culinary triangle)

음식을 요리하는 데 있어서 기본적으로 RAW-COOKED-ROTTED의 세 가지 구분이 가능한데, 레비스트로스는 음식으로서의 날것에 대한 생각이 문화마다 다르다는 것에 주목한다. 음식에 대한 사람들의 생각은 유전적이거나 생득적이지 않고 후천적으로 습득되는 것으로서 문화보편적이지 않고 문화상대적이라는 것이다. 즉 전혀 요리되지 않은 날것에 대해 모든 사람들이 동일하게 반응하지 않으며, 날것이라도 가공하지 않고 먹을 수 있다고 생각하는 문화에서는 RAW인 반면, 그런 상태는 먹을 수 없다고 생각하는 경우는 같은 식재료에 대해서 SPOILED라고 부르게 된다는 것이다. 그의 설명에 의하면 영어에서 요리하기 방법 중의 하나인 roast는 재료를 물에 담그거나 적시지 않은 채 재료의 겉만 익히고 속은 완전히 익히지 않거나 날것인 상태로 놔두는 것을 의미한다는 점에서 RAW에 가까운 반면, boil은 roast와 반대로 물을 사용하여 식재료의 조직을 완전히 변화시킨다는 점에서 RAW와 대립되는 개념으로 '악화된'이라는 뜻의 비유적 표현인 ROTTED에 가깝다고 본다.

일본어에서 'yaku'(焼く)는 '음식을 굽다'(bake or roast)도 되지만 '음식을 태우다'(burn)의 뜻도 가능한데 후자의 경우는 상태가 악화된 것인 ROTTED의 개념에 가까운 것이다. 한국어에서는 일본어와 달리 '굽다'와 '태우다'는 의미적으로도 구별되며 어휘적으로도 별개의 다른 단어를 사용한다. 일본어에서 炙(り)肉와 燒(き)肉는 모두 '불에 구운 고기'(grilled meat)를 뜻하지만 일본의 음식점에서는 후자가 한국식 '불고기'를 뜻하는 단어로 특화되어 쓰이는 게 보통이다. 반면 같은 일본어의 로마자 표기인 Yakiniku는 미국이나 중국에서는 '일본식 바비큐'(Japanese barbecue)를 뜻한다. 또한 일본의 음식점에서 흔히 볼 수 있는 ローストビーフ 역시 '불에 구운 고기'이지만 물을 사용하지 않고 보통 속까지 완전히 익히지 않고 오븐에서 굽는 요리법으로서 영어의 roasted beef를 구별할 때 사용한다.

레비스트로스의 '요리 삼각형'에서 마지막 꼭짓점은 COOKED로 표시되어 있어서 다소 혼란스러운 면이 없지 않다. 북유럽에서 흔히 볼 수 있는, 훈제를 뜻하는 smoke는 고기나 생선 등의 식재료를 뜨거운 연기로 가공하기 때문에 roast나 boil과 구별되는데 이런 경우는 일종의 숙성(ripening)의 개념에 가까운 것으로서 이를 많은 문화에서 전형적인 COOKED로 취급한다는 것이다. 실제로 레러(Lehrer)의 조사에 의하면 아메리카 인디언 언어인 Jacaltec어에서 tahce라는 단어는 음식을 요리하는 것과 과일을 숙성시키는 것을 동시에 뜻할 수 있다고 한다. 중국어에서도 shou-te-tung-tsi는 요리된 음식(cooked food)을 뜻할 수도 있고, 숙성된 과일이나 채소(ripened fruit or vegetable)를 나타낼 수도 있다. 반면에 sheng-te-tung-tsi는 가공하지 않은 생 음식(raw food)이나 숙성되지 않은 과일 또는 채소(unripened fruit or vegetable)를 나타낸다.

이러한 레비스트로스의 '요리 삼각형'은 구조주의 언어학의 방법론을 요리하기라는 특정 의미 영역에 동원되는 동사들의 분류에 적용한 것으로서 의의가 있다. 그런데 이 삼각형은 그런 방식을 사용해서 보다 체계적으로 일괄적 분석이 가능한 모음이나 자음과는 달리 예측하기 어려울 정도로 많은 변수를 지닌 요리하기 개념을 지나치게 획일적으로 분석하려고 시도했기 때문에 문제점을 안고 있다. 우선 그가 설정한 요리의 기본적인 세 가지 유형인 boil－roast－smoke가 모음이나 자음 분류에서 가장 기본적인 diffuse－acute－grave처럼 모든 요리하기 술어를 포괄할 정도로 일반적 대립 개념이 아니라는 점이다. 어떤 문화는 아예 smoke라는 요리 방식이 없을 뿐 아니라 불을 사용하여 고기나 빵, 채소 등을 굽는 경우 roast 대신 bake가 보다 많은 식문화권에서 볼 수 있기 때문에 더 보편적이라고 볼 수 있다. 또한 적지 않은 식문화권에서는 기름을 사용하여 요리하는 것이 발달해 있는데 이런 종류의 요리 술어를 제대로 다루지 못하고 있다.

뿐만 아니라 레비스트로스가 제안한 이들 세 유형은 상호 배타적이지 않을 수 있다. 영어에서 parboil이라는 단어는 당근이나 브로콜리와 같은 식재료를 물에 넣어 재빨리 끓여서 살짝 부분적으로 익히는 방법으로서 boil과 raw의 성질을 동시에 가질 수 있다. 그런데 blanch라는 단어는 우리말의 '데치다'에 해당하는데, 식재료를 끓는 물에 넣어 재빨리 삶아낸다는 점에서 parboil과 유사하지만 raw인 상태가 아닌 점에서는 boil에 가깝다. blanch와 boil의 차이는 식재료가 끓는 물속에서 얼마나 오래 있느냐의 차이로 볼 수 있는데 이 점은 그의 '요리 삼각형'에서 바로 나타낼 수 없다. 또한 레러(Lehrer)의 조사에 의하면 아프리카의 Yoruba어에서 bu는 뜨거운 재 속에서 식재료를 익히는 것과 곰팡이가 피는 것을 뜻하는 데, 이는 RAW와 ROTTED의 구별이 불가능한 예가 된다. 마지막으로 지적할 수 있는 레비스트로스의 '요리 삼각형'의 또 다른 문제점은 이 삼각형에 동원되는 요리 방법의 기준이 모두 + 또는 −의 값을 취하는 2가적 체계라는 점이다. 요리하기 술어를 분석하는 데 중요한 것 중의 하나는 요리에 사용되는 도구(utensil)나 요리의 성분(ingredient)인데, 이를 +/−의 2가적인 값으로 국한하는 것은 분석을 위한 분석에 머물 수밖에 없다는 비판이 가능해진다. 물론 여러 다양한 복합적 의미 개념을 + 또는 −의 2가적 원자적 개념으로 분해하여 분석하는 것은 어휘의미론의 가장 고전적인 방법이지만 때에 따라서는, 예를 들어 0부터 10까지 중의 어디라는 식의 정도(degree)적 개념도 필요한 것이 사실인데, 특히 맛을 표현하는 술어의 경우에는 이런 방식이 2가적 체계에 근거한 분석 방식보다 더 유효할 수 있다. 이에 대해서는 추후 다시 논의하기로 하고 우선 다음 절에서는 레비스트로스의 방식을 이어받았지만 생성주의 언어학 이론의 성분 분석을 추가로 활용하고 있는 애드리엔 레러(Adrienne Lehrer)의 분석을 중심으로 한국어와 영어 및 기타 언어의 요리하기 술어에 대해 살펴보고자 한다.

5. 요리하기 술어

앞에서 보았듯이 '요리'는 다양한 재료와 광범위한 방법과 도구, 그리고 기술의 결합을 통해서 음식의 맛이나 소화흡수력을 향상시키는 것을 말한다. 이러한 기술로서의 요리 행위는 적절한 재료를 선택하고 다듬으며 계측하고 정해진 과정을 통해서 조합해야 하는 능력이며 따라서 이를 위해 요리와 관련이 있는 모든 것에 대한 정확한 용어의 선택과 의미 파악이 필수적이다. 또한 거시적인 관점에서 볼 때 전 세계의 다양한 요리 문화는 각 지역의 식생과 산업, 사회, 문화 및 종교 등의 다양성이 반영된 결과로서 이 모든 것은 언어로 표현되고 전수되며 이해되는 것이 보통이다. 이러한 관점에서 학술지 『인류언어학』(*Anthropological Linguistics*)에 기고한 레러(Lehrer, 1972)의 연구는 생성문법 이론 초기에 캐츠와 포더(Katz and Fodor, 1966)가 제안한 성분 분석(componential analysis)과 라이언스(Lyons, 1968)가 제안한 구조주의적 의미장 이론(theory of semantic field)에 기초하여 요리하기 술어를 분석한 최초의 연구라고 할 수 있다. 의미장 이론이란 한 언어의 어휘들은 수많은 개념적 또는 의미적 장(field)들에 서로 연결되어 배열되어 있다는 생각이다. 즉 한 언어 표현의 의미는 다른 의미들과 계열적 관계(paradigmatic relations)를 갖는데, 이런 의미들이 결합되어 거대한 의미장이 형성된다. 이런 관계에는 다음 것들이 포함된다(Lehrer, 1972: 156):

1) 양립불가능성(incompatibility)

   To say 'X is red' implies 'X is not orange.'

2) 상보성(complementarity)

   To say 'X is single' implies 'X is not married.'

3) 반의성(antonymy)

   To say 'X is hotter than Y' implies 'Y is colder than X.'

4) 대역성(converseness)

   To say 'X bought a house from Y' implies 'Y sold a house to X.'

5) 하의성(hyponymy)

   To say 'X is a tulip' implies 'X is a flower.'

6) 동의성(synonymy)

   X implies Y and Y implies X.

이런 분석 방법에 기초한 레러의 연구에 의하면 영어는 다른 언어에 비해 요리하기 표현이 많이 발달한 언어라고 하는데, 영어에서 핵심적인 요리 어휘(cooking words)는 다음 술어들을 포함하여 대략 35개가 있다고 한다: bake, barbecue, boil, braise, broil, brown, charcoal, cook, deep fry, French fry, flamber, grill, parch, poach, rissoler, roast, saute, sear, simmer, steam, stew, toast.

그러나 이것은 요리하기를 단순히 식재료를 가공(processing)하는 과정으로만 국한한 결과이며 일반적으로 요리하기에 포함되는 식재료 준비(preparing) 과정은 포함하지 않았다. 예를 들어 한국어에서 '빻다', '으깨다', '저미다', '다듬다' 등은 식재료 가공이 아니라 재료를 잘게 분쇄하거나 정리하는 과정을 가리키는 말인데 영어에서 이런 단어들은 레러(Lehrer)의 연구에서 제외된다. 이 점은 식재료를 단순히 가공하는 것을 요리하기로 보는 협의의 요리 개념을 반영하는 것으로 보이는데 조리법이 비교적 단순하고 규격화된 서구와는 달리 반찬의 가짓수가 많고 조리 방법이 다양한 한국에서는 그에 걸맞은 언어 표현이 다양하게 발달할 수밖에 없을 것이다. 어쨌든 레러(Lehrer)가 조사한 영어에서의 요리 어휘들은 의미상으로 포함관계를 이루고 있다. 즉 의미상으로 일반적인 가장 상위 레벨의 포괄적 단어는 cook이며 그 다음 레벨로는 boil, fry, broil, bake가 있다. 이들 cook의 의미상 직접 하위 동사들은 또한 물의 사용 여부, 기름의 사용 여부, 액체에 식재료를 담그는지의 여부, 열을 직접 가하는지의 여부, 요리 시간의 길고 짧음의 차이, 특별한 요리 도구의 사용 여부 등에 따라 몇 가지 기준이 되는 의미 자질들로 미세 분류가 가능하다. 여기서는 그 기준에 따라 영어의 요리하기 동사와 한국어의 요리하기 동사를 비교 분석해보기로 하자.

우선 '요리하다'라는 뜻의 cook이라는 단어는 영어에서 모든 요리하기 술어의 최상위 개념 동사로서 식재료를 가공하여 음식으로 만드는 모든 방법을 총칭하는 일반적 술어이다. 요리하기라는 의미장(semantic field of cooking)의 최상위 동사로서 cook은 앞에서 본 라이언스(Lyons)의 의미장의 관계 이론을 적용할 때 그 밑의 하위 동사들을 항상 포함하며 양립가능하다. '요리하다'를 뜻하는 영어의 cook이나 그런 행위가 일어나는 장소를 나타내는 kitchen 및 '요리'를 뜻하는 프랑스어에서 유래한 cuisine이라는 단어는 모두 Latin어의 coquere에서 기원한 것으로 알려져 있다. 라틴어의 coquere는 'to cook'의 의미를 갖고 있는데 이 단어는 영어에서는 cook이 되었지만 프랑스어에서는 cuire가 되었고 독일어에서는 kochen이 되었으며 이탈리아어에서는 cuocere와 cucinare가 되었다. 그런데 한국어에서 영어 단어 cook에 해당하는 단어는 무엇일까? 한국어의 '요리하다'는 한자 어휘인 '요리'(料理)에 동사어미 '하다'가 붙은 것으로 고유 어휘는 아닌데 보통 평범한 일상적 음식을 만드는 것 외에도 뭔가 특별한 음식을 대접하기 위해 만들어내는 의미가 강하다. '음식을 만들다' 역시 한자 어휘인 '음식'에 일반적 행위 동사인 '만들다'를 결합한 동사구로서 하나의 어휘가 아니다. 대신 cook에 해당하는 한국어 고유 표현은 '밥하다'가 가장 가깝다고 할 것이다. 이때의 '밥'은 쌀이나 기타 곡류를 씻어 물과 함께 불을 가해 익혀 만든 음식을 말하는 것이 아니라 일반적으로 먹을 수 있는 것, 즉 먹거리를 총칭하는 것으로 보아야 한다. 즉 인사말로 '밥 먹었니?'라고 할 때 이는 반찬을 제외한 (쌀)밥만을 먹었느냐를 물어보는 것이 아니라 끼니를 때웠느냐는 뜻인 것처럼 '밥'은 보편적인 먹거리를 두루 말하는 것으로 생각된다. 레러(Lehrer)의 분석에서는 영어나 프랑스어, 중국어, 요루바어 등에서는 cook에 해당하는 가장 포괄적인 최상위 요리하기 용어가 있는 반면, 일본어나 독일어, 나바호어 등에서는 그런 최상위 어휘가 따로 발달해 있지 않다고 하는데 한국어도 후자 그룹에 속한 언어로 보인다.

레러의 연구에 의하면 중국어의 동사 烹調나 烹飪은 영어의 cook에 해당하는 가장 일반적인 요리하기 동사이다. 그런데 중국어에서는 고기나 생선을 요리할 때는 膪이라는 동사가 있고 채소를 요리할 때는 '볶다'라는 뜻의 炒를 쓰기도 한다. 炒菜는 '채소를 볶다'이지만, 한국어의 '밥하다'가 단순히 밥만 만드는 것이 아니라 반찬을 만드는 것 또는 식사를 준비하는 것을 다 포함할 수 있는 것처럼, 일반적으로 음식을 요리하는 것까지 의미할 수 있다. 炒菜가 한국어의 '밥하기'에 가깝다면 料理는 '요리하기'에 가깝다고 할 수 있다. 다만 料理는 한국어의 '요리하다'처럼 '돌보다', '처리하다'의 비유적인 뜻도 있고, 韓國料理(한국요리), 日本料理(일본요리)처럼 특정 국가의 음식을 총칭하여 가리킬 때 사용되기도 한다. 따라서 중국어에 영어의 cook과 의미상으로 대등한 수준의 어휘가 별도로 사용되는지는 보다 면밀한 조사가 필요하다.

현재 대부분의 영한사전에서 cook은 '밥하다'가 아니라 '요리하다'로 번역되어 있는데 전자가 보다 더 구어적이고 비격식체인 반면, 후자는 보다 문어적이고 격식체라는 차이가 있다. 집에서 엄마가 평범한 식사 준비를 마치고 가족들에게 "밥 먹자"라고 하는 것이 보편적이며 만약 "요리 먹자"라고 하면 특별히 준비를 했다든지 음식점에 주문한 음식을 먹자는 뜻이 된다. 아는 사람들끼리 길에서 지나치면서 "밥 먹었니?"라고 하는 것은 의문문이 아니라 단순한 안부인사가 될 수 있지만 "요리 먹었니?"는 특정한 종류의 음식을 먹은 것으로 전제하고 묻는 진정한 의문문이 될 수 있다. 한국어에는 '요리하다'와 비슷하지만 약간 다른 것으로서 '조리(調理)하다'가 있는데 이는 '요리하다'와 동의적이지만 연어(連語)적인 면에서 차이를 보여주고 있다. 예를 들어 cookhouse는

'요리실'이 아니라 '조리실'로 번역하고 cookbook은 '조리책'이 아니라 '요리책'으로 번역하는 것이 보통이다. 또한 현행 식품위생법의 규정에 따르면 소정의 면허를 가지고 음식점이나 집단 급식소 따위에서 음식을 만드는 일을 직업으로 하는 사람을 '요리사'가 아닌 '조리사'라고 부르는 반면 그런 사람을 고용하여 손님에게 음식을 대접하고 영업을 하는 업소를 '조식업소'가 아닌 '요식업소'라고 부른다. 또한 최근에는 한국에서도 고급 레스토랑을 중심으로 주방에서 요리를 전문적으로 만드는 사람들을 '요리사'가 아닌 '쉐프/셰프'(chef)라고 일컫는 경우가 많아지면서 '요리사'와 그 의미영역이 분화되고 있다. 어쨌든 '요리사'는 모든 종류의 요리를 만드는 (비전문가, 무자격자를 포함한) 사람을 총칭하는 반면 '조리사'나 '쉐프/셰프'는 보다 어려운 단어인 '포재'(庖宰)의 뜻에 가깝다고 볼 수 있다. 즉 한 광고에서도 어린 학생이 모처럼 식사를 준비하는 장면에서 "내가 짜파게티 요리사"라고 말하지, "내가 짜파게티 조리사"라고 말하지 않는 것도 그런 이유에서 비롯된다. 그런데 한자 어휘에서 파생된 '요리하다'라는 말은 순수 한국어 고유 어휘인 '밥하다'보다 더 고급스러운 느낌을 주기 때문에 중국집의 메뉴에도 '식사부'와 '요리부'가 나뉘어져서 '식사부'에는 보통 짜장면, 우동, 간짜장, 짬뽕, 울면, 볶음밥, 군만두 등이 포함되고 '요리부'에는 탕수육, 양장피, 해삼탕, 팔보채, 라조기, 유산슬 등이 포함된다. 일반적으로 '식사부'는 보다 저렴한 반면 '요리부'는 상대적으로 고가의 메뉴가 속한다. 이처럼 '요리'라는 말에는 단순히 '먹기 좋게 가공한 음식 혹은 그 가공 행위 자체'라는 의미 외에도 좀 더 격식을 갖춘 음식이라는 뜻이 있다.

음식을 만들 때에는 대개 불을 이용한 가열이 필요하며, 불을 사용하는 방식에 따라 음식의 맛이나 질감, 외형, 영양 성분 등을 바꿀 수 있다. 따라서 이런 불을 이용하는 요리 방법은 각 언어의 술어에 반영되어 있는데 중요한 의미 자질을 중심으로 영어와 한국어에서의 요리하기 술어를 분석하면 다음과 같다.

1) [±Water]

이 기준은 요리할 때 물이 사용되는지의 여부를 말한다. 영어에서 물이 사용되는 요리 방식을 표현하는 말에는 boil 및 그 하의어(hyponym)들이 있으며 물이 사용되지 않는 것은 다음과 같은 표현들이 있다:

[+Water]: boil, simmer, poach, stew, braise, parboil.

[−Water]: fry, broil, bake, saute, French fry, deep fry, grill, barbecue, charcoal, roast.

한국어에서 [+Water]인 요리법의 가장 일반적 어휘는 '삶다'이다. '삶다'는 달걀이나 감자 등의 식재료를 끓는 물에서 일정 시간 동안 익히는 것을 말하는데 식재료뿐 아니라 속옷 등의 빨래도 삶는다고 하며 비유적으로 어떤 사람을 감언이설로 달래거나 꾀어서 자기편으로 만들 때도 '삶는다'라고 한다. 이 경우 때로는 '구워삶다'는 말을 쓰기도 하는데 이는 '삶다'보다 더 설득의 방법이나 집요함을 강조하는 표현이라고 할 수 있다. 원래 '구워삶다'의 '구워' 역시 요리 어휘인 '굽다'의 활용형으로서 '굽다'는 '삶다'와는 달리 물을 사용하지 않는 [−Water]의 대표적인 요리 어휘인데 이것이 [+Water]인 '삶다'와 결합하여 '구워삶다'가 된 것은 그만큼 '가능한 방법을 동원해서 교묘하게 꾀어넘기다'라는 의미를 전달하기 위한 화용적 의도가 깃든 것으로 보인다. 역사적으로 인류는 삶는 것보다 굽는 요리 방법을 먼저 사용했는데 용기에 끓인 물을 넣고 조리하는 '삶기'는 기원전 1만 년 전쯤 도기가 도입되면서부터 시도된 것으로 알려져 있다.

영어의 boil이나 한국어의 '삶다'는 모두 요리 어휘로 물의 사용을 전제하지만, 이 단어들이 비유적으로 사용될 때에는 반드시 물이 필요한 것은 아니다. 예를 들어 작가 천승세의 단편소설 『황구의 비명』에는 "유월의 땡볕이 비닐로 만든 좌석을 물렁하게 삶고 있었다"라는 문장이 나오는데 이때는 뜨거운 볕이 좌석마저 물렁하게 만드는 것을 마치 물에 음식이 삶는 것에 비유한 것이다. 영어에서도 "It's boiling today"라는 말은 날씨가 마치 끓는 듯이 무덥다는 뜻으로 반드시 물을 수반하는 것은 아니다. boil은 '삶다'라는 뜻도 되지만 자동사로서 '끓다' 또는 타동사로서 '끓이다'도 된다. '끓이다'와 '삶다'의 차이는 '끓이다'는 물과 같은 액체나 그런 액체를 포함한 음식을 가열하여 비등하도록 만드는 것인 반면, '삶다'는 어떤 물체를 물속에 넣고 끓이는 것이다. 즉 단순히 물이나 찌개를 끓이는 것은 '삶는다'라고 하지 않는 반면, 고기나 채소는 물에 넣어 '삶는다'라고 하지 '끓인다'라고는 하지 않는다.

한국어에서 '찌다'는 '삶다'처럼 식재료를 익히는 데 물이 필요한 [+Water]의 동사인데 '삶다'와는 달리 식재료가 물과 직접 접촉하지 않은 상태에서 물이 든 용기를 가열하여 그 수증기나 열로써 식재료를 익히는 것을 말한다. 예를 들어 '달걀을 삶다'는 달걀이 물속에 완전히 잠기거나 어느 정도 충분히 잠기는 상태에서 가열하여 익히는 것인 반면, '달걀을 찌다'는 달걀을 통째로 또는 깨뜨려 풀어서 찜통이나 중탕 그릇 같은 것에 넣고 물을 조금 담은 용기 속에 가열하여 익히는 것을 말하는데 이는 다음에서 살펴볼 [+Submerged]라는 의미 자질로 구별할 수 있다. 따라서 '떡을 찌다'는 좋지만 '떡을 삶다'는 생각하기 어려운데, 이는 재질이 단단하지 않은 떡을 물에 잠기게 하고 가열하면 내용물이 흩어질 수 있기 때문이다. 우리말에 "솥에 찐 무 신세"라는 표현이 있는데 이는 '살 따위가 얼거나 헐어서 탄력 없이 물컹물컹하고 진물이 나는 상태'를 비유적으로 이르는 말로서 무기력하고 볼품없는 신세를 한탄하는 것이다. '찌다' 역시 '끓다'처럼 비유적으로 날씨가 더운 것을 표현할 수 있다. '조리다' 역시 [+Water]인 요리하기 술어인데 생선과 같은 주재료에 간장 등의 양념을 얹고 가열하여 양념의 맛이 재료에 푹 스며들도록 국물이 거의 없을 정도로 자작하게 끓여내는 것을 말한다. 이와 발음이 유사한 '졸이다'는 비유적으로 마음의 평화나 인내심이 줄어들면서 애태우는 것을 말하는데, 이는 모두 정상적인 상태에서 양이 작아지는 '줄다'에서 공동으로 유래한 것으로 보인다.

영어에서 boil의 하의어인 simmer는 서서히, 그러나 부글부글 기포가 물속에서 발생하도록 끓이는 것을 의미하는데 이는 "Allow the soup to simmer gently for ten minutes"에서처럼 동사로도 쓸 수 있고, "Bring the sauce to a simmer and cook for ten minutes"처럼 명사로도 쓸 수 있다. 이 단어는 한국어의 '고다'와 비슷한데 '고다'는 삶는 것의 한 특수한 종류로서 주로 육고기나 짐승의 뼈를 아주 부드러운 상태로 무르거나 진액이 빠지도록 끓는 물에 오래 삶는 것을 의미한다. '고다'는 고기 외에도 술 따위를 증류할 때도 사용한다. '고다'는 시간이 꽤 걸린다는 점에서 흔히 '푹'이라는 정도부사를 붙이기도 한다. 한국어에서 또 다른 [+Water]인 요리 어휘로서 '데치다'가 있는데 "푸른 채소를 데칠 때에 소금을 넣으면 빛깔이 노래지는 것을 막을 수 있다"라는 문장에서처럼 '물에 넣어 살짝 익히다'의 뜻이다. '푹 고다'는 가능하지만 '살짝 고다'는 어색하고, '살짝 데치다'는 가능하지만 '푹 데치다'는 어색하다는 점에서 '고다'와 '데치다'는 [+Water]에서 요리의 정도 또는 시간에서 서로 극점에 위치한 표현이라고 하겠다.

이 의미 기준에서 재미있는 예는 scald라는 단어이다. 비록 레러는 이 단어에 대해 언급하지 않고 있지만 scald는 'scald a chicken in hot water', 즉 '닭을 뜨거운 물에서 튀기다'처럼 물을 사용하여 고기나 채소의 껍질을 벗김으로써 그 다음 요리 과정을 준비하는 것을 말한다. 그런 점에서 scald는 요리 과정 중 준비 단계에 속하는 것으로 볼 수 있다. simmer와 비슷한 것으로 stew 역시 뭉근하게 약한 불로 끓이는 것을 말하는데 simmer와는 달리 우리의 찌개처럼 내용물이 여러 가지 재료로 구성된 것을 함축한다. stew는 고기와 채소 등이 두루 섞인 요리를 뜻하는데 한국어에서 '잡탕'이 여러 재료가 마구 혼합된 음식이라는 뜻에서 '통일성이 없고 잡다하게 섞인 모습'을 나타내는 것처럼 stew도 비유적으로 '어지럽게 혼합된 것'이나 '붐비는 것'을 나타낼 때 사용된다. 또한 한국어의 음식 어휘인 '범벅'이 순서 없이 마구 섞여 있는 것을 비유적으로 나타내는 것처럼 stew 역시 '뒤범벅'이라는 뜻을 가질 수 있을 정도로 서양 음식에서는 드물게 여러 재료들을 국물에 넣어 혼합한 요리이다. 마지막으로 braise는 원래 프랑스 요리 이름으로서 큼직하게 자른 고기에 포도주와 향신료로 양념을 한 후 약한 불에서 찐 음식을 말한다. 그러던 것이 이런 식의 음식을 만드는 요리 방법을 가리키는 일반 동사화했다. 그래서 braise는 주재료인 고기는 먼저 기름에 살짝 볶고 냄비에 다른 재료와 함께 잠길 정도로 물을 붓고 푹 끓이는 요리 방법을 말한다. 그런 점에서 부분적으로는 [+Water]이면서 또 부분적으로는 [+Fat]인 점에서 [+Water]와 [+Fat]은 양립불가능하다는 레러 분석의 반례가 될 수 있다.

2) [±Fat]

어떤 식재료는 버터나 올리브유, 콩기름, 옥수수기름 등의 기름을 바르거나 프라이팬에 기름을 두르고 가열하면서 요리하는데, 이런 방식의 요리를 표현하는 술어는 [+Fat]이 되고 그렇지 않으면 [−Fat]이 된다.

[+Fat]: fry, sauté, French fry, deep fry, grill.

[−Fat]: boil, broil, bake, simmer, poach, stew, parboil, stew, braise, barbecue, charcoal, roast.

영어 동사 fry는 닭고기나 생선 등을 뜨거운 기름 냄비에 넣고 조리하는 것을 말하거나 아니면 팬케이크처럼 냄비에 기름을 살짝 두르고 가열하여 굽는 것을 말한다. 한국어에서는 전자를 '튀긴다'라고 하고 후자를 '굽는다'라고 하는 경향이 강하다. 특히 식재료를 많은 기름에 푹 담가서 요리할 경우 French fry라고 부르는데 미국에서는 감자를 많은 기름에 넣어 튀긴 것을 특별히 French fires라고 부른다. 이 단어는 9·11 사태 이후 미국의 이라크전쟁에 반대하는 프랑스 정부의 태도에 분노한 미국 의회의 결의로 한때 사용이 금지되어 Freedom fries로 대치되었으나 국민들 사이에서는 여전히 French fries로 불리었고 최근 들어 다시 복권이 되었는데 언론과 표현의 자유가 보장되는 미국에서 이처럼 음식 이름에 정치권이 개입한 것은 매우 드문 사례로 꼽힌다.

또 다른 [+Fat] 술어로 프랑스에서 유래한 sauté는 소량의 기름이나 버터로 살짝 튀기는 것 또는 그런 식으로 요리한 음식을 말하는데, 물을 사용하지 않는다는 점만 빼고는 한국어의 '데치다'와 유사하다. 한식에서도 쇠고기나 돼지고기 또는 조갯살이나 낙지 따위를 잘게 썰어 넣고 콩나물, 버섯, 박고지 등과 함께 볶다가 양념한 국물을 조금 부어 끓여낸 '두루치기'라는 음식이 있는데 국물을 붓는다는 점과 버터를 사용하지 않는다는 점만 빼면 beef sauté나 pork sauté와 유사한 점이 있다. sauté는 많은 기름을 사용하지 않는다는 점에서 fry 동사의 다른 하위동사들과는 달리 [−Large Amount of Fat]라는 자질을 갖는다. 또한 grill은 원래 gridiron, 즉 '석쇠'라는 뜻의 요리 기구를 뜻하던 말이었는데, 그런 기구를 사용해서 요리하는 방법까지 가리키게 되고 급기야는 그런 음식을 전문적으로 하는 식당을 통칭하는 단어로까지 자리 잡게 되었다. 이는 마치 '꼬치 요리'나 '철판 요리'가 원래 음식이 만들어지는 요리 기구를 말하던 것에서 그런 식으로 만든 음식을 가리키는 것으로 확장된 것과 비슷한 현상이다. 영국에서는 grill을 실내에서 요리하는 경우도 사용하지만 미국에서는 그런 경우 broil이라는 단어를 더 많이 사용하며, 미국에서 grill이라는 것은 barbecue처럼 주로 야외에서 고기를 석쇠 위에 굽는 것을 의미한다. 다만 grill의 경우는 고기를 생으로 굽는 것이 아니라 기름을 발라 굽는다는 점이 barbecue와 다르다. 물론 barbecue의 경우 고기에 기름을 바를 수도 있지만 이는 보통 향신료나 양념이 가미된 소스를 바르는 것으로 필수적인 것은 아니므로 [−Fat]으로 보아야 한다. 레러에 의하면 기름을 사용하는 요리법은 물을 사용하는 요리법과 양립하지 않으므로 [+Water]인 술어들은 모두 [−Fat]이며 반대로 [+Fat]인 술어들은 모두 [−Water]라고 하는데 앞에서도 보았듯이 braise와 같은 요리법은 시차가 있기는 하지만 부분적으로는 [+Water]이면서 부분적으로는 [+Fat]라는 점에서 어휘의미론에서 말하는 잉여관계의 예외라고 할 수 있다.

한국어의 대표적인 [+Fat]인 요리 술어는 '튀기다'와 '부치다'이다. '튀기다'는 물론 '옥수수를 튀겼더니 강냉이가 많이 나왔다'라는 문장에

서처럼 식재료를 기름에 담그지 않고 마른 상태에서 열과 압력을 가하여 급속도로 부풀리는 것을 말하기도 하지만, 대개는 식용유 등에 식재료를 담그고 표면이 아삭하게 될 정도로 가열했다가 꺼내는 것을 말한다. 기름이 많은 것을 함의하는 '튀기다'와 달리 '부치다'는 식재료에 기름을 사용하기는 하지만 프라이팬에 식재료가 완전히 잠기지 않을 정도로 살짝 기름을 바르고 비교적 단시간에 익히는 것을 말한다. 특히 빈대떡이라든지 전(煎) 따위를 부친다고 하는데 국물을 붓지 않는다는 점에서 [−Water]인 점에서 국물을 붓는 [+Water]인 '지지다'와 구별된다. 그밖에도 '볶다'는 국어대사전에는 '물기가 거의 없거나 적은 상태로 열을 가하여 이리저리 자주 저으면서 익히다'의 뜻으로 나와 있는데, 쌀이나 콩 같은 경우에는 기름을 치지 않고 열만 가해 볶지만, 밥이나 김치, 낙지 같은 경우에는 보통 기름을 살짝 두른 후에 다른 재료를 가미해서 가열하기 때문에 '볶다'는 재료에 따라 [−Fat]도 되고 [+Fat]도 될 수 있다. 밥이나 김치, 낙지 같은 경우에는 보통 기름을 살짝 두른 후에 다른 재료를 가미해서 가열하기 때문에 '볶다'는 재료에 따라 [−Fat]도 되고 [+Fat]도 될 수 있다. 일본어에서는 あげる(揚げる)와 いためる(炒める)가 기름을 사용해서 요리하는 것을 뜻하는 동사인데 전자는 식재료가 기름에 잠길 정도로 기름을 많이 사용해서 요리하는 것으로서 한국어의 '튀기다' 또는 영어의 deep fry와 유사한 반면, 후자는 튀김 냄비가 아니라 주로 프라이팬에서 재료를 섞어가면서 요리하는 것으로서 한국어의 '볶다'나 영어의 'stir-fry'에 가깝다. 일본어에도 한국어의 '지지고 볶다'와 같은 표현이 있는데 'いためたりやいたりする'라고 해서 직역하면 '볶고 굽는다'가 된다. 따라서 いためる는 의미상 やく의 하의어라고 할 수 있다.

튀김 요리의 대명사처럼 알려진 '덴푸라'(テンプラ)의 어원은 포르투갈

어에서 나왔다는 점에서는 이견이 없지만 정확한 어원에는 두 가지 설이 있다. 그중 하나는 '덴푸라'가 참회의 수요일(Ash Wednesday)부터 부활절까지의 주일을 제외한 40일을 말하는 사순절에 자신의 죄와 그리스도의 대속을 생각하면서 고기를 먹는 것을 금하는 기간을 뜻하는 'os temperos'(the temperate life)라는 말에서 유래한 것으로 본다. 기독교가 유럽에 전파된 초창기에는 이 기간 중에 저녁 한 끼니만 허용되고 고기나 생선, 심지어 달걀 등도 먹지 못했으나 차차 완전 금식에서 절식으로 바뀌었는데 그럼에도 불구하고 육식은 여전히 하지 못했던 관계로 대신 칼로리를 보충하기 위해 고열량의 기름을 사용하는 튀김 요리를 먹었다고 한다. 이것이 일본에 진출한 포르투갈 선교사들을 통해, 원래 포르투갈어에서 '팡'(pão)이라고 하던 빵과 함께 일본에 전달되었다는 설이다. 또 다른 '덴푸라'의 어원은 원래 포르투갈 음식에서 조미료(condiment 또는 seasoning)를 뜻하는 'tempero'에서 나온 것이라고 본다. 지금도 포르투갈어에서 tempero para salada라는 말은 'salad dressing'의 뜻이다. 그런데 그런 조미료로 맛을 낸 콩을 기름에 튀긴 요리가 덴푸라로 잘못 알려져 전해진 것으로서 오늘날은 콩 외에도 생선이나 새우, 오징어, 채소 등의 각종 재료에 계란을 바르고 밀가루로 튀김옷을 만들어 끓는 기름에 담가 익힌 후 먹는 음식을 널리 가리키는 말이 되었다. 이는 기름을 많이 사용한다는 점에서 [+Fat, +Large Amount]인 deep fry의 요리법이라고 할 수 있어서 덴푸라는 deep fried fish 또는 deep fried vegetable이라고 부를 수 있다.

일본은 서양 문물을 받아들일 때 처음에는 그냥 모방하다가 차츰 자기의 것을 가미하여 일본화한 후 다시 역수출하여 세계적인 것으로 만드는 재주를 발휘하곤 하는데, 음식에서도 서양 것을 받아들여 일본화한 가장 대표적인 것이 바로 고로케(croquette)와 돈가스(port cutlet), 오므라

이스(omelette), 그리고 덴푸라라고 할 수 있다. 고로케(コロッケ)는 프랑스에서 처음으로 발명되었으며, 라구(Ragout)라고 하는, 고기나 야채를 넣고 끓인 스튜에 빵가루나 향신료를 묻혀 튀긴 것이 시초로서 네덜란드를 거쳐 크로켓(Kroket)이 되었고 이것이 20세기 초에 일본에 전해졌고 일본으로 전해졌는데 원래는 속을 채우지 않았지만 일본인들은 속을 채우고 발효 과정까지 거치게 해서 새로운 맛을 탄생시켰다고 할 수 있다. 이 역시 덴푸라처럼 빵가루를 묻혀서 [+Fat, +Large Amount of Fat]의 요리 과정을 거친 음식이다. 이와 또 유사한 것이 한국에서도 널리 사랑받는 돈가스(豚カシ)인데 이는 돼지고기를 뜻하는 '돈'에다 이를 두툼하게 썰어낸 조각을 말하는 커틀릿(cutlet)의 일본식 표기인 カシレシ가 줄어서 カシ가 된 것이 결합된 것으로 보인다. 이처럼 외래어의 뒷부분을 잘라내는 어형 단축(clipping) 현상으로 일본어화된 또 다른 예인 로스(ロース)는 영어의 roast에서 t를 떼어내 버린 것이다. 원래 서양에서의 커틀릿은 [−Large Amount of Fat]의 요리법으로서 '튀기기'보다는 '지지기'에 가까운 요리법으로 만드는 음식이었지만 일본에서는 [+Large Amount of Fat]로 완전히 기름에 담가서 아삭하게 튀겨내는 음식으로 바뀐 것이다. 일본어에서 '히레'(ヒレ)라고 부르는, 돼지고기 안심이나 생선살을 뜻하는 filet는 조직이 연해서 높은 온도의 기름에 바로 담가서 익히면 다 타버리거나 흐트러질 수 있기 때문에 일본에서는 서양에서보다 고기를 두껍게 썰고 밀가루와 빵가루를 입혀서 튀겨내는 방식을 택했다고 한다.

한때 한국어에 남아 있는 일본어 잔재를 없애자는 운동이 있었을 때 '오뎅'은 '어묵'으로, '벤또'는 '도시락'으로, '덴푸라'는 '튀김'으로, '다꾸앙'은 '노란무'나 '단무지'로, '스시'는 '초밥'으로, '사시미'는 '(생선)회'로, '소바'는 '국수'로, '모찌'는 '떡'으로, '야키만두'는 '군만두'로,

'요캉'은 '양갱'으로, '와사비'는 '고추냉이'로, '요지'는 '이쑤시개'로, '와리바시'는 '나무젓가락'으로 각각 바꾸는 데 비교적 성공했지만, '우동'이나 '돈가스', '비후가스', '함박스테이크', '빵', '고로케', '오므라이스', '로스구이', '닭도리탕', '미소'(일본식 된장), '쓰키다시', '다대기', '로바다야키', '지리' 등은 여전히 일본식 표현을 그대로 사용하고 있다. 한국어의 음식 표현에는 이미 일본어를 비롯하여, 중국어, 영어, 프랑스어 등에서 들어온 외래어가 많이 있지만, 이 중 일본어에 대해서 거부감이 많은 것은 다른 나라에 비해 일본은 한국을 식민 통치하면서 한국어를 금지하고 민족 문화를 말살하려고 했던 쓰라린 전력이 있기 때문으로 생각한다. 이는 방송과 같은 영향력이 강한 대중매체에서는 일본어식 표현을 사용하지 않으려고 하는 노력에서도 볼 수 있는데 예를 들어 한국의 일반 대중들도 많이 쓰는 '야채'(野菜)나 '일석이조'(一石二鳥)와 같은 표현은 일본식 한자 어휘라는 점에서 대신 '채소'(菜蔬)나 '일거양득'(一擧兩得)과 같은 중국식 한자 어휘로 대체하려는 것이 대표적인 사례이다. 그러나 이런 강압적인 일제 통치를 기억하지 못하는 한국의 신세대들은 일본어를 사용하는 데에 보다 유연한 입장을 갖고 있어서 음식 표현에서 일본어 외래어는 쉽게 사라지지 않을 것으로 보인다.

3) [±Submerged]

고기나 채소 등의 식재료를 물이나 기름 등의 액체에 담그지 않은 상태에서 조리하는 경우를 [−Submerged]라고 하고 그 반대의 경우를 [+Submerged]라고 할 수 있다. 이 자질은 boil과 그 밖의 동사들을 구별하는 기준이 된다.

[+Submerged]: boil, fry, sauté, French fry, deep fry.

[−Submerged]: steam, simmer, poach, stew, parboil, stew, braise, barbecue, charcoal, grill, roast.

앞에서 보았듯이 한국어에서 물을 사용하는 요리를 나타내는 어휘 중에서 '삶다'와 '찌다'의 차이는 식재료가 물에 잠기느냐 아니냐의 차이로 볼 수 있다. 즉 '삶다'는 [+Submerged]인 반면, '찌다'는 [−Submerged]라고 할 수 있다. 그리고 앞에서도 보았듯이 한국어에서 '튀기다'와 '볶다'의 차이는 '튀기다'는 예를 들어 새우나 닭고기 등을 튀김옷을 입힌 후 뜨거운 튀김그릇에 담가서 시간이 경과한 후 꺼내는 경우를 말하기 때문에 [+Submerged]라고 할 수 있는 반면, '볶다'는 밥이나 멸치, 면 등을 기름에 완전히 담그지 않고 대신 기름을 가볍게 두른 후 가열하는 것을 말하기 때문에 [−Submerged]라고 할 수 있다. 또한 '지지다'는 원래 '된장을 지지다'라는 표현에서처럼 식재료에 국물을 조금 붓고 끓여서 익히는 것을 말하므로 [+Water]인데 요즘은 빈대떡이나 전, 두부 등을 불에 달군 프라이팬에 기름을 바르고 익히는 것으로서 [−Water, +Fry, −Submerged]라고 할 수 있다. 즉 한국어의 '지지다'는 원래는 [+Water]였던 것이 [−Water, +Fry, −Submerged]로도 의미 확장을 한 독특한 경우로 볼 수 있다. 또한 '지지다'는 요리뿐 아니라 '담뱃불로 살을 지지다'라든지 '인두로 살을 지지다'라는 표현에서처럼 '불에 달군 물건을 다른 물체에 대어 약간 태우거나 눋게 하다'의 의미도 있고 '찜질방에서 좀 지지고 나왔으면 좋겠다'에서처럼 '열을 내는 것에 몸을 대어 찜질을 하다'의 의미까지 사용하고 있다. 이처럼 '지지다'와 '볶다'는 비슷하지만 서로 다른 종류의 요리법을 지칭하는데, 이 둘은 '지지고 볶다'라는 관용 표현처럼 함께 사용되어 '한데 어우러져 요란하게 지내다' 또는 '사람을 들볶아서 부대끼게 하다'라는 재미있는 비유적 표현을 만들어내게 되었다. 이런 음식과 관련한 비유적 표현은 다음 장에서 더 자세히 다루도록 한다.

4) [±Direct heat]

서양이든 동양이든 요리에서 가장 중요한 점 중의 하나는 불을 적절히 조절하는 것이며, 식재료에 따라 불의 세기와 음식 접촉면을 어떤 방식으로 조절하여 사용하느냐에 따라 음식의 맛이 좌우될 수 있다. 영어에서는 다음처럼 직접 가열하는 방식과 그렇지 못한 방식으로 요리 술어를 나눌 수 있다.

[＋Direct heat]: broil, barbecue, charcoal.

[－Direct heat]: bake, roast.

영어의 broil, barbecue, charcoal 등은 모두 불에 직접 닿거나 매우 가깝게 열을 가해 음식을 요리하는 것이다. 반면에 bake는 오븐이라든지 프라이팬 등을 사용하여 음식 재료와 불을 직접 닿지 않도록 차단한 상태에서 가열하여 요리하는 것을 의미한다. 버나드 캠블(Bernard Campbell, 1998)에 의하면 이런 방식의 굽기는 뜨거운 물을 사용하여 조리하는 삶기보다 훨씬 전에 이루어진 것이라고 하는데 고고학자들의 조사에 의하면 이미 420,000년 전에 호모에렉투스가 굽는 방식으로 요리를 했다는 증거가 발견되었다고 한다. 서양 요리의 가장 중요한 음식인 빵은 오븐에서 굽는 게 보통이다. 한국 요리에서 밥은 재래식 솥이나 전기밥솥 또는 압력밥솥에서 열을 가하므로 bake의 일종이라고 할 수 있지만 빵처럼 식재료의 표면이 갈색으로 변하게 직접 익히는 것이 아니라는 점에서 '밥을 굽다'라고 하지 않는다. 그렇다고 떡이나 감자는 '찌다'라고 하지만 밥은 최근에 유행하는 햇반과 같은 공장식 찐밥을 제외하고는 '밥을 하다'라고 말하는 게 보통인데 그 결과로 밥이 잘 또는 설익었다고 말하는 등 '하다'나 '익다' 등의 일반적인 용어를 사용하는 점이 주목할 만하다. 반면에 1960년대부터 온 국민의 간식 또는 대용식이 된 라면의 경우는 라면 음식을 만드는 것을 '라면 하다'라고 하지 않고 대신 '라면 끓이다'라고 말하며, 라면에 물기가 없을 경우 '라면이 잘 익었다'라고는 하지 않는다는 점에서 밥과 구별되는 것을 알 수 있다. 전기와 가스의 보급이 일반화되면서 과거에는 숯불과 같은 직화(open fire)에 석쇠나 꼬치를 놓고 굽던 것이 전기나 가스 불 위에 냄비나 불판을 올려놓고 구워 먹는 일이 많아졌다. 그런데 한국의 식당에서 '직화 구이'라든지 '숯불 직화 요리'라는 말을 많이 사용하고 있는데 이는 고기를 불에 직접 노출시켜 구워 요리하는 것, 즉 [+Direct heat]를 의미한다. 영양학적으로 굽는 것은 단백질과 지방을 용해시켜 고기 표면에 막을 형성하게 된다. 이렇게 형성된 막은 육즙과 수분이 빠져나가는 것을 막고 고기 속까지 익혀주기 때문에 맛도 높이는 효과가 있다고 한다. 하지만 불에 탄 음식은 암을 유발할 수 있다는 점에서 이런 요리 방법의 안전성에 논란이 제기되고 있다. 즉 세계보건기구(WHO, World Health Organization) 산하 국제암연구소(IARC, International Agency for Research on Cancer)의 연구에 따르면 고기가 직접 불에 닿으면 발생하는 연기 속의 탄화수소와 동물성 단백질 섬유가 타면서 발암 물질이 발생할 수 있다고 한다. 몇 해 전 뉴욕의 한 신문사가 한식 식당을 소개하면서 불고기 요리가 맛은 좋지만 연기가 몸에 배어 연주회에 가기 전에 먹기로는 적합하지 않고 벤조피렌과 같은 발암성 물질의 처리가 걱정된다고 따끔한 지적을 하기도 했는데, 불고기의 맛만 내세우기 전에 한식의 진정한 세계화를 위해서는 이런 문제까지도 세심하게 신경을 쓰고 해결하려는 노력이 필요하다.

특히 잘 정제된 참숯이 아닌 저질 숯은 고온에서 일산화탄소의 발생이 많고 코발트와 같은 중금속을 배출하기도 한다고 알려져 있다. 따라서 직화 구이의 경우 빠른 속도로 구워서 고기가 타기 전에 먹는 것이 안전하다고 한다. 장수 천국으로 알려진 일본인에게 다른 암에 비해 위암이 많은 것은 일본인들이 즐겨 먹는 생선구이 때문이라고 생각된다. 어쨌든 일본어에서 식재료를 불에 굽는 것을 표현하는 '굽다' 외에도 '태우다'도 되며, '지지다'와 '그을리다', '달구다' 등의 뜻도 있어서 그 쓰임의 폭이 넓다. 이는 [−Water, ±Fat, ±Direct heat]이어서 영어의 요리하기 동사 중 bake, roast, grill, pan-fry 등을 모두 아우르는 뜻을 가진 동사라고 할 수 있다.

5) [Vigorous cooking action]

[+Vigorous cooking action]: full boil, parboil, stew, steam.
[−Vigorous cooking action]: simmer, poach, braise.

이 기준은 아주 활활 타는 센 불에 요리하는 것과 그보다 약한 중불이나 은근한 불에 요리하는 것을 구별하는 것으로서 레러는 물에 식재료를 담가 끓여내는 boil에 속하는 동사들 중에서 요리가 가열될 때 단위 시간에 열의 양이 상대적으로 많은 full boil, parboil, stew 및 [+Water, −Submerged]인 steam 동사를 [+Vigorous cooking action]이라고 부르고 이를 boil의 다른 하위 동사들과 구별하고 있다. 이 중 poach는 Webster 사전에 'to cook in simmering liquid'라고 되어 있는데 물이 완전히 끓기 전 냄비 바닥에 공기방울이 몽글몽글 올라오면 달걀 같은 것을 완전히 익히지 않고 살짝 그 원형을 유지하도록 삶아내는 것을 말한다. 흔히

'수란을 뜬다'라고 하는데 이처럼 원래의 재료의 액체 상태가 살아나도록 하는 것이 그 요리법의 특징이다. 마치 끓는 물속의 식재료가 물주머니에 쌓인 듯 온전한 형태로 요리되게 한다는 뜻에서 주머니라는 뜻의 pouch에서 poach라는 단어가 나온 것이다.

stew는 stew oneself into an illness, stew over a matter라는 표현처럼 비유적으로 '애를 태우다, 마음을 졸이다'의 의미로도 쓸 수 있다. stew는 고기와 채소 등을 국물에 넣고 푹 끓인다는 점에서 서양식 찌개나 전골이라고 할 수 있는데, 한식과는 달리 쇠고기나 소 혀, 닭고기 등의 재료를 버터에 볶은 후에 채소와 섞어 끓이는 점에서 차이가 있다고 할 수 있다. 전골은 원래 음식상에 음식을 끓일 화로를 놓고 그 위에 전골틀을 올려놓은 뒤 재료를 가열하면서 익혀 먹는 데 비해 찌개는 국물을 주방에서 미리 끓여서 익힌 후 상에 가져와 먹거나 데워 먹는다는 점에서 차이가 있다. stew와 비슷한 것으로서 broth는 stew와는 달리 재료가 다양하게 많이 들어가지 않고 따로 볶지 않은 상태에서 물에 넣어 맑게 끓여낸다는 점에서 전골보다는 수프나 국에 가까운 것으로 볼 수 있다. 서양 속담에 "Too many cooks spoil the broth"(사공이 많으면 배가 산으로 간다)라는 말이 있는데 이는 broth가 이처럼 요리하기에 가장 쉬운 음식이라는 점과 그렇게 쉬운 음식도 요리하는 사람들이 마음이 안 맞으면 실패할 수 있음을 함축하는 것이기도 하다. stew에서 가장 중심이 되는 재료에 따라 beef stew, chicken stew, tongue stew 등이 있듯이 전골에도 두부전골, 국수전골, 곱창전골, 낙지전골, 불고기전골, 떡내장전골 등이 있고, 찌개에도 된장찌개, 김치찌개, 동태찌개 등이 있고 온갖 재료를 혼합한 섞어찌개도 식당에서 볼 수 있다. 최근에는 햄이나 소시지 등을 한식의 고추장과 두부, 김치, 기타 채소 및 때로는 라면 사리를 섞어 국물에 끓여낸 것이 이른바 부대찌개인데 이는 한국전쟁 이후 의정부

등지의 미군부대에서 나온 햄이나 소시지를 이용한 찌개라는 점에서 부대찌개라는 이름이 붙었다고 본다. 한때는 당시 미국 대통령이었던 존슨(Johnson) 대통령의 이름을 따서 '존슨탕'이라고도 불렸는데 정작 미군들 자신은 이 음식을 'Spicy Sausage Stew'(SSS)라고 불렀다고 한다. 부대찌개는 한식과 양식이 우연한 기회에 절묘하게 혼합된 새로운 형태의 음식으로서, 주방에서 미리 다 끓여서 가져오는 것이 아니라, 준비된 요리를 상 위의 화로에서 가열해서 먹는다는 점에서는 사실 전골에 가깝지만 부대전골이라는 이름보다는 부대찌개로 널리 통용되고 있다.

부대찌개와 함께 1960년대 이후 한국에 널리 유행하기 시작한 또 다른 종류의 전골 음식이 샤브샤브이다. 이것은 다시마를 이용한 육수 국물을 냄비에 붓고 가열하여 끓으면 얇게 썬 쇠고기와 버섯, 배추, 죽순, 양파, 쑥갓 등의 채소 및 두부, 곤약, 가락국수 등을 차례로 넣고 살짝 익힌 다음 꺼내어 말린 다랑어를 간장 등에 양념한 소스에 찍어 먹는 것이다. 이 요리 이름의 어원은 아직 불분명한데 일본어에서 '입에 넣고 빨다'는 뜻의 しゃぶる에서 나왔다는 설과 '살짝살짝' 또는 '찰랑찰랑'이란 뜻의 의태어인 しゃぶしゃぶ에서 나온 것으로 국물에 재료가 찰랑찰랑 담겨 있는 모습을 나타낸 것이라는 설이 있다. 흔히 샤브샤브는 일본 고유 음식으로 생각하지만 원래는 몽골의 칭기즈칸이 군사를 이끌면서 야영할 때 간편하게 끓여 먹던 음식에서 유래된 것으로서 재료는 다 다르지만 고려시대 이후 한국에서는 토렴이라는 요리로 전해오다가 임진왜란 이후 일본으로 건너간 것으로 보이며, 몽골이 한때 세력을 펼쳤던 동유럽의 각종 전골 요리나 스위스의 퐁듀(fondue) 요리도 뜨거운 액체에 데쳐서 소스를 찍어 먹는 몽골 음식의 변형된 모습으로 보인다.

6) [Special kind of utensil]

요리 술어는 조리 과정에 사용되는 특별한 도구에 따라 만들어질 수 있다. 예를 들어 braise는 반드시 뚜껑이 있는 용기에서 요리한다는 점에서 [+Covered pot]이라고 할 수 있고 fry나 saute는 [+Frying pan]이며 bake는 [+Oven]이라고 할 수 있다. 가장 대표적인 요리 도구로서 오븐은 빵이나 음식을 굽는 데 사용되는데 건열을 이용한다. 주로 인도 등지에서 사용하는 탄두르(tandoor) 오븐은 점토로 만든 원통형의 화덕으로 바닥에 숯불을 깔아서 높은 온도로 가열하는 방식을 사용한다. 이밖에도 전자레인지와 같이 복사열을 이용하지 않는 오븐도 있으며 대부분의 한국의 아파트 등에서는 가스 불을 이용한 쿡탑 가스레인지를 사용하기도 한다. 쿡탑은 열이 나는 바닥 위로 용기를 올려 가열하는 방식인데, 이러한 방식에 사용되는 용기로는 소테 팬, 냄비, 프라이팬, 압력솥 등이 있다.

앞에서도 보았지만 어떤 음식은 그 음식을 만들 때 사용하는 도구가 음식의 이름으로 쓰이는 경우가 있다. 또는 음식을 보다 차별화하는 수단으로 도구나 서빙 방법 등을 강조하는 경우도 있는데, 최근 한국에서는 솥뚜껑 삼겹살, 항아리 갈비, 양푼이 비빔밥, 양은냄비 라면 등과 같은 이름들이 사용되고 있고 일본에서도 회전 초밥, 철판구이 등이 있다. 특히 냄비를 일본어에서는 '나베'(鍋)라고 하는데 나베에 다양한 식재료를 넣어 나베 화로 위에 끓여 먹는 음식을 총칭하여 나베모노(鍋物)라고 한다. 즉 한국의 각종 냄비요리에 해당하는 것인데, 이 중 창코나베(ちゃんこ鍋)는 일본의 국기라고 할 수 있는 스모 선수들이 즐겨먹는 음식으로 유명하며, 오뎅나베(おでん鍋)는 냄비에 어묵을 주재료로, 도죠나베(ドジョウ鍋)는 미꾸라지를 주재료로 넣어 끓인 전골 요리로 볼 수 있다. 에도(江戶) 시대까지는 불교의 영향 등으로 쇠고기 음식 문화가 그렇게 발전하지 않았던 일본에서 대표적인 쇠고기 요리라고 할 수 있는 스키야키(鋤燒, すきやき)는 쇠로 된 냄비나 팬에 쇠고기를 넣고

볶은 후 버섯, 파, 쑥갓 등을 익혀 개인 접시에 덜어 먹는 음식이다. 이때 쇠고기는 오사카 등의 관서 지방에서는 얇게 썰어 가볍게 구운 후 소스에 찍어 먹는 게 보통이지만 도쿄나 요코하마 등의 관동 지방에서는 조금 더 두껍게 썰어 육수에 삶아 익혀 먹는 경향이 있다고 한다. 기록에 의하면 1868년에 외국인을 위한 소 도축장이 도쿄에 처음 생겼고 그 후 쇠고기 요리는 일본에서 개화의 상징처럼 여겨졌다고 한다.

일본에 나베가 있다면 중국에는 웍(鑊, wok)이 있는데 이는 크고 움푹한 프라이팬이라고 보면 된다. 미국이나 유럽에서 인기를 끄는 중국식당 프랜차이즈로 Wok to Walk이 있는데 이는 동음이의어인 wok과 walk를 교묘히 사용해서 기억하기 쉽게 만든 이름이다. 이 식당에서는 흔히 중식은 식당이나 집 안에서 먹어야 한다고 생각하지만, 이 고정관념을 깨고 takeout 메뉴를 개발하여 마치 샌드위치처럼 야외에서나 좁은 공간에서 서서 먹어도 될 음식을 만들어냈는데 그 이름에서 wok이라는 요리 도구가 중식을 상징할 만큼 널리 알려져 있다는 것을 반증한다. 중국 요리는 한식이나 일식에 비해 기름을 많이 사용하여 볶는 [+Stir fry]의 음식이 많기 때문에 웍과 같이 속이 깊고 넓은 프라이팬이 필요한 것으로 보인다. 웍은 주로 볶는 요리에 쓰이지만 boiling이나 braising, deep frying, smoking, steaming, stewing 등 다양한 요리 방법에도 쓰일 수 있다. 한식이 일반적으로 국물을 많이 넣어 삶거나 찌거나 푹 고아 먹는 요리들이 많은 반면, 중식은 기름에 데치거나 볶아 먹는 음식이 많다. 중국에서 차(茶) 문화가 발달한 것도 기름진 식사 후에 속에서 이를 걸러내기 위해 차가 꼭 필요했기 때문으로 보는데, 한식은 자체적으로 국물이 많고 숭늉을 즐겨 마셨기 때문에 별도의 차를 마시지 않는 것으로 생각된다. 대신 한국은 물을 많이 담기 위해 움푹 들어간 주발이나 대접 등의 그릇이 많이 필요한데 외국에서는 대부분의 접시가 평평한 것과 비교된다. 따라서 초창기에 한국으로 수입된 식기세척기가 밥그릇이나 국그릇처럼 한국의 움푹 들어간 그릇들을 잘 씻어내는 데 한계를 보여 한국 소비자들로부터 외면을 당했던 것이다.

지금까지 살펴본 의미 자질 외에도 레러는 음식을 가열하는 데 걸리는 시간의 길고 짧음을 나누는 [±Long cooking time]이라든지, 요리되는 재료의 양이 많은지 아닌지를 나누는 [±Large amount of cooking substance] 등으로도 요리하기 어휘를 분석하고 있으며 더 나아가 영어와 프랑스어와 독일어, 중국어를 비롯한 주요 언어의 요리 어휘를 대조 분석하고 있다. 이상에서 본 것을 먼저 영어의 요리하기 술어에서 의미상의 포함관계를 나타내는 하의관계로 표시하면 다음과 같다.

1) 영어의 요리하기 동사

[표 1] 영어의 요리하기 술어의 하의관계

<table>
<tr><td colspan="10">cook</td></tr>
<tr><td colspan="4">[+Water]</td><td colspan="6">[−Water]</td></tr>
<tr><td colspan="3" rowspan="2">[+Submerged]
boil</td><td rowspan="2">[−Submerged]
steam</td><td colspan="3" rowspan="2">[+Fat]
fry</td><td colspan="3">[−Fat]</td></tr>
<tr><td colspan="2">[+Direct]
broil</td><td>[−Direct]
bake</td></tr>
<tr><td>[−Vigorous]
simmer</td><td colspan="2">[+Vigorous]
full boil</td><td></td><td>[−L.A.]
sauté</td><td>[+L.A.]
French fry
deep fry</td><td>[±Fat]
grill</td><td>[+S.U.]
barbecue
charcoal</td><td colspan="2">roast</td></tr>
<tr><td>[+Covered]
braise</td><td>[−Long]
parboil</td><td>[+Long]
stew</td><td colspan="7"></td></tr>
</table>

앞의 [표 1]에서 보듯 영어는 최상위 동사 cook 아래에 물을 사용하는지 아닌지에 따라 크게 둘로 갈라지며 그 중 [+Water]인 것은 물에 식재료를 담그는지 아닌지에 따라 boil과 steam으로 나뉜다. boil은 더 나아가 열의 세기가 강한 경우와 그렇지 않고 은근히 끓이는 경우에 따라 simmer와 full boil이 있고 simmer와는 달리 braise는 용기를 덮고 요리한다는 점에서 차이가 있다. full boil은 가열 시간의 장단에 따라 parboil과 stew로 나뉜다. 반면에 [−Water]인 동사들 중에는 기름을 사용하는 [+Fat]와 그렇지 않은 [−Fat]로 나뉘며, 전자에는 기름의 양이 적은 [−Large Amount (of Fat)]의 sauté와 기름의 양이 많은 [+Large Amount (of Fat)]의 French fry와 deep fry가 있다. [−Water]에 속하는 몇 개의 동사는 의미상 범주에 중첩되는 경우가 있다. 즉 grill은 보통 [+Fat]이지만 때에 따라서는 [−Fat]이 되는데 그 경우는 [+Direct heat]이며, roast는 대개 [−Direct heat]이지만 때에 따라서는 [+Direct heat]도 가능하다.

영어와 비교할 때 앞에서 언급한 내용들을 바탕으로 한국어와 일본어의 요리하기 술어 하의관계를 표로 나타내면 다음과 같다.

[표 2] 한국어의 요리하기 술어 하의관계('*' 표시는 어휘 공백을 의미함)

<table>
<tr><td colspan="7">*</td></tr>
<tr><td colspan="3">[+Water]</td><td colspan="4">[−Water]</td></tr>
<tr><td colspan="2">[+Submerged]</td><td>[−Submerged]</td><td>[−Fat]</td><td colspan="3">[+Fat]</td></tr>
<tr><td colspan="2">삶다</td><td rowspan="2">찌다</td><td rowspan="2">굽다</td><td rowspan="2">볶다</td><td rowspan="2">[−L.A]
지지다</td><td rowspan="2">[+L.A.]
튀기다</td></tr>
<tr><td>[+Long]
고다</td><td>[−Long]
데치다</td></tr>
</table>

[표 3] 일본어의 요리하기 술어 하의관계('*' 표시는 어휘 공백을 의미함)

*			
[+Water]		[−Water]	
[+Submerged]	[−Submerged]	[±Fat, ±Direct Heat]	[+Fat, +L.A.]
にる(煮る)	むす(蒸す)	やく (焼く)	あげる(揚げる)

마지막으로 중국어에서 한국어의 '삶다'에 해당하는 [+Water]인 동사로 煮가 있는데 이는 煮面條처럼 국수를 삶거나 煮鷄蛋처럼 달걀을 삶는 것을 포함한다. 뿐만 아니라 煮의 하의어로서 끓는 물에 짧은 시간에 담갔다가 꺼내는 '데치다'의 의미인 焯는 焯菠菜(시금치를 데치다)처럼 쓰일 수 있다. 熬는 [+Water, +Submerged]이면서 동시에 비교적 시간을 두고 푹 삶는 것을 의미하는 것이므로 煮의 하의어로서 [+Long]인 영어의 simmer와 유사한 동사이다. [+Water, −Submerged, −Fat]인 동사로는 蒸이 있다. 이는 한국어의 '찌다' 또는 영어의 steam에 해당하는데 만두를 찔(蒸饅頭) 때처럼 식재료를 직접 물에 담그지 않고 가열하여 요리하는 것이다. 중국어의 동사 烤는 烤鷄(닭을 굽다)처럼 [−Water, −Fat]이면서 때에 따라서는 영어의 broil처럼 직접 열을 가하는 것도 되고, 때에 따라서는 bake처럼 [−Direct heat]의 의미도 있다. 炒牛肉(쇠고기를 볶다)나 炒菜(채소를 볶다), 炒飯(볶은 밥)에서처럼 동사 炒는 '볶다'에 해당하는데, 이는 영어의 동사 stir-fry에 해당한다. 즉 炒菜는 '볶음 요리'이고 蒸菜는 '찜 요리'가 된다. 단 炒는 한국어의 '볶다'처럼 기름을 치지 않고 마른 상태에서 콩(豆子)이나 땅콩(花生), 깨(芝麻) 등도 볶는 데 사용되는 표현인 반면, 중국어 동사 煎은 반드시 기름을 동반하고 휘젓지 않으면서 요리하

기 때문에 [－Water, ＋Fat, －Stir]라고 할 수 있으며 영어의 fry 또는 deep fry에 해당한다. 이상에서 살펴본 중국어의 요리하기 동사의 하의관계를 표로 나타내면 다음과 같다.

[표 4] 중국어의 요리하기 술어 하의관계

<table>
<tr><th colspan="6">烹飪(烹調)</th></tr>
<tr><td colspan="3">[＋Water]</td><td colspan="3">[－Water]</td></tr>
<tr><td colspan="2">[＋Submerged]
煮</td><td>[－Submerged]
蒸</td><td rowspan="2">[－Fat]
烤</td><td colspan="2">[＋Fat]</td></tr>
<tr><td>[＋Long]
熬</td><td>[－Long]
焯</td><td></td><td>[＋Stir]
炒</td><td>[－Stir]
煎</td></tr>
</table>

지금까지 살펴본 레러의 분석은 세계 주요 언어에서의 요리하기 술어에 대해 성분 분석을 이용한 최초의 어휘의미론적 연구라는 점에서 의의가 있다. 다만 앞에서도 지적했듯이 그녀의 분석은 불을 사용하여 재료를 가공하는 과정에만 한정되어 있고, 그 전단계인 재료를 세척, 계량, 변형, 다듬기 등의 준비 과정이나 음식이 만들어진 후의 서빙 과정 및 특정 음식을 먹는 방식을 기술하는 어휘에 대해서는 언급이 없으며, 레비스트로스의 분석에서처럼 역시 대부분의 기준이 양가적이며, 실제 경험적 자료와 일치하지 않거나 누락된 부분이 많다. 또한 요리하기 술어 외에도 중요한 것은 음식을 먹는 것과 관련한 행위를 서술하는 표현들인데 이에 대해서는 레러는 전혀 언급을 하지 않고 있다. 우리는 이런 표현들에 대해 다음 장에서 알아볼 예정인데 그 전에 음식의 '맛'을 표현하는 어휘들에 대해 영어와 한국어를 중심으로 먼저 알아보기로 하자.

제3장
맛의 어휘

1. 맛과 풍미

맛(taste), 또는 보다 전문적 용어로 미각(gustation)은 혀에 있는 감각기관인 맛봉오리, 즉 미뢰(味蕾, taste bud)를 통해 감지되고 뉴런을 통해 뇌에 전달되는 인간의 다섯 감각 중의 하나이다. 생물학적으로는 쓴맛(bitterness), 신맛(sourness), 짠맛(slatiness), 단맛(sweetness)의 네 가지가 전통적으로 공인된 맛의 종류이고, 여기에 일본어에서 '맛있는'의 뜻을 가진 umai(うまい)와 '맛'이라는 뜻을 가진 mi(味)가 결합한 이른바 감칠맛(umami)을 다섯 번째 맛으로 인정하는 사람들도 있다. 이 감칠맛이란 중국요리 등에 많이 들어가는 인공 합성 조미료인 글루타민산 나트륨(MSG)이나 아미노산에서 얻을 수 있는 '묽은 수프 맛'(brothy taste) 또는 '고기 맛'(meaty taste)이 나는 것을 말하는데, 일본의 과학자인 키쿠나에 이케다가 1908년에 발견한 것으로서 혀에서 미뢰를 통해 뉴런을 거쳐 뇌에 전달되는 독특한 경로를 가진 것으로 보고되지만 아직 이를 제5의

맛으로 인정하지 않는 학자들도 있다고 한다.

이처럼 음식의 미각, 즉 맛이 있고 없음은 기본적으로 혀에서 판단하는 것이기 때문에 영어에서 '맛있는'이라는 뜻으로 사용되는 palatable이라는 단어는 'agreeable to the palate'이라는 의미로서 원래 '혀가 닿는 부분으로서 입천장에 혀가 짝 달라붙는'이라는 뜻인데 이는 한국어에서 '입에 쩍쩍 달라붙는다'와 완전히 같은 뜻이라고 할 수 있다. 반면에 맛이 없는 경우는 영어에서도 'tasteless'라고 하고 한국어에서도 '맛없다', '무미(건조)하다' 등으로 사용하는데, 엄밀히 말해서 물을 포함한 모든 종류의 음식은 저마다 고유한 맛을 갖고 있기 때문에 어떤 음식이 '맛없다'라고 하는 것은 과학적으로 정확하지 않지만 혀에서 별다른 미각적인 자극이 없는 경우는 맛을 느낄 수 없고 그런 음식은 기대를 충족시키지 못하기 때문에 결국 맛없다는 뜻이 가능해진 것으로 보인다.

과거에는 인간이 느끼는 다섯 가지 맛은 혀의 각기 다른 부위에서 감각된다고 했지만 최근 취라스(Chiras, 2005) 등의 연구에 따르면 모든 종류의 맛이 부위에 상관없이 전체 혀에서 다 감지될 수 있다고 한다. 실험에 의하면 모든 연령에서 단맛은 거부감이 없는 반면, 쓴맛은 대부분의 사람들에게 불쾌감을 주는데 이는 아마도 인간의 에너지원이 되는 당 성분의 맛인 단맛은 누구나 필요하기 때문에 거부감이 없지만, 인체에 해로운 성분인 독초나 독성 물질은 보통 쓴맛을 지니고 있어서 이를 섭취하지 못하도록 하는 인체의 본능적 방어기제라고 생각된다. 그런데 초콜릿이나 커피, 차, 술 등은 단맛이나 신맛과 함께 쓴맛이 가미되어 있는 경우가 많은데도 사람들이 기호식품으로 널리 찾는다. 이에 대해 심리학자인 도널드 노먼(Donald Norman)은 "일부 사람들이 쓴맛을 즐기는 것은 문화가 본능을 정복할 수 있음을 보여주는 대표적인 사례"라고 주장한다. 한국에서도 나이가 들수록 쓴맛을 덜 싫어하거나 심지어 좋아하게 되는 경우가 흔하다. 특히 산나물과 같은 채소들은 정도의 차이가 있지만 모두 쓴맛을 갖고 있는데, 그럼에도 불구하고 이런 채소들이 고유하게 갖고 있는 상큼하거나 신선한 맛 때문에, 또는 이런 채소가 몸에 이로운 성분이 많다는 것을 알고 있기 때문에 사람들은 그 쓴맛을 알면서도 거부반응이 없이 '맛있게' 먹게 된다는 것이다. 즉 "맛은 길들이기 나름"이라는 말처럼 인간의 다른 감각과 달리 후천적 학습에 크게 영향을 받는다. 이런 점에서 럿거스(Rutgers) 대학의 실험심리학 교수인 폴 브레슬린(Paul Breslin)은 "모든 사람은 자기만의 맛의 세계를 갖고 있는 것으로 보인다"며 "진화의 관점에서 인류가 이처럼 다양한 미각 민감도를 유지하고 있는 것은 흥미로운 현상"이라고 말했다.

개개인의 입맛이 후천적인 학습의 결과라는 것은 한국의 경우 매운 맛이 정착되는 역사적 과정을 살펴보아도 알 수 있다. 흔히 한국어에서는 '매운 맛'(piquance 또는 hotness), '떫은 맛' 등도 맛으로 부르지만, 이들은 혀의 미각세포에서 감지하는 미각이 아니라 통증을 담당하는 세포에서 감지하는 촉각이다. 또한 '딸기 맛', '사과 맛' 등은 엄밀히 말해 맛이 아니라 코의 상피세포에서 감지하는 후각이다. 그런데 미국의 화학자인 윌버 스코빌(Wilbur Scoville)은 매운 맛을 측정하는 척도로 The Scoville scale을 제시했다. 이것은 음식의 매운 맛을 내는 캡사이신(capsaicin)의 함량에 따라 0에서부터 1,600만 Scoville heat unit까지 매운 정도를 계측하여 표시하는 것인데 이에 따라 각 나라의 대표적인 음식의 매운 맛을 측정해본 결과, 주로 아시아권의 인도, 스리랑카, 파키스탄, 이란, 터키, 인도네시아, 라오스, 말레이시아, 중국 사천 지방, 태국, 한국의 음식과 멕시코, 카리브해 연안 지방, 에티오피아 및 헝가리 음식이 특히 매운 것으로 알려졌다. 일반적으로 날씨가 덥고 습기가 많은 지역의 음식이 매운 경향이 있는데, 중국인들은 지형적으로 내륙 분지인 사천 지방이 덥고 습하기 때문에 매운 음식을 많이 먹고 땀을 발산해야 건강을 유지할 수 있어서 매운 음식이 발달했다고 생각한다. 미국도 덥고 습한 기후대의 남부 루이지애나(Louisiana) 지방의 음식이 상대적으로 매운 경향이 있는 것으로 알려져 있다. 이들의 고유한 음식을 흔히 케이전 요리(Cajun cuisine)라고 부르는데, 이는 원래 캐나다의 노바 스코시아(Nova Scotia)와 뉴브런스윅(New Brunswick) 지역을 가리키는 아케이디언(Acadian)의 발음이 와전된 것으로, 이곳에 살던 프랑스계 이민들이 영국 왕에 대한 충성을 거부하고 떠나면 미국 남쪽으로 내려가 프랑스 왕 루이 14세(Loius XIV)의 이름을 딴 루이지애나에 정착하면서 그들이 먹던 음식을 그대로 지켜온 것이다. 이 요리에는 마늘과 양파, 파프리카, 후추 외에도 매운 정도가 3만~5만 Scoville unit의 cayenne pepper가 들어가 특징적인 매운 맛을 지니고 있다. 한국도 북한 지방의 음식이 남한보다 덜 맵고 덜 자극적인 편인데 이는 비교적 날씨가 더운 남쪽 지방에서 식재료가 쉽게 부패하는 것을 막기 위해 소금을 많이 사용하고 염장과 발효 등의 조리법이 널리 쓰이며, 고추 등의 양념을 많이 하기 때문인 것으로 알려져 있다. 한국에 고추가 들어온 것은 불과 500년도 채 안 되는 것으로 알려져 있고 그 전에는 김치와 같은 절임 채소도 고추를 사용하지 않아서 맵지 않게 먹었을 것으로 생각되는데, 현재는 한국의 많은 음식에서 매운 맛이 압도적으로 선호되고, 음식점에서 같은 음식에 고추장이나 고춧가루를 사용하는 양도 30년 사이에 거의 2배 이상으로 늘어서 대부분의 음식이 갈수록 매워진다고 하니 고추는 500년 만에 한국인의 입맛을 완전히 정복한 셈이다.

맛은 미각 자극 물질(tastants)이라고 불리는 용해된 분자나 이온을 미뢰에 있는 미각 수용 세포(taste receptor cells)에서 감지하는 것으로서 그 외의 감각기관을 통해 느끼는 것은 엄밀한 의미의 맛이 아니다. 그럼에도 불구하고 한국 사람들은 음식의 맛을 평할 때 '얼얼한 맛, 얼큰한 맛, 칼칼한 맛, 톡 쏘는 맛, 쫄깃한 맛, 고소한 맛, 상큼한 맛, 담백한 맛, 부드러운 맛, 시큼털털한 맛' 등도 모두 맛이라고 표현하는데, 이는 과학적인 의미에서의 미각이 아니라, 음식물의 향에서 비롯되는 후각과 통증이나 질감으로서의 촉각 등이 어우러진 '풍미'(風味, flavor) 또는 '향미'(香味)에 해당하는 것이라고 보아야 할 것이다. 입안의 감각세포를 통해 얻을 수 있는 촉각으로는 점성(viscosity), 따뜻함(warmth), 떫음(astringency), 시큼함(acidity) 등이 있으며 이는 혀에서 느끼는 미각과 코에서 느끼는 후각과 어우러져 음식의 총체적인 맛을 결정한다.

인간이 감지하는 미각은 기본적으로 넷 또는 다섯 가지 종류에 불과하지만 노벨상 생리의학상 수상자인 린다 벅(Linda Buck, 2004)에 의하면 후각은 1만 가지에서 10만 가지를 구별할 수 있다고 한다. 따라서 우리가 음식에서 느끼는 맛은 미각보다 오히려 후각이 더 큰 역할을 하는 경우가 많다. 코를 막아서 냄새를 전혀 느끼지 못하게 하고 음식을 먹게 하면 무슨 맛인지 잘 모르게 되는 경우가 많은 것은 후각이 맛을 결정하는 중요한 요인임을 잘 증명한다. 따라서 우리가 거부감이 드는 음식을 먹을 때 코를 막고 먹는 것은 다 이유가 있는 셈이다. 또한 젤리나 청량음료, 사탕과 같은 음식은 보통 비슷한 재료를 사용하지만 서로 다른 향기를 내는 인공 감미료나 향신료 등의 첨가물을 써서 전혀 다른 맛이 나게 하는데 이 역시 후각이 맛을 결정하는 좋은 예가 된다. 음식 중에서도 커피나 차 등의 기호식품이나 와인 등은 쓴맛(苦), 단맛(甘), 신맛(酸), 짠맛(鹹), 떫은맛(澁) 등의 기본적인 미각 외에도 후각, 촉각, 심지어 시각적인 풍미를 중요시하며 이는 단순히 맛의 차원에 머물지 않고 비유적으로 승화되기도 한다. 일례로 차(茶)의 재배지로 유명하여 "녹차

수도"라고까지 불리는 전남 보성의 꽃 축제의 홈페이지(http://www.boseong.go.kr/board/)에는 차와 관련한 맛을 다음과 같이 철학적으로 승화시키고 있다.

> 차꽃은 흰빛을 띤 다섯 장의 꽃잎을 피우는데 이 다섯 장의 꽃잎은 차가 지닌 고(苦), 감(甘), 산(酸), 함(鹹), 삽(澁)의 다섯 가지 인생 맛을 뜻하기도 한다. 선인들은 이를 인생에 비유하여 너무 인색하지 말고(鹹), 너무 티 나게도(酸), 너무 복잡하게도(澁), 너무 편하게도(甘), 그리고 너무 어렵게도(苦) 살지 말라고 일러준다.

차는 원래 한국에서 자생한 것이 아니라 중국에서 건너온 것으로 추정하는데, 앨런 맥팔레인과 아이리스 맥팔레인(Alan MacFarlane and Iris MacFarlane)은 그들의 저서 『차의 제국』(*The Empire of Tea*)에서 차가 어떤 과정으로 세계적인 음료가 되었는지를 보여주고 있다. 차는 동남아시아가 원산지로 알려져 있는데 기원전 10세기부터 차를 재배해서 마셨다고 하지만 문헌으로 차 문화가 명시된 것은 당나라 시대부터라고 한다. 유럽에는 16세기부터 포르투갈 상인에 의해 중국으로부터 차가 수입되었는데 그 당시 중국어 발음대로 chá라고 했고 오늘날에도 포르투갈에서는 여전히 그 발음을 유지하고 있다.

유럽에 차를 최초로 소개한 사람들은 포르투갈인들이지만 1610년부터는 화란의 동인도 회사(the Dutch East India Company)로부터 차가 수입되기 시작했다. 화란인들은 중국의 남부 샤먼(Xiamen) 지방에서 차를 수입했는데 그곳의 아모이(Amoy) 방언으로 차를 뜻하던 t'e가 화란인들을 통해 유럽에 들어가 영어의 tea, 프랑스어의 thé, 스페인어의 te, 독일어의 Tee 등으로 쓰이게 된 것이다. 반면에 마카오 지역에서 차를 수입했던 포르투갈인들은 차와 함께 만다린(Mandarin) 방언인 ch'a라는 단어를 그들의 주 거래국 언어에 소개했는데, 주로 동유럽의 러시아(chai)와 페르시아(cha), 그리스(tsai), 아랍(shay), 터키(çay) 등에 전파했다. 웹스터 사전에 따르면 영어에서 tea라는 단어가 처음 기록에 등장한 것은 1655년이라고 한다. 현재 중국만큼이나 차를 즐겨 마시는 영국에서는 1644년에 처음 tea가 들어왔고, 특히 1660년대 찰스(Charles) 2세의 왕비 캐서린(Catherine)이 즐겨 마셔서 그 후 널리 퍼졌다고 하지만 당시 서민들은 쉽게 접할 수 없을 정도로 귀한 물품이었다. 19세기에 들어와 차 재배지가 늘고 교역이 증가하면서 전세계적으로 차의 소비가 대중화되었는데 그 이름은 원래 중국어의 명칭이 그대로 차용된 것이다. 그 결과, 중국어에서 유래한 '차'라는 단어가, 아랍어에서 유래한 coffee와 함께, 세계 언어에서 가장 차용이 많이 일어난 단어가 되었다.

[표 5] 각 지역에서 쓰이는 '차'의 표기

서유럽	동유럽	기타 지역
스페인어: té	러시아어: чай	터키어: çay
이탈리아어: tè	에스토니아어: tee	타갈로그어: tsaa
프랑스어: thé	루마니아어: ceai	인도네시아어: teh
포르투갈어: chá	체코어: čaj	말레이어: teh
독일어: Tee	알바니아어: çaj	일본어: 茶
화란어: thee	크로아티아어: čaj	한국어: 차
그리스어: τσάι	헝가리어: tea	베트남어: trà
웨일즈어: te	라트비아어: tēja	아이티 크레올어: te
레올: te	슬로바키아어: čaj	스와힐리어: chai
카탈란어: te	슬로베니아어: čaj	아프리칸어: tee
아일랜드어: tae		
몰타어: te		
핀란드어: Teetä		
아이슬랜드어: te		
노르웨이어: te		
스웨덴어: te		

동양에서 시작되어 전 세계로 퍼져나간 음식의 대표주자로 차가 있다면 서양에서 먼저 인기를 끌고 나중에 동양으로 전파된 음식의 가장 유명한 것으로 커피가 있는데, 커피 역시 일상적인 기호품에서 벗어나 그 맛을 둘러싼 담론이 그치지 않는다. 다음은 한 커피 전문가의 홈페이지에서 열거한 커피의 풍미 중 바람직한 것과 그렇지 못한 것을 가리키는 영어 표현들을 구별해놓은 것 중의 일부를 인용한 것이다.[2]

1) 바람직한 풍미(desirable flavor qualities)

Bright or dry: 첫맛은 새콤하면서 마시고 나서는 깔끔한 맛.

Chocolaty: 마시고 난 후 감미제를 쓰지 않은 천연 초콜릿 맛이나 바닐라 향이 나는 것.

Fragrant: 꽃이나 견과류 등의 천연향이 나는 것.

Fruity: 레몬류나 딸기류의 향이 나는 것.

Mellow: 새콤하지는 않지만 맹숭맹숭하지도 않은 부드러운 맛.

Nutty: 볶은 땅콩과 같은 맛이 나는 것.

Sweet: 거친 맛이 없이 부드러운 것.

Winy: 마시고 난 후 맛이 잘 숙성된 와인 맛이 나는 것.

2) 바람직하지 못한 풍미(undesirable flavor qualities)

Bitter: 마시고 난 후 혀의 뒷면에 아리한 느낌이 나는 것.

Bland: 무슨 맛인지 모를 정도로 묽고 특색이 없는 것.

Carbony: 탄 숯 냄새가 나는 것.

Earthy: 흙과 같은 냄새가 나는 것.

---

2 이 내용은 인터넷 http://www.2basnob.com/about.html 사이트를 참고한 것임.

Flat: 향이나 새콤함, 그리고 여운이 없는 것.
Grassy: 풀의 향기나 맛이 나는 것.
Harsh: 자극적이고 얼얼한 느낌이 나는 것.
Muddy: 텁텁하고 개운하지 않은 것.
Rubbery: 탄 고무 냄새가 나는 것.
Sour: 익지 않은 과일처럼 톡 쏘는 맛.
Turpeny: 소나무에서 얻는 테레빈유(turpentine) 냄새가 나는 것.
Watery: 밀도가 떨어져서 너무 묽게 느껴지는 것.

이상에서 볼 수 있듯이 많은 사람들이 즐겨 마시는 커피의 맛은 미각도 중요하지만 그에 못지않게, 또는 그보다 더 미각 이외의 다른 요소들로 이루어지는 풍미가 중요한 것을 알 수 있다.

역사적으로 같은 한자 문화권에 속한 한국이 중국이나 일본에 비해 차 문화가 덜 발전했던 것은 한반도 일부 남부 지방을 제외하고는 대부분의 지역이 차의 생육과 재배에 적당하지 않은 기후와 토질을 갖고 있었던 때문도 있지만, 한국 음식은 중국 음식처럼 기름기가 많은 음식이 덜하여 식사 후 차의 필요성이 비교적 적었고, 굳이 차를 끓여 마시지 않아도 될 정도로 음용수의 수질이 좋았으며, 또한 밥을 짓고 나면 반드시 나오는 누룽지를 이용한 숭늉이라는 탁월한 마실 것이 있었기 때문이라고 생각된다. 다만 1960년대부터 근대화, 도시화가 가속화되고 주거 문화의 혁명적 변화가 일어나면서 재래식 아궁이와 밥솥이 사라지고 전기밥솥이 널리 보급됨에 따라 숭늉이 자취를 감추게 되자 이 빈자리를 대신한 것이 커피라고 할 것이다. 한때 "양탕(洋湯)국"이라고 불리며 고관대작들이나 즐기던 커피는 한국전쟁 이후 미군부대에서 흘러나온 인스턴트커피의 보급으로 인해 단시간 내에 한국인들의 미각을 사로잡았고 다방과 자동판매기의 확산은 커피를 단연 최고의 음료수로 만드는 데 일등공신의 역할을 했다. 한국인들의 커피 사랑은 다른 나라 사람들에 비해 결코 뒤지지 않아서 남녀노소를 불문하고 커피를 즐겨 마신다. 예를 들어 기내에서 한국인 승객들은 커피와 차 중에서 압도적으로 커피를 더 많이 주문하는 반면, 중국인 승객들은 홍차나 녹차를 더 많이 주문한다고 한다. 1990년대부터 몰아친 커피전문점이 세계적으로 가장 번성하는 곳 중의 하나가 한국이어서 번화가의 큰 건물에는 거의 예외 없이 커피전문점이 있고, 은퇴 후 사업으로 가장 선호되는 것이 커피전문점이라고 한다. 직장 동료들과 함께 식사를 한 후에 바로 커피를 한 잔씩 마시는 것도 낯설지 않은 풍경이며 때로는 식사 값보다 커피 값이 더 많은 경우도 있지만 이를 개의치 않고 매일 커피를 마셔야만 하는 사람들도 많다. 이쯤 되면 커피는 단순 기호품이 아니라 가히 생활필수품의 반열에 오른 것으로 보아야 할 것이다. 한국의 커피는 숭늉 대체재의 성격을 띠기 때문인지 흔히 말하는 '다방 커피'의 달착지근하고 구수한 맛을 선호하는 사람들이 많다. 이를 반영하듯 원두커피, 전문커피 시대에도 슈퍼마켓에서 판매되는 전 품목을 통틀어 매출 1위 품목이 봉지 커피, 즉 커피 믹스라고 한다. 일설에 의하면 세계 최초로 1976년에 한국의 동서식품이 만들었다는 커피 믹스는 '커피 : 설탕 : 크림'의 비율이 1 : 3 : 2로 혼합된 것으로 한국인들의 커피 맛 표준화에 큰 영향을 주었다. 12g 한 봉지의 커피 믹스에는 평균 5~6g의 설탕이 들어 있어서 지나치다는 지적이 많지만, 제조업체에서는 일단 길들여진 입맛을 스스로 먼저 거부할 필요성을 느끼지는 않을 것이다. 한때 「한겨레」 신문에는 "어른들의 불량식품"이라는 제목으로 커피 믹스에 대해 비판적인 기사가 실린 적이 있고 『과자, 내 아이를 해치는 달콤한 유혹』의 저자 안병수 씨는 커피 믹스를 마시는 것은 "지방과 화학첨가물을 위 속에 들이붓는 것과 같다"고 주장하기도 하였다.[3] 커피 믹스가 한국인들의 식생활에 완전히 뿌리내려 한국 음식문화의 일부가 된 만큼, 이를 둘러싼 논쟁은 사회적 여파가 클 것으로 예상된다. 다만 과학적이고 논리적인 논의 과정을 거쳐 국민의 건강도 지키고 맛도 즐길 수 있는 해결책을 찾아야 할 것이다.

한국보다 먼저 커피 문화가 정착한 서구에서도 지금처럼 다국적 커피 전문 업체가 세계를 휩쓸면서 커피 문화가 전지구화 또는 몰개성화로 나아가고 있지만 여전히 커피를 즐기는 방식은 지역마다 차이가 있다. 고기와 버터, 치즈 등의 유제품이 많은 유럽의 식탁에서는 이를 상쇄해줄 만한 맛으로, 강하게 볶은 강배전 커피를 고온, 고압의 물에 빠르게 뽑아내어 농도가 짙으며 진한 맛이 나는 커피를 주로 마시는 반면, 단순히 식후에 마시는 디저트 개념이 아닌, 하나의 음료수로서 커피를 시도 때도 없이 마시는 미국 등지에서는 드립식 커피 머신의 보급으로 인해 비교적 물이 많이 들어가는 이른바 아메리카노 커피가 가장 일반적이다. 그런 미국인들에게도 미국의 커피전문점에서 새로 사용하기 시작한 "에스프레소"(espresso), "라테"(latte), "캐러멜 마키아토"(caramel machiato), "카푸치노"(cappuccino), "프라푸치노"(frappuccino)와 같은 외래어 용어들은 한국인들과 마찬가지로 낯선 것이었다. 이는 고급 살롱 커피의 전통이 연상되는 이탈리아어의 표현들을 사용함으로써 커피의 품격을 높여보려는 의도가 깔려 있는 것으로 생각된다. 이런 유형의 어법을 business speak 또는 corporate speak라고 하는데 이는 대기업들이 일반 대중들에게 전달하기에 적절하지 않거나 자신의 이미지에 도움이 되지 않는다고

---

3 다음의 인터넷 사이트를 참조할 것: http://legacy.www.hani.co.kr/section-021014000/2007/07/021014000200707120668068.html.

생각되는 일상적인 표현을 보다 현학적이고 전문적인 방식으로 에둘러서 표현하는 것을 말한다. 앞서 부르디외(Bourdieu)의 말에서도 보았듯이 권력이나 재력을 손에 넣어 사회적으로 특별한 지위에 오른 사람들은 자신의 지위에 걸맞다고 생각되는 것들을 추구하면서 일반인들과 구별되길 원한다. 사람뿐 아니라 기업도 자신들의 제품이 보다 고급스럽게 보이기 위해 저렴하고 대중적인 제품과 차별화를 가져올 수 있는 온갖 방법을 동원한다. 그런 방법 중의 하나가 마케팅적인 측면에서 고급스럽다고 인식되는 언어를 사용하여 제품을 홍보하는 것이다. 스타벅스에서는 커피의 사이즈도 "small, medium, large"와 같은 종래의 음료 사이즈와는 다른 용어를 사용해서 미국인조차 그 뜻을 모르는 사람이 허다하다. 예를 들어 처음에는 에스프레소와 같은 8온스짜리 작은 사이즈의 커피를 "Short"라고 하고 그에 비해 좀 더 큰 사이즈를 "Tall"이라고 했던 것이 차츰 "Tall"보다 더 큰 사이즈를 개발하면서 "Tall(12온스), Grande(16온스), Venti(24온스), Trenta(31온스)"라고 부르는 것이 대표적인 예이다. tall은 더 이상 tall이 아니고 grande는 더 이상 grand가 아니다. 이처럼 언어에도 인플레이션 현상이 일어나는 것은 매우 흔한 것으로 놀라운 일은 아니다. 한때는 "최우수상"이면 가장 높은 상이라고 생각되었지만 어느 샌가 그 위에 "대상"이 생겨나 "최우수상"은 말만 최고로 우수한 상이지 실제로는 두 번째밖에 안 되는 상으로 전락하고 말았다. 그런데 새로 최고의 지위를 획득한 것처럼 보인 "대상"은 그것만으로는 부족하다고 느껴졌던지 또 다른 강력한 어감의 "본상"이라는 새로운 강자에게 밀려나서 2위로 전락하고 있다. 한국에서 담배의 변천사를 보면 이와 유사한 과정이 엿보인다. 일단 어느 시기에 가장 인기 있는 담배 브랜드가 있다가 어느 시점에선가 담뱃값을 인상할 필요가 생기면 새로 가장 고가의 신제품 브랜드가 나오고 원래 최고가였던 브랜드는 품질이나 가격 면에서 그 밑으로 밀리게 된다. 그런 상태가 당분간 지속되다가 다시 가격 인상이 불가피해지면 또 새로운 최고가의 브랜드가 나오고 그때까지의 1위 브랜드는 2위로 전락하고 결국에는 원래의 영광스러운 자리를 탈환하지 못한 채 외면되어 사라지는 일이 반복된다. 다음은 대략 시간 순으로 일어난 담배 브랜드의 교체 과정이다.

아리랑 > 금관 > 파고다 > 신탄진 > 타이거 > 한강 > 여삼연 > 청자 > 수정 > 하루방 > 은하수 > 한산도 > 거북선 > SUN > 솔 > 장미 > 88 > 도라지 > 한라산 > 엑스포 > 하나로 > 글로리 > 에쎄 > THIS > OMAR SHARIF > 타임 > 레종

현재 한국뿐 아니라 지구촌 대부분의 스타벅스 매장에서는 "Short"는 메뉴에도 표시하지 않고 손님이 요구할 때만 주는 것이 보통이어서 고객은 그 사이즈가 있는 줄도 잘 모르는 경우가 허다하다. 알려진 바로는 이탈리아 사람들은 한 번에 평균 2온스만 마시는 반면, 실제로 앉은 자리에서 커피를 31온스, 즉 0.9리터나 마실 수 있는 미국 사람이 얼마나 될지 모르겠지만 워낙 큰 사이즈를 좋아하는 미국인들에게는 이미 64온스짜리 콜라도 잘 팔린다는 점에 비추어본다면 31온스 커피를 넘어서는 더 큰 사이즈의 커피도 머지않아 나올 수 있을 것이다. 그런데 문제는 보통의 소비자라면 분명히 "tall"이라고 하면 "short"나 "small"은 아닌 것으로 생각하고 일정한 크기의 커피를 생각하며 주문할 텐데, 실제는 매장에서 파는 것 중에 에스프레소를 제외하면 가장 작은 것을 의미한다. 그보다 더 큰 사이즈를 뜻하는 "Venti"는 "twenty"를 뜻하고 "Trenta"는 "thirty"를 의미하는 이탈리아어이다. 그렇다면 12온스짜리는 "Tall"이라는 애매한 용어 대신에 같은 이탈리아어로 12를 나타내는 "Dodici"라고

하는 게 보다 논리적일 것이다. 굳이 "Tall"이라는 뜻을 강조하려면 아예 이탈리아어로 tall을 뜻하는 "Alto"를 써야 할 텐데 이는 또 왜 영어로 표기하는지 아리송하다. 아마도 "Alto"라는 뜻이 별로 "tall"한 느낌을 주지 않고 오히려 사람의 음역을 표기할 때처럼 낮은 느낌을 주는 것 때문이라고 볼 수 있다. 또한 16온스짜리는 이탈리아어로 16을 나타내는 "Sedici"라고 하는 것이 더 정확할 것 같은데 오히려 "large"라는 뜻의 "Grande"를 씀으로써 소비자들에게 마치 매우 큰 사이즈인 것처럼 오해를 야기할 가능성이 높다. 이런 가능성은 다분히 의도된 것으로 보인다.

음식 어휘의 차용은 다른 부문의 어휘에 비해 크게 저항을 받지 않고 수용되는 경향을 보인다. 예를 들어 다음은 한국어에 차용되어 들어온 음식 어휘들인데 일본어에서 들어온 것 몇 개를 제외하고는 이들 대부분은 별다른 저항 없이 한국어로 대치되지 않은 채 원어 표현대로 사용되고 있다.

빵, 우동, 짜장면, 짬뽕, 라면, 커피, 차, 사이다, 콜라, 주스, 위스키, 칵테일, 와인, 샴페인, 코코아, 초콜릿, 껌, 배갈, 치즈, 버터, 크림, 마가린, 캐러멜, 크루아상, 도넛, 로티, 카스텔라, 베이글, 머핀, 케이크, 샌드위치, 샐러드, 아이스크림, 디저트, 애피타이저, 핫도그, 토스트, 햄버거, 패티, 번, 피자, 소시지, 페퍼로니, 마카로니, 수프, 파스타, 스파게티, 칩, 파이, 스테이크, 케첩, 마요네즈, 소스, 스시, 사시미, 오뎅, 와사비, 샤브샤브, 고로케, 카레라이스, 오므라이스, 돈가스, 비프가스, 치킨, 에그 프라이, 마시멜로우, 센베이, 아나고, 쓰키다시, 멜론, 바나나, 파인애플, 키위, 체리, 블루베리, 망고, 오렌지, 코코넛.

이런 음식 관련 어휘의 차용 현상은 한국어에만 국한되는 것은 아니다. 영어에도 다음과 같은 음식 차용 어휘가 많이 있다.

1) 독일어에서 온 것: sauerkraut, strudel, hamburger.
2) 프랑스어에서 온 것: soufflé, mousse, crêpes, meringue, fondue.
3) 이탈리아어에서 온 것: spaghetti, pizza, lasagna, linguini, spumoni, cappucino.
4) 기타 다른 지역 언어에서 온 것: souvlaki(Greek); goulash(Hungarian); tortilla(Spanish); paella(Catalan); guacamole(멕시코 원주민 언어인 Nahuatl); blini(Russian); cole slaw(Dutch); curry(Tamil); chutney(Hindi); shish kabob, baklava(Turkish); couscous(Arabic); sushi, tempura(Japanese); won ton(Chinese); succotash(북미 원주민 언어 Narragansett); matzoh (Hebrew), kimchi(Korean).

개화기인 1895년에 유길준이 쓴 『서유견문』(西遊見聞)을 보면 유길준은 미국인들이 "커피를 한국인들이 숭늉과 냉수 마시듯 한다"고 했다. 한국은 커피의 쓴맛이나 신맛보다는 구수한 맛을 선호하는 사람들이 많아서인지 설탕이나 크림의 추가가 필수적인 경우가 많다. 커피 크리머를 흔히 '프림'이라고 부르는 사람들이 많은데 '프림'은 1952년에 우유를 원료로 분말 형태로 가공하여 Pream이라는 이름으로 처음 상품화되었다. 당시 광고 카피에는 "Pream or Cream? You'll like Pream better than cream"이라는 말이 있는데 이는 cream과 관련이 있음을 보여주는 것이다. 그러나 이 제품은 우유 단백질 때문에 쉽게 녹지 않고 맛도 떨어져서 시장에서 별 반응을 얻지 못하고 사라졌다. 그 후 미국의 카네이션(Carnation)사에서 식물성 지방을 재료로 한 커피 크리머를 만들었고 이후 네슬레(Nestle)사에서 식물성 지방으로 만든 커피 크리머인 커피메이트(coffeemate)를 출시하였다. 한국에서도 1974년에 동서식품에서 프리마(Frima)라는 상표로 식물성 지방을 원료로 한 커피 크리머를 개발한 후 선풍적 인기를 얻어 '프림'이라는 용어가 정착되는 데 결정적 역할을 하게 되었다. 즉 현대 한국어에서 '프림'이란 원래 미국에서 쓰던 상표명인 Pream과는 무관하게, '크림'과 '프리마'가 혼성되어 만들어진 혼성어(blending)로 생각된다. 이런 혼성 현상은 비단 커피 크리머뿐 아니라 다음과 같은 음식 어휘에서도 볼 수 있는데 그 숫자가 점점 증가하는 추세에 있다.

갈낙탕= 갈비+낙지탕
불낙전골= 불고기+낙지전골
갈낙새전골= 갈비+낙지+새우전골
오삼불고기= 오징어+삼겹살 불고기
쭈삼불고기= 쭈꾸미+삼겹살 불고기
소맥= 소주+맥주
치맥= 치킨+맥주
라볶이= 라면+떡볶이
짬짜면= 짬뽕+짜장면
tangelo= tangerine+pomelo

2. 한국어와 영어의 미각 표현

맛의 어휘를 생각할 때 중요한 것은 쓴맛, 단맛, 신맛, 짠맛, 떫은맛

등의 종류에 관계없이 맛은 각 음식에 따라 고유하게 여겨지는 범위 안에 있을 때 맛있다고 할 수 있으므로 기본적으로 음식상대적이라는 점이다. 예를 들어 단맛은 꿀이나 아이스크림, 과일 등에서는 매우 높은 정도를 기대하지만 밥이나 불고기 등에서 너무 단맛이 나는 것은 오히려 맛을 떨어뜨리는 결과를 낳게 된다. 따라서 맛을 나타내는 어휘들은 그 자체만으로는 의미를 분석할 수 없고 그 표현이 적용되는 음식의 영역 안에서 상대적으로 분석해야 한다. 이런 점에 착안해서 애드리엔 레러(Adrienne Lehrer)는 2009년에 나온 그녀의 저서 『와인과 대화』(*Wine and Conversation*)에서 포도주의 맛을 평가할 때 쓰이는 영어 단어들을 그 맛이 (1) 너무 과해서 부정적인(*too much* NEGATIVE) 의미의 표현과, (2) 그 맛에서 긍정적인 평가(POSITIVE), 그리고 그 맛이 (3) 너무 약해서 부정적인 평가(*too little* NEGATIVE)의 세 범주로 나누어 분석하고 있다. 첫째로, 포도주의 산도, 즉 시큼한 맛(acidity)을 평가할 때 사용되는 단어들을 이 세 범주에 따라 나누면 다음과 같다.

[표 6] 영어에서 시큼한 맛을 기술하는 표현[4]

(1) *Too much* NEGATIVE	(2) POSITIVE	(3) *Too little* NEGATIVE
acetic, pricked, sour1, sour2, acidic, sharp hard biting	tart crisp piquant lively zestful tangy	flat bland flabby

4 Lehrer, 2009: 7~8을 도표화한 것.

앞의 [표 6]에서 (1)칸에 속한 표현들은 포도주의 시큼한 맛이 지나치게 과했을 때 부정적으로 평가하면서 쓰이는 표현들이고, (2)칸에 속한 표현들은 시큼한 맛이 적당해서 긍정적으로 평가할 때 쓰이는 표현들이며, (3)칸에 속한 표현들은 (1)과 정반대로 시큼한 맛이 너무 약해서 평가에서 상반되는 표현이다. 예를 들어 어떤 포도주가 acetic하다거나 sour라고 한다면 그 포도주는 시큼한 맛이 너무 과하다는 부정적인 평가 표현이다(sour1은 '신맛'이란 뜻이고 sour2는 '산성이 강한'이란 뜻임). 반면에 포도주의 시큼한 맛을 표현하는 말로서 tart는 (1)에서 본 acetic, sour, pricked, sharp 등에 비해 긍정적으로 표현하는 것이다. tart는 와인의 맛을 나타내는 단어 외에도 그 자체가 하나의 음식인데 홍콩 등에서 널리 먹는, 과일같이 달콤한 것을 속에 넣고 그 위에 반죽을 씌우지 않고 만든 약간 새콤한 파이를 가리키는 말이다. 이 표현은 다른 과일이나 음식에는 부정적으로 적용될 경우가 많지만 와인의 시큼한 맛을 가리킬 때는 긍정적인 함축의 의미가 있다. tangy는 '톡 쏘는', '짜릿한' 등의 뜻으로 sharp와 비슷하지만 sharp에 비해 긍정적인 의미가 강하다. 따라서 tangy는 그 앞에 pleasantly tangy, refreshingly tangy처럼 좋은 뜻의 수식어가 오는 경향이 있다. Tang은 마치 사이다처럼 톡 쏘는 맛에 Welch's처럼 과일향이 깃들여 있어서 한때 미국에서 인기를 끌던 소다 음료였는데 이 상표는 긍정적인 자극을 나타내는 형용사인 tangy에서 역파생된 것으로 보인다.

만약 포도주의 시큼한 맛이 너무 없어서 부정적인 평가를 내릴 때에는 flat이나 bland, flabby 등의 단어가 사용된다. 이 중 flat은 일반적으로 자극이 없어서 재미없는 상태로 dull, uninteresting, boring, insipid 등과 유의어이다. 영국 영어에서는 수프의 맛이 싱거울 때에도 flat을 사용하며 flat beer는 김빠진 맥주를 가리킬 때 사용되기도 한다. flabby는 원래 근육이나 피부 따위가 축 늘어진 상태인데 미각적으로도 톡 쏘는 듯한 자극이 없는 것을 가리키는 말로 사용된다. bland는 특징이 없어 단조로운 느낌을 주는 데 사용되는 말로서 bland diet란 '자극성이 없는 식단'을 말한다. 흔히 bland wine이라고 하면 그냥 '순한 와인'이라고 생각하기 쉬운데, '싱겁고 덤덤한 와인'이라는 부정적인 뜻이 함축된 것으로 보이며 긍정적인 의미로 '부드럽고 순한 와인'이라면 gentle wine이라든지 tender wine 등이 더 적합한 표현이다.

이 방법을 한국어에 적용하면 다음과 같은 표를 얻을 수 있다.

[표 7] 한국어에서 시큼한 맛을 기술하는 표현

(1) *Too much* NEGATIVE	(2) POSITIVE	(3) *Too little* NEGATIVE
시큼한/시큼털털한 시그러운/새그러운 얼얼한 쥐어뜯는 에는 듯한 아리아리한	새콤한 톡 쏘는 알딸딸한 시원한	밍밍한 맹맹한 밍숭밍숭한 맹숭맹숭한 밋밋한 싱거운 덤덤한 심심한

한국어에서 포도주를 포함한 음료나 음식의 시큼한 맛(acidity)을 기술하는 표현으로 '시큼한, 시큼털털한(또는 시금떨떨한), (표준어는 아니지만) 시그러운, 새그러운, 얼얼한, 쥐어뜯는' 등은 그 성질이 너무 강해

부정적일 때 쓰이는 단어인 반면, '시큼한'과 같은 어원에서 나온 '새콤한'은 긍정적으로 평가하는 어휘이고, '얼얼한'에 비해 '알딸딸한'은 '기분 좋게 얼얼한'의 뜻으로서 역시 긍정적으로 쓰인다. '얼떨떨하다'와 같은 어원에서 나온 '알딸딸하다'는 원래 '뜻밖의 일로 당황하거나 여러 가지 일이 복잡해서 정신을 가다듬지 못하다'라든지 또는 '머리가 울리고 어지럽다'의 뜻으로서 음식 맛을 표현할 때에는 의미상 부정적인 면이 강한 어휘지만, 유독 '술을 몇 잔 했더니 기분이 알딸딸하게 좋아졌다'에서처럼 비록 정신이 약간 혼미해졌지만 유쾌한 느낌이 드는 긍정적인 상태를 기술하는 데 사용된다. 또한 '시원한'은 '온도가 높지 아니하고 적당하게 알맞은'이라는 뜻이지만 음식 맛을 나타낼 때 이 '시원한'이라는 단어는 음식의 온도와 상관없이 상쾌한 기분이 드는 긍정적인 자극의 맛을 기술하는 데 쓰이는데 뜨거운 국을 마시면서도 "시원하다"고 하기 때문에 흔히 외국인이나 어린아이들에게는 이상하게 들리기도 한다. 마지막으로 시큼한 맛을 기대했지만 너무 신맛이 없어서 부정적인 느낌이 들 때는 '밍밍한, 맹맹한, 밋밋한' 등이 있는데, '맹맹하다'는 음식 맛이 자극적이지 않고 싱겁다는 뜻 외에도 '마음이 허전하다'는 뜻으로도 사용된다. 또한 털이 없어 반반하고 보드라운 상태를 나타내는 '맨송맨송하다'에서 나온 비표준어인 '맹숭맹숭한'과 '밍숭밍숭한' 등도 음식에 적용되어 같은 부정적인 뜻으로 사용되는데, 표준어인 '맨송맨송한'은 음식의 맛을 기술하는 표현으로는 사용되지 않는다는 점이 주목된다. 단순히 '짠'의 반의어로서 '염도가 낮은'의 뜻이 아니라 '모든 종류의 자극이 부족하거나 기대에 못 미치는' 것을 나타내는 '싱거운'이나 '심심한'이라는 표현이 사용된다.

두 번째로, 와인의 단맛을 나타내는 표현에는 다음과 같은 것들이 있다.

[표 8] 영어에서 포도주의 단맛을 기술하는 표현[5]

(1) *Too much* NEGATIVE	(2) POSITIVE	(3) *Too little* NEGATIVE
syrupy cloying sugary	sweet, semisweet, dry	

영어에서 와인의 단맛이 너무 강할 경우 자주 쓰는 평가 표현은 syrupy, cloying, sugary 등이 있고 알맞을 때는 sweet, semisweet, dry 등이 있다. syrupy는 '시럽 맛이 나는'이라는 뜻으로서 '와인이 와인답지 못하고 지나치게 단맛이 난다'는 부정적인 평가 표현이며 cloying은 '너무 달아서 물리게 하는, 싫증나는'의 뜻이다. sugary는 언뜻 보기에 sugar에서 나왔기 때문에 긍정적인 느낌의 단어로 생각하기 쉽지만, 와인의 경우는 syrupy와 유사하게 '(와인에서) 설탕 맛이 나는'의 뜻으로 부정적인 표현이다. 반면에 dry는 다른 음식의 맛을 이야기할 때는 부정적일 수 있지만 포도주의 맛을 기술할 때는 부정적이지 않고 산뜻하게 좋은 느낌을 주는 것으로 쓰이고 있음에 유의해야 한다. 이 점은 맛의 어휘는 음식상대적이라는 것을 잘 보여주는 또 다른 예라고 할 수 있다. 그리고 또 한 가지 더 주목할 만한 것은 포도주에 단맛이 너무 모자랄 때도 있을 법하지만 그런 경우에 사용되는 부정적인 표현은 레러(Lehrer)가 조사한 문헌에는 하나도 없다는 점이다. 물론 bone dry란 구어적 표현을 써서 '단맛이라고는 찾아볼 수 없다'는 뜻을 전달할 수 있지만 이 경우조차도 부정적인 함축은 없다.

5 Lehrer, 2009: 8을 도표화한 것.

한국에서도 1980년대 후반부터 와인의 인기가 급상승했는데 일반인들이 와인의 단맛을 기술할 때 쓰일 수 있는 한국어 표현들은 다음과 같다. 이는 비단 포도주뿐 아니라 일반적으로 음식의 단맛을 긍정적으로 또는 부정적으로 기술하는 데에 쓰인다.

[표 9] 한국어에서 단맛을 기술하는 표현

(1) *Too much* NEGATIVE	(2) POSITIVE	(3) *Too little* NEGATIVE
조청 같은 (아예) 설탕물 같은	달콤한 단 달짝지근한 달달한	

'달콤한'이 '가장 기분 좋게 단맛이 강한 정도'를 나타내고 그 다음으로는 '단'이 있으며, 이들보다는 못하지만 그래도 '흡족하게 단맛이 나는'의 뜻으로 '달짝지근한'과 (비표준어인) '달달한'이 있는데 이 둘은 거의 정도가 같은 것으로 생각된다. 한국의 소비자들에게 인기가 있는 이탈리아의 Gancia Moscato D'Asti 와인은 단맛이 강하기로 정평이 있는데 이 와인에 대한 소비자들의 품평을 보면 압도적으로 '달달하다'와 '달콤하다'라는 표현이 많이 쓰이고 있음을 알 수 있다. '알짝지근한'은 의태어의 '알록달록'이나 '울퉁불퉁'처럼 'ㅇ-ㄷ/ㅌ' 교체 현상을 보여주는 '달짝지근한'의 이형이라고 생각하기 쉽지만 실제 '알짝지근한'은 단맛 외에도 약간의 아린 맛이 깃들여 있을 때 쓰이므로 '달짝지근한'과는 별도의 단어로 생각된다. '달다'의 중첩어로 보이는 '달달하다'는 아직

국어대사전에 표준어로 등재되지 않았는데, 국립국어원의 누리꾼 게시판에 오른 설명에 따르면 이 단어는 방언마다 의미에 차이가 있어서 서울이나 강원도, 충청도에서는 '꿀이나 설탕의 맛과 같이 달다'의 뜻으로 쓰이고, '감칠맛이 있게 달다'의 뜻으로는 경상도와 함경도 일부 지역에서 쓰이고 있다. 현대 한국어에서 비속어로 '마음에 들지 않다'는 뜻으로 '엿 같다'라는 말이 있고, '골탕 먹어라'는 뜻으로 '엿(이나) 먹어라'라는 말이 있는데 여기서 '엿'은 조청으로 만든 음식이 아니라, 남사당패의 은어로, 여성의 성기를 가리키는 것이다.

"쓰면 뱉고 달면 삼킨다"는 속담처럼 단맛은 일반적으로 선호되는 맛이기 때문에 비유적으로도 바람직하거나 좋은 것을 표현할 때 사용한다. 예를 들어, 바라던 때에 내리는 반가운 비를 '단비' 또는 '감우'(甘雨)라고 하고, 비누가 잘 풀리는 연수를 '단물'이라고 하며, '단잠', '단꿈' 등은 모두 그런 예라고 할 수 있다. 영어는 음식의 단맛을 중시하는 식문화권에서 주로 사용되는 언어인 관계로 단맛을 긍정적으로 표현하는 경향이 강하다. 예를 들어 자신이 사랑하는 배우자나 연인을 가리켜 'honey'라고 부르는 것은 영국이나 미국에서는 흔한 일이지만, 단맛만을 유독 강조하지 않는 한국에서는 그런 비유적 표현이 별로 없는데 점점 입맛이 서구화되는 젊은 세대들에서 그런 시도가 가능할지는 두고 봐야 할 것이다. 영어에서 단맛의 대표적 형용사인 sweet은 보통 비유적으로 '기분 좋은', '상쾌한'이나 '사랑스러운' 등의 의미로 쓰인다. 'sweet voice', 'sweet air', 'sweet dream', 'sweet spot', 'sweet-looking girl', 'sweet smile', 'my sweet'(heart) 등이 그런 예로 볼 수 있다. 또한 "Sweet meat will have sour sauce"라는 속담은 직역하면 '달콤한 고기에 신 양념'이지만 '양지가 있으면 음지가 있다'는 뜻으로서 sweet이 긍정적인 맛 어휘로 쓰인 반면

sour는 [표 6]에서도 보았듯이 부정적인 뜻으로 쓰이고 있음을 알 수 있다. 한국이나 미국에서도 널리 보급된 중국 광동식 요리 메뉴인 탕수육은 영어로 'sweet and sour pork/beef/chicken'인데 달콤한(sweet) 맛과 새콤한(sour) 맛이 동시에 들어 있는 신비한 맛의 고기라는 느낌을 전달한다. 반면에 '며칠을 앓았더니 입맛이 써서 아무것도 먹고 싶지 않다'는 말에서처럼 '쓰다'는 미각의 하나로서 가장 부정적인 맛을 지칭할 수 있고 이는 더 나아가 비유적으로 아무런 맛을 느낄 수 없거나 아무것도 맛이 없는 상태를 나타낼 수 있다.

혀에서 느끼는 미각은 아니고 입안의 피부 조직이 수축하거나 오그라들게 만드는 촉감(tactile sensation)인 떫은맛, 즉 수렴미(astringency)를 표현하는 데 쓰이는 영어 단어들은 다음의 [표 10]과 같다. 포도주의 떫은맛은 적포도의 껍질이나 와인을 숙성하는 데 쓰이는 오크통에 포함된 탄닌(tannin)으로부터 나오는데 떫은맛은 적당할 경우는 문제가 없지만 지나치게 많을 경우 와인의 품질을 떨어뜨리는 결정적 요소가 된다. 그러나 앞에서 본 시큼한 맛이나 단맛처럼 떫은맛이 너무 적게 느껴진다고 해서 와인의 품질에 영향을 주지 않는다고 한다. 즉 과일인 감에도 떫은맛이 있지만 이것이 너무 떫을 때에만 문제가 되고 떫은맛이 거의 없는 경우라도 감의 품질에 영향을 주지는 않는 경우와 마찬가지이다. 따라서 와인의 떫은맛에 대한 표현은 too much Negative와 POSITIVE만으로 나눌 수 있다.

영어에서 hard는 '딱딱한, 굳은'이 가장 기본적인 의미이지만 이 기본 의미에서 여러 비유적 의미가 파생되기도 한다. 예를 들어 hard winter라고 하면 '날씨가 혹독하고 매서운 겨울'이 되고 hard frost는 '된서리'가 된다. hard는 soft와 대척점에 있는 표현이어서 hard drink는 알코올 도수가

[표 10] 영어에서 포도주의 떫은맛을 기술하는 표현[6]

(1) *Too much* NEGATIVE	(2) POSITIVE
 hard harsh sharp rough bitter	firm, soft smooth velvety silky gentle tender mellow

높은 이른바 '독주'이며 hard water는 칼슘 이온이나 마그네슘 이온 등이 많이 들어 있는 물로서 '경수', 즉 '센물'이다. 반대로 soft drink는 '저알코올성 순한 술'이며 soft water는 '연수', 즉 '단물'이다. 연수를 '단물'이라고 표현하는 데 반해 경도가 높은 물을 '쓴물'이라고 하지 않고 '센물'로 표현하는 것은 '달다'의 비유적 공감각화 가능성이 '쓰다'에 비해 훨씬 더 높은데 이때의 물은 '쓰다'의 공감각화를 잘 유발시킬 수 있는 음용수가 아니기 때문이라고 볼 수 있다. 미각이 아닌 통증 감각인 떫은맛은 종종 미각의 하나인 '쓴맛'으로 표현되기도 하는데 이는 하나의 영역에서 인지된 감각이 다른 영역의 감각을 불러일으키는 공감각(synesthesia, 共感覺)의 한 예라고 볼 수 있다. 그래서 영어에서 떫다는 것은 종종 bitter로 표현되는데 이는 같은 떫은맛이라도 와인의 경우처럼 부정적으로 표현하는 것이다. 영어의 bitter는 bitter cold(혹독한 추위)라든지 bitter tears(쓰라린 눈물), bitter dispute(격렬한 논쟁), bitter end(끝장) 등에서 보듯 비유적으로

6 Lehrer, 2009: 10을 도표화한 것.

사용되기도 한다. 또한 "My father is very bitter about losing his job"이라고 하면 '아버지께서는 일자리를 잃어버리신 것을 몹시 억울해한다'는 뜻으로 이때 bitter는 '쓰다'라는 미각으로부터 답답한 심정을 표현하는 말로 뜻이 확장된 것이다. 그런데 주목할 것은 영국에서는 bitter가 반드시 부정적인 미각을 뜻하는 것은 아니어서, 포도주와는 달리 맥주의 경우 bitter는 쓴맛이 강하지만 긍정적인 미각으로 받아들여지며 bitters는 아예 칵테일을 만들 때 일부러 좋은 뜻으로 쓴맛을 내기 위해 섞는 술을 말하는데, 이 역시 맛 어휘는 그 자체로 의미가 결정되는 것이 아니라 그 어휘가 기술하는 음식에 따라 상대적으로 결정된다는 것을 알 수 있다.

영어에서 떫은맛을 부정적으로 표현할 때 쓰는 harsh는 "The soap is too harsh for my skin"에서처럼 미각뿐 아니라 다른 종류의 감각에도 사용된다. harsh의 경우 bitter와 유사하지만 bitter는 잘 쓰이지 않는 자리에 나올 수 있는데, harsh voice(귀에 거슬리는 목소리), harsh detergent(너무 강력한 세제), harsh land(황량한 땅), harsh punishment(엄벌), harsh treatment(구박) 등에서처럼 bitter와 다른 연어(collocation) 관계를 보여준다. sharp의 경우는 원래는 '날카로운, 예리한'의 뜻이지만 미각적으로 와인의 떫은맛을 부정적으로 표현하기도 하고, sharp pain처럼 감각적으로 통증이 심할 때 사용되기도 한다.

반면에 firm은 앞에서 본 hard와 같이 '굳은, 단단한'의 뜻이지만 hard가 갖는 부정적 함의 대신 '견고한, 탄탄한'(solid)의 긍정적 함의가 더 강하다. 이 단어가 미각에 사용되는 경우는 거의 없지만 레러(Lehrer)의 조사에 의하면 와인 감별사들뿐 아니라 일반인들도 와인의 떫은맛을 긍정적으로 평가하는 단어로 가장 많이 사용되는 단어라고 한다. 그밖에도 와인의 떫은맛을 긍정적으로 기술하는 단어에는 soft, smooth 등의 촉감과 관련된 단어나 velvety, silky와 같은 부드러운 재질의 옷감에 비유한 단어가 있고, gentle, tender, mellow 등의 감성적 단어들이 사용되는데 이와 유사하지만 suave라는 단어는 때때로 진실성이 없는 정중함을 가리키기 때문에 비록 유의어라고 해도 긍정적인 미각 표현으로 사용되지 않는 것으로 보인다. 반면 mellow는 '부드러우면서 풍부한'이란 뜻으로서 한국어의 '그윽한'에 가장 근접한 영어 단어로 생각된다. mellow는 미각뿐 아니라 후각 및 색감에서도 은은한 것을 나타낼 수 있는데 실제로 a mellow wine은 '그윽한 맛의 와인'이라는 뜻으로서 mellow라는 표현이 갖는 '연륜이 쌓여 부드러운'이라는 뜻이 숙성이 중요한 와인을 기술하는 데 안성맞춤이라고 할 수 있다. 맛 좋게 떫은 것을 나타내는 tender의 경우는 상냥하고 부드럽다는 점에서 mellow와 비슷하지만 '식재료의 질감이 연하고 부드러운, 씹기 쉬운' 등의 뜻이 강하다. 즉 tender steak는 가능하지만 mellow steak는 어색하다. 또한 서양의 요리법(recipe)에서 흔히 볼 수 있는 'fork-tender'라는 표현은 '포크로 찔러보았을 때 들어갈 정도'라는 뜻으로서 고기를 삶을 때 적정한 정도를 나타내는 말이며 'tender corn'은 '잘 삶아서 부드러워진 옥수수'를 나타낸다.

떫은맛 표현에서 한 가지 주목할 점은 puckery라는 단어인데, 이는 레러의 분석에 의하면 때로는 부정적으로 사용될 수 있고 때로는 긍정적으로 사용될 수 있다. 즉 와인의 떫은맛을 싫어하는 사람이 어떤 와인에 대해 puckery라고 부르면 이는 그 와인의 맛을 비판하는 것이고 반면에 약간이라도 떫은맛을 원하는 사람이 puckery라고 하면 이때는 호의적으로 생각하는 것이라는 점이다. 예를 들어 한국어에서 '싱겁다'는 일반적으로 '짜지 않다'의 뜻이나 '간이 약하다'의 부정적인 뜻으로 받아들여지지만 짠맛을 싫어하는 사람에게는 긍정적인 평가가 될 수 있는 것과 유사하다. 그렇다면 맛의 어휘는 그 단어가 갖고 있는 기본적 의미와 그 어휘가 가리키는 대상 음식에 의해서만 좌우되는 것이 아니라 그 말을 사용하는 사람의 주관적 생각에 의해서도 결정될 수 있다는 결론을 얻을 수 있는데 그렇게 되면 이론상 모든 맛의 어휘는 사용하는 사람들 마음대로 그 뜻이 결정될 수 있다는 지나친 주관주의의 함정에 빠질 수 있다. 이 점은 와인의 맛 어휘에 대한 레러의 의미 분석에서 보완해야 할 점으로 보인다.

한국어에서 포도주를 포함한 과실주 및 과일로 만든 음식 등의 떫은맛을 가리키는 가장 흔한 단어들은 다음과 같다.

[표 11] 한국어에서 떫은맛을 기술하는 표현

(1) *Too much* NEGATIVE	(2) POSITIVE
떫은, (떨)떠름한 텁텁한 쎈(센) 쓴 씁쓸한 고삽한	알싸한, 알알한, 쌉쌀한, 얼얼한, 쌉싸래한

일반적으로 '떫다'는 것은 구강 내 피부조직을 움츠려들게 할 정도로 비호감적인 맛이다. 과학적으로 인정되는 순수 미각에서 '쓰다'가 가장 비호감적인 맛이라면, 비록 혀의 맛봉오리에 의한 미각 자극 전달이 아니라 다른 감각 경로를 통해 전달되는 넓은 의미에서의 맛 표현인 '떫다' 역시 비호감적인 맛이라고 할 수 있다. 따라서 이는 단순히 음식뿐 아니라 사람의 몸가짐이나 언동이 불손하고 못마땅하다는 뜻까지 비유적

으로 갖게 된다. 우리말 속담에 “떫기는 오뉴월 산살구 같다”는 말이 있는데 이는 어떤 사람이 도통 사귈 맛이 나지 않게 언행이 마음에 들지 않음을 나타내는 말이다. 또한 “시거든 떫지나 말지”라는 말은 아무 데에도 쓸모가 없음을 표현하는 것이다. 한때 모 방송국의 인기 연예 프로그램에서 ‘감’을 영어로 어떻게 말하느냐를 두고 모 인기 개그맨이 무성 치간 마찰음(voiceless interdental fricative)인 [θ]와 혀끝을 말아 올리고 발음하는 권설 측음(retroflex lateral)인 [ɭ] 및 유성 양순 마찰음(voiced bilabial fricative)인 [β]를 써서 [θəɭβm]이라고 발음하면서 ‘떫음’을 마치 영어화하여 우스꽝스럽게 답해 인기를 끌었는데 이는 그만큼 떫은맛이 구강 내에서 정상적인 근육 활동을 저해할 정도로 자극적으로 수축하게 하는 것을 익살스럽게 표현한 것이다. ‘떫다’에서 나온 ‘떨떠름하다’는 ‘떫은맛이 느껴지다’의 뜻인데, “그러자고는 했지만 기분이 좀 떨떠름하다”처럼 미각보다는 선뜻 내키지 않는 심리 속 상태를 나타내는 말이다. 또한 ‘텁텁하다’는 원래 미각이 아니라 ‘개운하거나 깨끗하지 못한’ 것을 나타내는 말인데 떫은 맛 때문에 시원함을 느낄 수 없는 경우에 사용되기도 한다. 조금 어려운 용어로 ‘고삽(苦澁)하다’는 맛이 쓰면서 떫은 것을 동시에 표현하는 것으로서 이때 ‘澁’은 ‘떫다’의 뜻인데 ‘떫다 > 껄끄럽다 > 힘들다 > 어렵다’ 등의 비유적 의미로 점차 확장되기도 한다. 예를 들어 글이 매끄럽지 못하고 이해하기 어려울 때 ‘난삽(難澁)하다’라는 표현을 쓴다든지 말을 유창하게 하지 못하고 더듬거릴 때 ‘눌삽(訥澁)하다’라는 표현을 쓰는 것이 그런 비유적 확장의 경우이다. 일본어에서 ‘떫다’에 해당하는 표현이 ‘しぶ(澁)い’인데 이는 한국어의 ‘떫다’와 마찬가지로 “この柿かきは澁い”(이 감은 떫다)처럼 주로 미각을 나타내는 데 쓰인다. 그리고 이 표현은 비유적으로 ‘인색한’, ‘쩨쩨한’의 부정적인 뜻으로도 쓰이지만, 때로는 “澁い趣味”(수수한 취미), “澁い聲”(차분한 목소리), "澁い中年男の魅力"처럼 크게 드러나지는 않지만 은근한 깊이가 있음을 가리킬 때도 쓰인다. 일본어에서 'しぶみ'(澁味)는 '떫은 맛'과 아울러 '은근한 멋', '그윽하고 고상한 멋'을 가리킬 때도 쓰이며, 같은 인색한 사람을 표현할 때 한국어로는 "그는 돈에 짜다"라고 하지만 일본어에서는 "彼は金には澁い"(그는 돈에는 떫다)라고 말하는 점이 다르다.

떫은맛은 대부분의 경우 비호감적인 맛이지만 과실주의 대표 격인 와인의 경우는 오히려 특유의 향미를 내는 데 도움이 되기도 한다. 그런 긍정적인 느낌을 나타낼 때 한국어에서는 '알싸하다'는 표현이 있는데 이는 원래 매운맛 때문에 혀가 약한 통증을 느낄 때 쓰는 말이지만 이는 매운맛뿐 아니라 떫은맛에도 적용된다. 이 점은 매운맛이나 떫은맛이 모두 미각이 아니라 일종의 통증을 유발하는 촉각이라는 공통점에 기인한다고 하겠다. '알싸하다'는 '아리다'와 어원적으로 연관성이 있어 보이고, 또한 그런 아린 느낌이 들 때 자연스럽게 나오는 소리로서 의성어화한 것으로 추정된다. '알싸하다'와 매우 가까운 표현이 '알알하다'로서 이 역시 맵거나 독해서 혀끝이 아린 느낌이 드는 것을 말하는데 '떫다'에 비해 그다지 부정적인 함축은 갖지 않는다. '알알하다'는 술기운 등으로 정신이 약간 혼미할 때에도 사용되는데 가끔 '알딸딸하다'라는 변형된 모습으로도 쓰이기도 한다. '얼얼하다'는 '알알하다'보다 어감이 더 큰 말로 통증이 보다 심한 정도를 나타낸다. 이는 매운맛이나 떫은맛에 의한 감각을 나타낼 뿐 아니라 외부로부터의 타격에 의한 통증을 나타낼 때 자주 사용된다. 그밖에도 '알근알근'이나 '아르르' 등의 부사형이 있는데 이는 모두 '아리다'라는 동사에서 파생된 것으로 추정되지만 확실치는 않다.

'알싸하다'와 비슷할 정도로 떫은맛에 호감을 나타내는 '쌉쌀하다'와

이와 같은 어원에서 나온 '쌉싸래하다' 및 비표준어인 '쌉싸름하다'는 씀바귀나 인삼주 따위가 '조금 쓴맛이 나다'의 미각을 나타내지만 거부감이 들지 않을 정도의 떫은맛을 표현할 때도 사용된다. 작가 박완서의 장편소설 『도시의 흉년』에 나온 "쌉쌀하면서도 지독하게 단 꿀물"이라는 표현에서 보듯이 "쌉쌀하다"는 단순히 '달지 않다'는 뜻만 있는 것은 아니다. 이와 어원상으로 연결된 '씁쓸하다'는 '달갑지 아니하여 싫거나 언짢은 기분이 조금 나다'라는 부정적인 감정을 나타내는 말로 쓰이고 있다. 이밖에도 '달콤씁쓸, 시금씁쓸, 시큼씁쓸' 등의 쓴맛과 단맛 또는 신맛과 쓴맛을 결합하는 표현들이 떫은맛을 기술할 때도 사용되기도 한다.

미각은 아니지만 포도주의 품질을 좌우하는 또 다른 요소는 숙성도이다. 충분히, 그러나 지나치지 않게 숙성된 와인은 그만큼 맛이나 향미도 뛰어나게 느껴지는데, 따라서 영어에서는 다음과 같이 포도주의 숙성 정도를 나타내는 표현들이 많이 발달했다.

[표 12] 영어에서 포도주의 숙성도를 기술하는 표현[7]

(1) *Too young* NEGATIVE	(2) POSITIVE	(3) *Too old* NEGATIVE
green unripe immature	fresh, mature ripe mellow developed evolved aged	withered, dead, dying decrepit senile

7 Lehrer, 2009: 10을 도표화한 것.

인터넷에서는 숙성이 아직 덜 된 와인을 온라인으로 판매하는 쇼핑몰이 있다. 이 쇼핑몰에는 판매하는 와인들에 대해 소비자들이 품평하는 메시지를 남길 수 있는데 가장 널리 사용되는 단어는 unripe이다. 덜 숙성된 와인은 숙성된 와인에 비해 보통 저렴한 가격으로 구매할 수 있는데 반드시 그렇지는 않아서 포도의 종류에 따라 바람직한 숙성도의 차이가 있다. 예를 들어 프랑스의 보르도 지방에서 생산되는 적포도주인 claret나 포르투갈의 적포도주인 port wine의 경우는 충분히 숙성이 된 것을 최상품으로 간주하지만 old Moselle이나 old Beaujolais는 반드시 오래 되었다고 좋은 와인이라고 생각하지 않는다. 일반적으로 포도주가 충분히 숙성이 안 된 상태를 기술할 때는 green이라는 단어가 널리 사용되는데 이는 물론 원래 색깔을 지칭하는 것이다. 브로드벤트(Broadbent, 1977)에 따르면 포도에 페놀 성분이 모자라게 되면 green이 될 수 있는데 그런 포도에서 만들어진 성숙이 되지 않은 것은 비록 색깔이 녹색이 아니더라도 green wine이라고 불리게 된다. 뿐만 아니라 green fruit이라면 아직 익지 않은 과일을 말하고 green hand라면 비유적 의미로 미숙한 사람을 말한다. 영어에서 green이 young과 상호 연상적으로 통하는 개념이지만 와인의 숙성도를 나타낼 경우 green은 부정적인 의미인 반면 young은 부정적 의미와 긍정적 의미가 모두 가능하다고 한다. 비록 성숙되지 않았지만 그 와인을 소비하는 사람이 오히려 바람직하다고 생각될 때는 fresh라는 단어를 사용한다. fresh는 단순히 새로운(new) 것이 아니라 신선하고 오래 되지 않아서 싱싱하다는 함의를 갖는다. 빵의 경우 fresh from the oven은 '오븐에서 갓 구워낸' 것으로 신선하다는 느낌을 주며, 버터의 경우 fresh butter는 '짠맛이 아직 배지 않은 버터'로 긍정적인 의미를 가질 수 있다. 그밖에도 시간이 경과했음을 나타내는 말로서 evolved와 aged가 있는데 이 둘 역시 old에 비해 와인의 숙성도를 표현할 때 긍정적인 느낌을 준다. 반면 withered나 dead, decrepit, senile 등의 표현은 너무 오래 되어 맛이 떨어질 때 사용하는 것으로서 withered는 원래 꽃이나 풀 등이 시든 것이지만 와인에 적용되어 부정적인 뉘앙스도 전할 수 있다. 사람에 적용될 때 경멸적이거나 부정적인 뜻을 가진 decrepit이나 senile보다는 old가 중립적인 느낌을 주며, 그보다는 senior나 aged, elderly 등이 긍정적인 뜻을 가진 것으로 생각되는데 이는 wine에도 비슷하게 적용되지만 senior나 elderly는 와인의 맛을 기술하는 데에는 쓰이지 않는다.

그런데 와인뿐 아니라 음식의 신선도나 숙성도를 표현하는 대표적인 한국어 어휘들에는 다음과 같은 것들이 있다.

[표 13] 한국어에서 음식의 신선도나 숙성도를 기술하는 표현

(1) *Too young* NEGATIVE	(2) POSITIVE	(3) *Too old* NEGATIVE
덜 된 덜 익은	신선한, 곰삭은, 잘 익은, 삭은, 물(이) 좋은	신선하지 않은, 상한, 푹 삭은, 썩은, 맛이 간 (한)물이 간 김빠진

한국어에서 신선도나 숙성도가 낮은 단계를 부정적으로 표현하는 하나의 단어로 어휘화된 표현은 '미성숙한' 정도에 불과할 정도로 잘 볼 수 없다. 대신 '덜 된', '덜 익은'처럼 두 단어로 이루어진 표현들이 자주 쓰일 뿐이다. 한국어에서 '신선하지 않은'은 '신선미가 없을 정도로 미성숙하거나'(too young), 아니면 '시든'(too old) 두 가지 단계를 모두 가리키는 것이 아니라 그중 오래된 쪽만 가리킨다. 반면에 음식이 신선하

거나 적당히 숙성되었을 때는 '신선한'이나 '잘 익은'을 사용하며, 특히 생선의 경우는 '물 좋은'이라는 말을 쓰는데 이 표현은 생선에만 국한되지 않고 그 용법이 점차 비유적으로 확대되고 있다.

'삭다'는 음식이 아닌 물건이나 사람의 경우는 "이 사람 얼굴이 그새 왜 이렇게 삭았나?"에서처럼 '오래되어 본바탕이 변해 부식한 것처럼 되다'라는 부정적인 함의를 가지지만, 유독 음식의 경우만은 '오랜 기간을 두고 익어서 맛이 들다'는 긍정적인 뜻을 가진다. 다만 죽의 경우는 밀도가 낮아져 묽어지는 것을 삭았다고 표현하기도 한다. '곰삭다'는 '삭다'에서 파생된 것이 분명하지만 "황석어젓이 알맞게 곰삭았다"처럼 단순히 '삭다'보다도 긍정의 강도가 높은 의미로 쓰인다. 이때의 '곰'은 '곰탕'에서처럼 '고기나 생선을 진한 국물이 나오도록 푹 삶은 국'을 뜻하는 말로 생각된다. 반대로 '삭다' 앞에 '푹'이라는 정도 부사가 오면 긍정보다는 부정의 뉘앙스가 증가하는 것으로 보인다. 또한 '맛이 간'은 영어의 gone bad처럼 화자가 이상적으로 생각하는 지점으로부터 떨어져 나가버린 상태를 의미하는 직시적(deictic) 표현이다. 한국어나 영어에서 보통 '오다'나 '오르다' 또는 'come'이 "왔구나 왔어!"라든지 "생선에 간이 올라서 맛이 좋다", 또는 "coming of age"처럼 화자의 기대나 희망에 부합하는 방향으로 사태가 발전하는 모습을 나타내는 반면 '가다' 또는 'go'는 앞의 예처럼 화자로부터 멀어져서 더 이상의 소유 관계나 긴밀한 유대 관계가 성립하지 않는 부정적 사태 진전을 의미하는 것이다. '김빠진'은 음식 본래의 향이나 맛이 없어진 것을 의미하는데 이때의 '김'은 음식의 조리 과정에서 액체가 열을 받아서 기체로 변한 것으로 음식의 풍미를 지켜주는 역할을 하는 것인데 이것이 방출되면 그 맛이 떨어지는 것을 표현한 것이다. 이 표현은 음식 외에도 비유적으로 의욕이나 관심이 사라진 상태를 나타낼 때 쓰이기도 한다.

맛을 표현하는 어휘 중에는 음식에 포함된 내용물의 밀도나 농도를 나타내는 말이 있다. 포도주의 경우 밀도는 'body'라고 하는데 이는 입안에서 느껴지는 와인의 질감(texture) 또는 중량감(weight)으로 평가한다. 일반적으로 포도주와 같은 과실주의 밀도는 알코올 성분과 과일 원액 추출물 및 발효 과정에서 생성되는 글리세롤과 산의 조합으로 결정되는데 밀도가 높은 와인일수록 맛이 풍부하고(rich), 강하고(powerful), 깊으며(deep) 오래 남는 풍미를 지니게 되어 크림소스나 센 맛의 치즈 또는 스테이크와 같이 두꺼운 고기를 먹을 때 잘 어울린다고 한다. 그러나 밀도가 너무 높아도 술로서의 알코올 성분이 강하게 느껴지고 깔끔하지 않고 거친 맛이 날 수 있다는 위험성이 있다. 반면에 밀도가 낮은 경우는 알코올성이 낮고 개운하고 깔끔하지만 가벼운 맛이 나므로 스파클링 와인(sparkling wine)처럼 가볍게 마실 때 적합하다. 영어에서 포도주의 밀도를 나타내는 표현들은 매우 다양한데 대표적인 것들에는 다음과 같은 것들이 있다.

[표 14] 영어에서 포도주의 밀도를 기술하는 표현[8]

(1) *Too much* NEGATIVE	(2) POSITIVE	(3) *Too little* NEGATIVE
coarse alcoholic	heavy rich light big deep delicate fat powerful fragile thick forceful sturdy robust hearty round meaty	watery thin weak meager small flabby little

8 Lehrer, 2009: 12를 도표화한 것.

우선 밀도에 대해 부정적인 표현인 coarse는 입자가 굵거나 조직이 조잡한 것을 말하지만 포도주와 같은 과실주의 밀도를 말할 때는 알코올 성분이 상대적으로 높아서 거친 맛이 나는 것을 말한다. 이런 종류의 와인을 기술할 때 rude, harsh, clumsy라는 표현도 종종 쓰이지만 가장 보편적인 것은 coarse이다. coarse에 비해 strong이라는 표현 역시 밀도가 높은 것을 말하지만 coarse가 지니는 부정적인 함축이 없다고 볼 수 있다. 반면에 밀도가 너무 낮아서 부정적인 느낌이 들 때는 watery, thin, weak 등이 주로 쓰인다. 밀도가 음식과 조화를 이룰 수 있을 정도로 알맞게 높을 경우는 heavy, big, thick, solid, sturdy 등의 형용사가 주로 쓰이고, 알맞게 낮을 경우는 light, delicate, fragile 등의 형용사가 긍정적인 뜻으로 쓰인다.

서양 언어에서 포도주에 대한 미각 어휘가 발달했다면 한국의 식단은 각종 음식 재료를 물에 넣어 끓여 먹는 수프 형식의 음식이 많은 관계로 이에 따른 어휘가 발달했다. 즉 '국, 탕, 찌개, 전골, 갱, 확' 등이 그것인데 국립국어연구원에서 펴낸 표준국어대사전에는 이에 대해 다음과 같이 정의하고 있다.

국: 고기, 생선, 채소 따위에 물을 많이 붓고 간을 맞추어 끓인 음식.

탕: 주로 제사에 쓰는, 건더기가 많고 국물이 적은 국.

찌개: 뚝배기나 작은 냄비에 국물을 바특하게 잡아 고기 · 채소 · 두부 따위를 넣고, 간장 · 된장 · 고추장 · 젓국 따위를 쳐서 갖은 양념을 하여 끓인 반찬.

전골: 잘게 썬 고기에 양념 · 채소 · 버섯 · 해물 따위를 섞어 전골틀에 담고 국물을 조금 부어 끓인 음식.

갱: 쇠고기나 돼지고기 등의 육류와 무를 반듯하게 썰어 함께 끓인 국으로 양념을 하지 않는, 주로 제사상에 올리는 음식.

확: 갱과 비슷하지만 채소가 주재료인 국.

그런데 문제는 일상생활에서 이런 사전적 정의만으로는 음식을 구별하거나 그 의미를 파악하기 어렵다는 점이다. 다음 장에서 더 자세히 살펴보겠지만, 오히려 재료나 조리법보다는 사회문화적 요인이 음식 이름의 작명과 인지에 더 큰 영향을 미치는 경우가 허다하다. 예를 들어 '-탕'이라는 접미어가 붙으면 '-국'보다 건강에 좋은 것 같은 느낌이 들어서 1980년대 이후 건강 신드롬에 편성해 '-국'보다는 '-탕'을 붙이는 일이 빈번하다. 또 '김치전골', '버섯전골' 등 식당에서 '찌개'보다는 '전골'이라는 이름을 더 선호하는 까닭은 품위 있는 음식으로 보이게끔 하여 이를 먹는 사람의 품위도 상승하는 듯한 착각을 불러일으켜서 손님의 허영을 채워주는 상술이라고 할 수 있는데 이는 음식 자체보다는 음식에 대한 사회화용적인 동기를 고려해야 할 사항이다.[9]

서양 음식에도 수프가 있지만 그 안에 들어가는 재료의 종류나 양이 지극히 단순하고 양념도 거의 없으며 조리법도 간단하다. 반면에 한국의 각종 탕류나 찌개, 전골 등은 여러 재료와 양념이 혼합되어 들어가는 게 보통이며, 그 육수도 단순히 물이 아닌 다른 고기나 멸치 등의 해산물로 우려낸 국물일 경우가 많아 밀도가 높아질 가능성이 높다. 또한 된장이나

9 인지언어학에서는 인간의 개념 형성이 해당 정보를 유사성이나 대비성에 따라 분류하고 위계적으로 조직화하는 과정을 수반한다고 본다. 이런 개념적 사고에서 중요한 것이 범주(category)인데 다음 장에서는 음식 언어에서의 범주가 어떻게 구성되며 범주 명칭과 그 범주 사이의 관계 등을 검토하고자 한다.

간장, 고추장 등의 장류가 첨가되는 경우가 많고 서양 수프에 비해 염분이 많이 들어가므로 상대적으로 밀도가 높은 게 보통이다. 이런 음식들은 그 속에 들어간 재료와 양념, 육수, 간장 또는 소금 및 물의 비중이 모두 적절한 조화를 이루어야 비로소 제 맛을 낼 수 있는데 그런 점에서 이런 종류의 음식의 밀도를 평가하는 어휘들은 다음과 같다.

[표 15] 한국어에서 음식의 밀도를 기술하는 표현

(1) *Too much* NEGATIVE	(2) POSITIVE	(3) *Too little* NEGATIVE
텁텁한 된 빡빡한	진한, 진국인, 깔끔한 걸쭉한, 개운한 맑은 담백한 연한	묽은 진 약한 맹탕인 홋국인 (희)멀건 심심한 퍽퍽한 터벅터벅한

오랫동안 푹 고아서 걸쭉하게 된 국을 '진국'(津국)이라고 하고 이와 대조되는 개념으로 진국을 우려낸 건더기로 다시 물을 많이 타서 우려낸 국은 '홋국'(後국)이라고 한다. 우리 속담에 "진국은 나 먹고 홋국은 너 먹어라"는 말이 있는데 이는 '좋은 것은 자기가 먹고 나쁜 것은 남에게나 주려한다'는 뜻으로 이기적이고 탐욕스러운 행동을 경계하는 말이다.

흔히 사람이 믿음성이 있고 성실해서 신뢰가 갈 때 그 사람을 '진국'이라고 말하는데 이는 밀도가 긍정적으로 높은 음식으로서의 '진국'에서 나온 것으로서 한국인들은 일부 맑은 국을 제외하고는 보통 국이 원재료의 맛이 깊이 우러나오는, 밀도가 높은 것을 선호하는 것을 반영하는 것으로 볼 수 있다. '맹탕'은 맹물처럼 아주 내용이 없는 탕을 부정적으로 일컫는 말인데 음식뿐 아니라 '맹추'처럼 실속이 없는 사람을 비유적으로 가리키게 되어 음식이라는 기본 영역에 있어서나 사람이라는 비유적 영역에서 앞에서 본 '진국'과 반대 개념으로 볼 수 있다.

'진한'이나 '진국인' 등이 밀도가 높아서 긍정적인 경우라면 '깔끔한'이나 '개운한', '담백한' 등은 밀도가 낮아서 긍정적인 경우이다. 예를 들어 조개탕이나 콩나물국처럼 재료는 최소한으로 하고 간도 약하게 써서 물의 비중을 높인 것은 '개운하다'고 평가할 때가 많다. 신세대들은 이 경우 '깨끗하다'나 '깔끔하다'라는 말을 사용하기도 하는데 이는 청결함이나 솜씨, 버릇 등의 고차원적인 상태를 묘사하는 단어가 보다 저차원적이지만 기본적인 영역인 음식에 역으로 확장된 경우로 볼 수 있다. 국이나 탕이 개운한 경우, '맑은'이라는 형용사를 사용하기도 하는데 이는 '잡스럽고 탁한 것이 섞이지 않은'이라는 뜻으로 무 맑은국, 모시조개 맑은국, 계란국, 북엇국, 굴 두부국, 보리순 재첩국, 오징어박국 등은 일반적으로 밀도가 낮아야 맛있고 개운한 것으로 평가되는 국이라고 할 수 있다.

이처럼 긍정적으로 밀도가 낮은 것을 뜻하는 '맑은'에 비해 '묽은'은 밀도가 낮지만 부정적인 경우를 말한다. 이는 물의 비율이 너무 높다든지 주재료 성분이 너무 작아서 제 맛이 나지 않을 경우 쓰인다. '멀건' 역시 국물 따위가 묽은 것을 말하는데 '묽은'에 비해 약간 흐린 모습을 묘사하는

데 쓰인다. '희멀건'은 색깔이 희면서 묽은 것을 말하며 이 역시 음식의 밀도가 너무 낮아 부정적인 평을 할 때 쓰인다. 영어에서도 dull, watery, washy 등은 알맹이가 없어서, 또는 너무 물기가 많아서 맛이 없거나 재미가 없는 것을 가리키는 부정적 표현인데, wish-wash란 '알코올 성분이 낮은 멀건 음료'로서 이는 비유적으로 '시시한 이야기, 김빠진 말'을 말하기도 한다. 우리말에 '중놈 이마 씻은 물'이라는 표현이 있는데 이는 국이나 탕이 건더기는 없고 지나치게 묽거나 멀건 경우를 속되게 나타내는 것이다.

반면에 '걸쭉한'은 액체가 묽지 않고 농도가 짙은 것을 말하는데 원래는 액체의 농도를 표현하는 말이지만, 비유적으로 말 따위가 푸지고 거침이 없어 외설스러울 때도 사용한다. 같은 '걸다'에서 비롯된 말이지만 '걸걸한'은 음식이 아닌 사람의 목소리나 행동거지가 거칠고 힘이 있을 때 사용된다. 일반적으로 어떤 국이나 탕이 걸쭉하다면 밀도가 긍정적으로 높다는 뜻이 된다. 반면에 '텁텁하다'는 필요 이상으로 밀도가 높아 개운하지 않다는 부정적인 맛 평가 어휘이다. 일반적으로 수분이 일정량 함유되어야 하는 밥이나 반죽 등에서 물기가 필요 이상으로 많아서 되지 아니하고 물기가 많은 경우 '질다'고 하는데 이는 물에 비해 다른 성분의 밀도가 지나치게 낮은 것을 말한다. '질다'는 비유적으로 거리낌 없이 말을 함부로 하는 것을 가리키기도 한다. 반면에 물기가 필요한 것보다 없을 때는 '되다'고 하는데 이는 '일이 벅차고 힘들다'라든지 '줄 따위가 단단하고 팽팽하다'라는 비유적 의미를 갖고 있다. 그밖에도 '퍽퍽한'은 음식이 물기나 끈기가 매우 적어 목멜 정도로 몹시 메마르고 부드럽지 못하다는 뜻이며, 이와 유사한 표현인 '터벅터벅한'은 가루음식 따위가 물기나 진기가 없어 씹기에 조금 퍽퍽한 것을 가리키므로 역시 음식의 밀도에 대해 부정적인 표현이다.

마지막으로 레러의 맛 표현 연구는 와인을 대상으로 이루어진 것이기 때문에 비록 와인이 가장 정교한 맛 표현이 발달한 음식이기는 해도, 모든 종류의 맛과 풍미를 다 다루고 있지 않다는 한계가 있다. 특히 와인과는 그다지 관계가 없지만 한국인에게는 매우 중요한 짠맛은 아예 다루지 않고 있다. 여기서는 레러의 분석을 확장해서 짠맛에 대한 한국어 표현을 알아보기로 하자.

[표 16] 한국어에서 음식의 짠맛을 기술하는 표현

(1) *Too much* NEGATIVE	(2) POSITIVE	(3) *Too little* NEGATIVE
짠 건건한 찝찔한	짠, 간간한, 싱거운, 짭조름한, 담백한, 짭짤한, 연한	싱거운 약한 맹숭맹숭한 밍밍한 맹탕인 심심한

우선 짠맛을 가장 간단하게 표현하는 대표적인 맛 표현은 '짜다'이고 '짠'은 이것의 관형형으로서 그 뒤에 나오는 음식을 수식한다. 그런데 '짠'은 때에 따라서는 짠맛에 대해 부정적인 느낌을 전달할 수도 있고, 때에 따라서는 중립적이거나 대상 음식에 따라서는 긍정적인 느낌까지 전달할 수 있다. 따라서 위의 표에서 '짠'은 칸(1)과 칸(2)에 두 번 나온다. '건건한'은 감칠맛이 없이 조금 짜기만 한 것을 나타내는 부정적 함축이

있는 표현이다. 반면에 '건건한'의 작은 말인 '간간한'은 모 TV 요리 프로그램에서 진행자가 걸핏하면 "나물을 간간하게 무치세요"라고 하는 것처럼 결코 부정적인 뜻이 아니다. 즉 '간간한'은 입맛에 맞게 약간 짠 듯한 것으로서 긍정적 함축이 들어 있다. '건건하다'나 '간간하다'는 함축의 차이와 정도의 차이가 있지만 모두 짠맛을 나타내는 말인데 이는 모두 '건건'에서 파생되었다. 우리 음식에서 빠질 수 없는 '간장'이라든지 '음식의 간을 본다'라는 말에서의 '간'은 모두 이런 짠맛을 뜻하는 '건건'과 어원이 같은 것으로 생각된다. '간장'은 '짠맛'을 뜻하는 순우리말 '건'이 바뀐 '간-'에 한자어 醬이 붙은 말로 추정되며, '간을 본다'는 결국 음식의 맛을 확인한다는 뜻일 정도로 짠맛이 가장 핵심적인 음식 맛으로 생각할 수 있다. '건건한'과 유사한 말로 '찝찔한' 역시 맛이 없이 짜기만 한 경우를 가리키는 부정적 짠맛 표현이다. 최근에는 이와 형태음운적으로 유사한 '찝찝하다'라는 표현이 자주 쓰이는데 이는 맛과는 상관없이 '개운하지 않고 무엇인가 마음에 걸리는 데가 있다'는 심리 상태를 가리키는 표현이다. '찝찔한'이 부정적으로 짠맛이 약간 있는 것을 나타내는 표현이라면, 같은 뜻이지만 긍정적으로 쓰는 표현이 '짭조름한'이다. 음식에 짠맛이 부족해서 부정적인 느낌을 표현할 때는 단연 '싱거운'이 가장 빈번하게 쓰인다. '싱거운'은 긍정적일 수도 있는 '짠'에 비해 조금 더 부정적으로 쓰여서 '이 국은 싱거운데'라는 말이나, 비유적으로 '거참 싱거운 녀석이군'이라는 말은 꾸지람은 아닐지 몰라도 그렇다고 해서 칭찬의 뜻도 될 수 없다. 그러나 '싱거운'은 음식에 따라서는 긍정적인 속성도 될 수 있고, 차츰 짜게 먹지 않는 게 몸에 좋다는 인식이 퍼지면서 부정적인 뉘앙스만 있는 것은 아니라는 점에서 위의 표에서는 칸(2)와 칸(3)에 배치하였다. 짠맛이 덜하거나 없어서 긍정적일 때는 '연한, 담백한' 등의 앞에서도 본 음식의 밀도를 기술하는 표현이 그대로 사용될 수 있고, 반대로 짠맛이 없어서 유감이거나 불만일 때는 '약한, 맹숭맹숭한, 밍밍한, 맹탕인, 심심한' 등의 음식 밀도를 기술하는 표현들이 사용될 수 있다. 우리 속담에 "짜지 않은 놈 짜게 먹고 맵지 않은 놈 맵게 먹는다"는 말이 있는데 여기서 '짜다'는 중의적인 단어로서 첫 번째 '짜다'는 '야무지다'라는 비유적으로 확장된 뜻이며, 두 번째 짜다는 '음식의 맛이 소금맛이 난다'는 기본적인 의미이다. 마찬가지로 첫 번째 '맵다'는 '실속이 없고 싱거운'이라는 비유적 의미를 갖고 두 번째 '맵다'는 기본적인 음식의 맛을 나타내는 어휘이다. 즉 이 속담의 뜻은 '야물지 못한 사람일수록 음식은 짜게 먹고, 실속이 없는 사람일수록 음식은 맵게 먹는다'는 뜻으로서 아이들에게 너무 짜거나 맵게 먹지 말라고 훈육하는 뜻이 담겨 있다. 또한 현대 한국어에서 '짜다'는 '인색하다'의 뜻으로도 쓰이는데 이는 영어에서는 찾아볼 수 없는 한국어에서 최근에 확장된 의미로 추정된다.

제4장

음식과 추론

지금까지 우리는 한국어와 영어에서 맛을 표현하는 어휘를 중요한 미각을 위주로 대조하면서 비교해보았는데, 이제는 음식을 둘러싼 언어 행위와 음식 담론과 관련된 사회문화적, 화용적 원리를 살펴보고자 한다. 우선 음식과 관련된 언어 표현에서 흔히 볼 수 있는 화용적 의미에 대해 알아보기로 한다. 이를 위해 우선 맛과 관련된 표현을 둘러싼 언어 사용을 살펴보고 음식에 대한 담론이 가장 체계적으로 일어나고 있다고 생각되는 일본 음식에 대한 담론을 살펴보고자 한다.

1. '맛있다'와 '맛없다'

음식이란 인류가 생존을 위한 영양분과 에너지원을 섭취하는 것에서 출발했지만 인간은 이를 단순히 생존에 필요한 수단으로만 여기지 않고 그 속에서 삶의 기쁨을 느낄 수 있는 요소를 찾아냈다. 그것은 바로 여러 다양한 먹거리가 주는 '맛'인데, 비록 미식가가 아닌 보통 사람이라도 누구나 이왕이면 더 맛이 있는 음식을 먹고 싶어 하며 이를 위해 금전적, 시간적 노력을 아끼지 않는다. 더 이상 살기 위해 먹는 것이 아니라, 먹기 위해 사는 형국이다. 미국의 어떤 작가는 임종을 앞두고 가장 아쉬운 것이 바로 그 많은 맛있는 음식들을 더 이상 맛볼 수 없게 된 것이라고 했다는데, 천국에도 냉장고나 오븐이 있는지 모르겠지만 아무튼 현세에서 인간들이 살아가는 동안 누릴 수 있는 가장 큰 행복 중의 하나는 바로 우리가 매일 섭취하는 음식에 있다고 해도 과언이 아니다. 그 결과 맛있는 요리는 바야흐로 예술의 경지에 올라가게 되고 우리 주위에서는 하루도 빠짐없이 각종 음식의 맛에 대한 담론이 풍성하게 진행된다. 이는 마치 섹스가 원래 종족 보존을 위한 필수적인 행위이고, 인간을 제외한 다른 동물들은 특정한 시기에만 암수가 만나 짝짓기를 하는 데 그치지만, 인간은 섹스에서 종족 보존 이외의 쾌락적 요소를 발견하고 이를 생활의 중요한 요소로 승화시키기에 이른 것과 마찬가지라고 할 수 있다.

영어에서 epicurean이라는 단어는 '쾌락주의자'로도 번역되지만 '식도락가' 또는 '미식가'의 뜻으로도 쓰일 정도로 맛있는 음식은 바로 쾌락(pleasure)을 의미하게 된다. 이런 쾌락을 최대한 즐기기 위해 사람들은 각종 음식의 맛에 대해 언어로 표현이 가능한 한 최대한도로 정교하게 기술과 설명을 붙이고 이에 대해 자기의 의견을 표현하며 다른 사람들과 정보를 교환한다. 샤플스(Sharples, 1998)는 그의 저서 『금욕주의자들, 쾌락주의자들과 회의론자들』(*Stoics, Epicureans and Sceptics*)에서 쾌락주의자들인 epicurean들은 아리스토텔레스의 '자기-사랑'(self-love) 개념에 충실한 존재들이라고 묘사했다. 반면에 금욕주의자들인 stoic들은 '자기-보존'(self-preservation)의 개념에 충실한 존재들이라고 했는데, 음식에서 쾌락을 얻는 것이 자기 사랑의 본능에만 충실한 것이 아니라 결국 자기 보존과도 관련이 있다고 보아야 할 것이다. 예를 들어 음식을 받아들이지 못하는 거식증, 즉 신경성 식욕부진증(anorexia nervosa) 환자는 음식에서 쾌락을 얻지 못하여 자기를 학대하게 되며 이는 결국 자기를 온전히 보존하지 못하는 결과로 나타나기 때문이다.10 따라서 자기-사랑과 자기-보존은 둘 다 음식과 떼려야 뗄 수 없는 개념이라고 생각해야 한다.11

섹스가 주는 쾌락을 언어로 표현하기 쉽지 않은 것처럼 음식의 맛이 주는 오묘한 느낌이나 쾌락 역시 제대로 언어가 담아내기 쉽지 않다. 따라서 많은 언어에서 이를 뒷받침하기 위해 각종 맛에 대한 어휘나 표현이 발달하게 되며 새로운 재료나 새로운 요리, 새로운 미각 문화가 만들어짐에 따라 그에 대한 언어도 확장되는데 사실 한 언어의 어휘부에서 가장 역동적으로 팽창하는 영역은 바로 이런 음식과 관련된 부분이라고 생각된다. 이와 같은 맛의 담론에서 초점이 되는 어휘는 '맛'이지만, 이를 구체적으로 풀어 서술하는 '맛있다'와 '맛없다'는 음식의 맛을 표현하는 가장 원초적이고 기본적인 어휘이다. 한국어에서 '맛있다'와 '맛없다'는 물론 각각 '있다'와 '없다'에 '맛'이 붙은 표현이지만 의미상으로는 '있다' 대 '없다'의 관계와 다른 양상을 보여준다. 즉 '있다'와 '없다'는 원래 존재의 유무를 나타내는 말로 서로 동시에 참이 될 수

10 거식증이 일어나는 원인에 대해서는 여러 학설이 있지만 대부분은 미적인 요인과 관련이 있다고 생각된다. 즉 거식증은 거의 대부분 젊은 여성에서 일어나는데 이들은 체중 증가나 비만이 자신의 아름다움을 파괴하는 두려운 것으로 생각하는 나머지 적정 체중의 30% 미만이 되어 생명이 위협을 받을 때까지 음식을 거부하게 된다. 그런 점에서 음식이나 섹스 못지않게 아름다움에 대한 추구 역시 인간이 가장 큰 가치를 두는 또 다른 요소임을 알 수 있다.

11 이 점에 대해 샤플스(Sharples, 1998)도 인간의 진정한 행복은 virtue와 external goods의 양쪽이 결합된 데에서 온다는 아리스토텔레스의 통합적 견해를 수용하고 있다.

없고 한쪽이 참이면 다른 한쪽은 반드시 거짓이 되는 모순적 대립관계(contradictory opposition)에 있는 반의어이다. 즉 '철수는 지금 집에 있다'라는 문장이 참일 경우 '철수는 지금 집에 없다'라는 문장은 반드시 거짓이 된다.

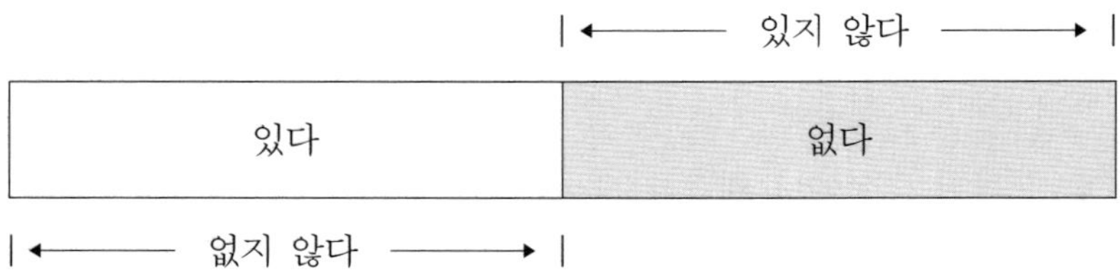

뿐만 아니라 '있다'의 부정이 가리키는 의미 영역은 '없다'가 가리키는 의미 영역과 일치하고 '있다'의 이중 부정은 아래 논의에서 볼 M-함축을 제외하고는 '없다'와 의미상으로 동치라고 생각된다. 그러나 '맛있다' 대 '맛없다'의 의미 관계는 '있다' 대 '없다'에서 볼 수 있는 상호 모순적 대립관계는 아니어서 둘 다 동시에 참일 수는 없어도 동시에 거짓일 수는 있다. '있다'가 '없다'와 보완적 반의어(complementary antonym)인 반면, '좋다'가 '나쁘다' 또는 '싫다'와 정도적 반의어(gradable antonym)인 것에 비추어볼 때 '맛있다'와 '맛없다'는 '좋다'와 '나쁘다' 또는 '싫다'와 같은 유형의 정도적 반의어 관계라고 볼 수 있다. 이는 정도적 반의 관계의 단어들은 정도를 나타내는 부사의 수식이 가능한데 '최고로/아주/약간 맛있다', '조금/별로/매우 맛없다' 등이 가능하다는 점에서 '맛있다'와 '맛없다'는 정도적 반의어임을 알 수 있다. 또한 '철수의 음식 솜씨는 좋지도 않고 나쁘지도 않다'가 가능하고, '나는 티라미슈가 좋지도 않고 싫지도 않다'가 가능한 것처럼 '돈코츠 라면은 맛있다'와 '돈코츠 라면은 맛없다'라는 문장은 '돈코츠 라면은 맛있지도 않고 맛없지도 않다'처럼

양쪽을 배제하는 것이 가능한, 이른바 대조적 대립관계(contrary opposition)에 있다.

|←——— 맛있지 않다 ———→|

맛있다	맛있지도 않고 맛없지도 않다	맛없다

|←——— 맛없지 않다 ———→|

그런 점에서 '맛있다'와 '맛없다'는, '있다' 대 '없다'의 대립관계가 아니라 '좋다' 대 '나쁘다'의 대립관계와 같다. 그런데 이러한 의미 관계에도 불구하고 흔히 '맛있지 않다'라는 말은 단순히 '맛있지도 않고 맛없지도 않다' 더하기 '맛없다'의 의미로 받아들이지 않고 '맛없다'로 보다 강한 의미를 함축한다. 이 점은 'good'의 부정이 반드시 'bad'가 아니라 'neither good nor bad'도 포함해야 하는데도 불구하고 일반적으로 'It is not good'이라고 하면 그것은 보통 'It is bad'로 해석되는 것과 같은 현상이다(앞으로 예문에서 'A+> B'라는 기호는 'A가 B를 함축한다'는 뜻임).

이 호텔 레스토랑의 파스타는 맛있지 않아.
+> 이 호텔 레스토랑의 파스타는 맛없어.

구체적인 발화 맥락에서의 언어 사용을 연구하는 화용론에서는 이를 부정 강화 현상(Negative Strengthening)이라고 하는데, 영어에도 다음과 같은 예를 찾아볼 수 있다.

Most Americans don't like garlic.

+> Most Americans dislike garlic.

The water in this well is not good.

+> The water in this well is bad.

이런 부정 강화 현상은 레빈슨(Levinson, 2000)의 이론에 따르면 I-함축의 한 예라고 볼 수 있는데, I-함축이란 다음과 같은 I-원리에 의해 발생하는 화용적 추론을 말한다.

I-원리(Levinson, 2000: 114)

화자의 격률: 필요한 만큼만 말하라. 즉 화자가 갖고 있는 의사소통의 목적에 부합할 정도로 최소한의 언어적 정보만을 제공하라.

청자의 격률: 화자의 발화에서 화자가 의도한 것이라고 생각되는 한도까지 가장 구체적인 해석을 찾음으로써 정보 내용을 확대하라.

I-원리는 그라이스(Grice, 1975)가 말한 양의 격률 중 두 번째 격률인 '필요 이상으로 말하지 말라'를 수정한 것으로서 화자나 청자가 공유하는 맥락적 지식이나 상호 가정에 의해 해석 가능한 부분은 굳이 화자가 다 일일이 밝힐 필요가 없고 청자 역시 화자가 자세히 언급하지 않은 부분은 일반적인 기준에 따라 해석할 수 있다는 원리이다. 예를 들어 '나 오늘 점심에 냉면 먹었다'고 말하면 이 말을 들은 청자는 대부분 '오늘 점심에 젓가락을 이용해서 냉면 먹었다'고 해석할 것이다. 반면에 '오늘 점심에 스파게티를 먹었다'고 하면 아마도 젓가락 대신 포크로

먹었을 것이라고 보다 구체적으로 추론하는데 이는 일반적으로 냉면이나 스파게티를 먹을 때 사용하는 식기 도구는 각기 젓가락과 포크라는 것을 화자와 청자가 공유하고 있기 때문이다. 따라서 이처럼 쉽게 해석할 수 있는 부분까지 화자가 구태여 다 말할 필요가 없고, 또 화자가 별도로 말하지 않는 한 청자는 일반적인 것에 따라 추론하게 된다. 이를 가능케 해주는 원리가 바로 I-원리이다. I-원리가 작용하여 생길 수 있는 I-함축의 또 다른 예를 보면 다음과 같다.

1. 조건절 완성(conditional perfection)
   설거지를 다 하면, 1000원을 준다.
   +> 설거지를 다 하지 않으면, 1000원을 주지 않는다.
   30분 안에 피자 배달이 안 되면 돈을 받지 않습니다.
   +> 30분 안에 피자 배달이 되면 돈을 받습니다.

2. 접속 강화(conjunction buttressing)
   철수는 밥을 먹고 커피를 마셨다.
   +> 철수는 밥을 먹고 그리고 나서 커피를 마셨다.
   영미는 상한 전복을 먹고 모두 토했다.
   +> 상한 전복을 먹은 바람에 영미는 모두 토했다.

3. 전형적 추론(inference to stereotype)
   영미는 콩나물국에 고춧가루를 풀었다.
   +> 영미는 콩나물국에 빨간 고춧가루를 풀었다.
   태호는 떠먹는 요구르트를 먹었다.
   +> 태호는 떠먹는 요구르트를 숟가락으로 먹었다.

4. 거울 격률(mirror maxim)

태식이와 현경이는 부대찌개를 먹었다.

+> 태식이와 현경이는 하나의 부대찌개를 같이 먹었다.

호동이와 태웅이는 짜장면을 먹었다.

+> 호동이와 태웅이는 각기 자신의 짜장면을 먹었다.

5. 명사-명사 복합어(noun-noun compound)

미나는 숟가락 통에서 숟가락을 하나 꺼냈다.

+> 미나는 숟가락들을 넣어두는 통에서 숟가락을 하나 꺼냈다.

식탁에 커피 스푼이 하나 있었다.

+> 식탁에 커피를 마실 때 사용하는 스푼이 하나 있었다.

6. 곡언법(litotes)

입안에 음식을 많이 넣고 말을 하는 것은 좋지 않다.

+> 입안에 음식을 많이 넣고 말을 하는 것은 나쁘다.

그 여자는 설익은 돼지고기를 좋아하지 않는다.

+> 그 여자는 설익은 돼지고기를 싫어한다.

물론 위의 예문에서 본 것은 논리적 추론이 아니라 맥락의존적인 화용적 추론이기 때문에 경우에 따라서는 취소될 수 있다. 예를 들어 조건절 완성의 경우 '설거지를 다 하면 1000원을 준다. 물론 설거지를 안 해도 밥을 깨끗이 먹어도 1000원을 준다'와 같이 앞 문장에서 가능한 함축이 취소될 수 있고 '철수는 밥을 먹고 커피를 마셨다'의 경우에도 '철수는 밥을 먹고 커피를 마셨는데, 어느 것을 먼저 했는지 기억이

나지 않는다'처럼 함축을 유보할 수 있다.

그런데 I-원리는 청자로 하여금 자신이 들은 말에서 실제 언급되지는 않았지만 일반적으로 추론 가능한 정보적으로 보다 강화된 해석을 찾게 해주는 원리로서 '맛있다'라는 말을 기대하는 상황에서 '맛있지 않다'라는 말은 그보다 더 강한 '맛없다'는 것을 I-원리적으로 의도한 것으로 해석할 수 있다. 따라서 이는 화자가 보다 강하거나 심한 표현을 생각하고 있지만 맥락적 여건 때문에 차마 하지 못하고 그보다 약하거나 완화된 표현으로 발화하면 이를 받아들이는 청자는 I-원리에 입각하여 화자가 그 이상의 정보적으로 강력한 것을 의도했음을 알게 해준다. 그 결과 음식을 비롯한 식사 예절 등에서 볼 수 있는 많은 완곡어법(euphemism)이나 생략어법(ellipsis)은 I-함축을 수반할 수 있음을 알 수 있다.

생강만 조금 적게 들어갔어도 최고의 요리가 되었을 텐데…
+> 생강이 너무 많이 들어가서 아주 좋은 요리는 못 되었다.
이 미역국은 간이 약간…
+> 이 미역국은 간이 영 맞지 않았다.

위의 예처럼 청자가 들으면 다소 거북할 수도 있는 생략된 부분을 명시적으로 다 말하는 것보다 여백으로 남겨두되 청자가 추론할 수 있게끔 함으로써 간접적으로 전달하는 것이 청자의 기분을 덜 상하게 할 수 있다는 점에서 이는 완곡어법의 하나로 볼 수 있다.

지금까지 본 반의관계에 있는 표현들을 보다 세분하면 다음과 같이 세 가지로 나눌 수 있다. 첫째로 long-short나 heavy-light, fast-slow, high-low, deep-shallow, wide-narrow, thick-thin, difficult-easy와 같은 반의관계는 평가 상으로 중립적이고, 객관적으로 기술되며 하나의 극성을 갖는 성질의 것이다. 이런 반의관계를 극성 반의관계(polar antonymy)라고 하는데 극성 반의 표현들은 척도의 단위로 나타낼 수 있어서 "몇 센티미터 길다, 몇 밀리그램 무겁다" 등으로 나타낼 수 있다. 또한 How long is the river?과 같은 문장은 그 강의 길이를 물어볼 뿐 그 강이 길다는 것을 전제하지 않으며 A is longer than B라고 해서 A가 반드시 길다는 것은 아니다. 반면에 good-bad, pretty-plan, kind-cruel, polite-rue와 같은 반의관계는 평가 상으로 양극단에 각기 극성을 갖는데, 이런 관계를 중첩 반의관계(overlapping antonymy)라고 한다. 중첩 반의관계에 있는 표현 중 하나는 (good, pretty, polite, kind, clean, safe, honest처럼) 바람직하거나 좋다고 생각되는 성질을 나타내는 반면, 반대쪽에 위치한 반의어는 (bad, plain, rude, cruel, dirty, dangerous, dishonest처럼) 내재적으로 바람직하지 못하거나 열등한 성질을 나타낸다. 이 경우 How good is it?은 그것이 얼마나 좋은지를 아무런 전제 없이 중립적으로 묻는 것인 반면, How bad is it?은 그것이 나쁘다는 것을 복선으로 하고 얼마나 나쁜지 그 정도를 묻는 질문이다. 마지막으로 hot-cold, nice-nasty, sweet-sour, proud of-ashamed of, happy-sad와 같은 반의어는 주관적인 감각이나 감정을 나타내는데, 이를 대등 반의관계(equipollent antonymy)라고 한다. 대등 반의관계는 How hot is it today?와 같은 문장은 오늘이 꽤 덥다는 것을 전제로 하고 얼마나 더운지를 묻는 것이며 It's hotter than yesterday란 오늘이 덥다는 것을 전제로 한다. 따라서 It's hotter than yesterday but it is still cold today라는 문장은 의미상으로 어색하다. 마찬가지로 How cold is it today?는 오늘이 춥다는 것을 복선으로 깔고 그 추운 정도가 얼마나 되는지를 묻는 것으로서 It's not cold today와 같은 것은 답으로 예상하지 않는 것이다. 다음은 각 유형의 반의관계를 비교급으로 비교해본 것이다.

극성 반의관계

This is short, but it's longer than that.

This is long, but it's shorter than that.

중첩 반의관계

Tom is dull, but he's cleverer than Harry.

?Harry is clever, but he's duller than Tom.

대등 반의관계

?It's cold today, but it's hotter than yesterday.

?It's hot today, but it's colder than yesterday.

그렇다면 한국어의 '맛있다'와 '맛없다'는 어떤 유형의 반의관계일까? 예를 들어 '이 집 냉면은 저 집 냉면보다 맛있다'라는 말은 이 집의 냉면이 맛이 없거나, 맛있지도 않고 맛없지도 않은 상황을 기술하지는 않는다. 즉 이 말은 이 집 냉면이 보통 맛이 좋다고 인정되는 그런 수준의 맛을 갖고 있을 때 사용하는 말로 받아들여진다. 또한 '이 집 냉면은 얼마나 맛있니?'라는 물음은 보통 '응 아주 맛있어'라는 답에서부터 '그냥 별로야'라는 답에 이르기까지 긍정과 부정의 답이 모두 가능한 질문으로서 이 집 냉면이 맛있다는 것을 전제로 하지 않는 중립적 질문(impartial question)인 반면, '이 집 냉면은 얼마나 맛없니?'라는 질문은 맛이 없다는 것을 전제로 하고 그 맛없는 정도를 물어보는 복선적 질문(committed question)이라고 할 수 있다. 그런 점에서 '맛있다'–'맛없다'의 의미 관계는 극성 반의관계로 볼 수 없고 중첩 반의관계라고 할 수 있다. 그런데 다음의 예문을 보자.

이 집 냉면은 맛있지만, 저 집 냉면보다는 맛없다.
이 집 냉면은 맛없지만, 저 집 냉면보다는 맛있다.

이 두 문장이 어색하지 않게 들리는 사람들에게는 '맛있다'–'맛없다'는 long–short와 마찬가지의 극성 반의관계에 있는 말이 되므로, 이 둘은 극성 반의관계로 볼 수 없다던 앞의 결과와 상치된다. 반면에 위의 두 문장 중에 '이 집 냉면은 맛있지만, 저 집 냉면보다는 맛없다'라는 문장이 이상하게 들리는 일부 한국 사람들에게는 '맛있다'–'맛없다'는 good–bad와 같은 중첩 반의관계에 있는 말이다. 그런데 실제로 많은 한국 사람들은 위의 두 문장이 모두 가능하다고 생각하는데, 따라서 한국어의 '맛있다'–'맛없다'는 극성 반의관계와 중첩 반의관계의 양 속성을 부분적으로 지니고 있는 독특한 제4유형의 반의관계라고 볼 수 있다.

?이 집 냉면과 저 집 냉면 둘 다 맛없지만, 그래도 이 집이 저 집보다 더 맛있다.
?이 집 냉면과 저 집 냉면 둘 다 맛있지만, 그래도 이 집이 저 집보다 더 맛없다.

이 점은 한국어에서 가장 기본적인 미각 표현인 '맛있다'는 기본적으로 주관적인 감각을 나타내는 말이지만 그렇다고 해서 단순히 주관적 가치 판단을 나타내는 미각 표현이 아니라 어느 정도 일반화가 가능한 값을 논할 수 있는 표현이라고 생각된다는 점이다. 반면에 영어에서 tasty–

tasteless는 다음 예문에서 볼 수 있듯이 대등 반의관계에 속한 표현이다.

?This bread is tasteless, but it's more tasty than that one.
?This bread is tasty, but it's more tasteless than that one.

즉 영어에서 How tasty is this cake?라는 말은 이 케이크가 맛이 있다는 것을 전제로 하며, How tasteless is this cake?란 반대로 이 케이크가 맛이 없다는 것을 전제로 한다. 결과적으로 한국어의 '맛있다'－'맛없다'는 영어의 tasty–tasteless와 완전 일치하지 않는다고 볼 수 있다.

이 사과는 달지만 저 사과보다 더 시다.
이 사과는 시지만 저 사과보다 더 달다.

이 미역국은 짜지만 저 미역국보다 더 싱겁다.
이 미역국은 싱겁지만 저 미역국보다 더 짜다.

영어에서도 tasty와 유사한 의미의 palatable, yummy, scrumptious, delicious 등의 단어가 있는데 이 중 delicious는 어휘의미론 학자인 크루즈(Cruse, 1986: 216)에 의하면 묵시적 최상급(implicit superlative)인 반면에 palatable, yummy, scrumptious 등은 묵시적 비교급(implicit comparative)이다. delicious와 같은 묵시적 최상급 표현은 그 자체로 이미 최상급의 의미를 내포하기 때문에 원칙적으로 정도를 나타내는 부사 very나 fairly, highly 등의 수식을 받지 않고 비교급도 어색하다. 반면에 한국어의 '맛있다'나 일본어의 umai 또는 oishii는 정도적(gradable) 형용사로서 묵시적 비교급 표현이기 때문에 그런 부사의 수식이나 비교급 등이 가능하다. 따라서 한국인들이나 일본인들이 영어로 맛있는 것을 표현할 때 “This is very delicious”와 같이 말하는 경우가 많은데 이는 엄밀히 말해 영어에서는 화용적으로 최적의 표현이 아니다. 이런 묵시적 최상급 표현으로는 크기를 나타내는 말인 huge, minute, enormous, tiny 등이 있는데 이런 표현들은 다음 예문에서 보듯 정도의 부사에 의한 수식도 어색하고 비교급도 불가능하다.

?This building is very/fairly huge.
?This one is huger than that one.
?This fish is very/rather minute.
?This fish is minuter than that one.
?That is slightly enormous.
?This is pretty tiny.

그런데 맛을 나타내는 영어 표현 중에 delicious는 위에서 본 묵시적 최상급 표현과 마찬가지로 정도부사의 수식을 받지 않는 반면, 다른 묵시적 비교급인 palatable, yummy, scrumptious 등은 수식이 가능하다.

?This food is very/fairly/rather delicious.
This food is very/fairly/rather palatable/yummy/scrumptious.

또한 묵시적 최상급 표현은 강세가 없는 absolutely에 의해 수식이 가능하지만 묵시적 비교급 표현은 그런 수식이 어색하다.

absolutely huge, absolutely enormous, absolutely minute, absolutely tiny

?absolutely large, ?absolutely small

마찬가지로 delicious는 absolutely의 수식이 자연스러운 반면 '맛있다'에 해당하는 다른 영어 표현들은 그렇지 못하다.

This is absolutely delicious.
?This is absolutely palatable/yummy/scrumptious.

따라서 어떤 음식이 최고로 맛있다고 생각될 때에는 very delicious라고 하기보다는 absolutely delicious라고 하는 것이 보다 영어다운 표현이다.

한국어에는 '맛있다'와 거의 같은 뜻으로 생각되는 '맛좋다'가 있다. 이 단어는 '맛이 좋다'에서 축약되어 하나의 단어로 어휘화가 진행되고 있는 것으로 보인다. 물론 '있다'는 '없다'와 모순적 대립관계의 반의어이고 '좋다'는 '나쁘다'와 대조적 대립관계의 반의어라는 차이가 있기 때문에 '맛있다'와 '맛좋다'는 의미적으로 완전 동치가 될 수 없을 것으로 보인다. 이는 '맛좋다'에 해당하는 하나의 어휘로 된 표현이 없다는 점에서 더욱 그러하다. 즉 '맛좋다'는 'taste good'이지만 '맛나쁘다'라는 어휘화된 단어는 아직 없고 대신 '맛이 나쁘다'라는 우회적 어법(periphrastic expression)이 있는데 이는 영어로 'have a bad taste'로 번역된다. '맛좋다'는 '맛있다'와 마찬가지로 음식 자체의 양호한 미각적 특성을 기술할 수도 있지만, 어떤 음식을 먹는 사람의 주관적인 판단을 표현하는 말로도 볼 수 있다. 따라서 다음 예문은 약간의 차이가 발생한다.

??이 음식은 맛은 별로 없지만 그래도 맛있게 먹었다.
?이 음식은 맛은 별로 없지만 그래도 맛좋게 먹었다.

둘 다 정상적이라고 생각되지는 않지만 굳이 차이를 따진다면 '맛좋다'는 음식이 맛이 없어도 그것을 먹는 사람이 기분 좋게 먹었다는 해석이 가능한 반면 '맛있다'는 일단 음식이 맛이 없다고 말했다면 그 다음에 이를 번복하거나 취소하는 것은 부자연스러운 의미를 낳게 된다. 또한 "사흘을 굶은 사람마냥 깡보리밥 한 그릇을 싹싹 맛좋게 먹고…"와 같은 문장은 음식 자체에 맛을 찾지 못하더라도 그 음식을 먹는 사람이 그런 느낌으로 먹을 수 있다는 것을 전제하기 때문에 가능한 문장이다.

식후에 푸른 산을 바라보며 한 입 빠는 담배 맛좋다/?있다
무나물의 달달한 맛, 꾸밈없이 순수한 맛이 좋다/?있다.
보기 좋은 떡이 맛도 좋다.

'맛있다'는 영어로 'tasty'이고, '맛이 있다'는 'have a taste'에 가깝다고 할 수 있다. '맛이 있다'는 '맛' 앞에 어떤 종류의 미각을 표현하는 말 X가 들어갈 수 있다. 즉 'X-맛이 있다'는 'have an X taste'라는 것으로서 이는 '맛있다'와 같이 쓰일 수도 있고 그렇지 않을 수도 있다. 예를 들어 '이 초콜릿 무스는 약간 쓴맛이 있지만 그래도 맛있다'가 가능한 것은 '맛있다'와 '맛이 있다' 사이의 의미 차이가 있음을 보여준다. 그렇다면 이들 표현의 부정이라고 할 수 있는 '맛없다'는 영어로 'not tasty'인 반면, '맛이 없다'는 'have no taste'이어야 하지만, 후자의 경우는 더 나아가 또는 'tasteless'의 의미에 더 가깝다. 의미론 연구가인 칼슨(Carlson, 1977)의 술어 분류 이론을 적용하면 "맛있다"라는 술어는 무대-수준 술어(Stage-Level predicate: SL-술어)인 반면 "X-맛이 있다"라는 술어는 개체-수준의 술어(Individual-Level predicate: IL-술어)이다. SL-술어는 주어

가 갖고 있는 일시적이고 가변적인 성질을 기술하는 술어이다. 예를 들어 John is hungry와 같은 문장에서 be hungry라는 술어는 주어가 어떤 특정 시간 동안만 일시적으로 처한 상태를 가리키는 술어로서 SL-술어가 된다. '맛있다'는 다음 예문에서 보듯이 그 속성이 상당 기간 동안 지속적이거나 일반적이지 않기 때문에 SL-술어로 볼 수 있다.

선지해장국이 어제는 맛있었는데 오늘 또 먹으려니 별로 맛없다.
이 요리는 어떤 이들은 맛있다고 하고 어떤 이들은 아니라고 한다.

반면에 IL-술어는 주어가 가진 지속적, 일반적 속성을 가리키는데 John is smart에서 be smart는 주어인 John이 지속적으로, 일반적으로 갖는 속성을 나타낸다는 점에서 앞에서 본 SL-술어인 be hungry와 다르다. 한국어에서 'X-맛이 있다'는 표현은 다음 예문이 가능하다는 점에서 IL-술어로 볼 수 있다.

덜 익은 살구는 떫은맛이 있다. (*덜 익은 살구는 떫은 맛있다.)
중국산 천일염은 쓴맛이 있는 반면, 국산 천일염은 부드러운 맛이 있다.

IL-술어는 과거 시제로 쓰이면 그 주어가 더 이상 존재하지 않는다는 함축을 갖게 되며 그 주어가 존재했던 기간 동안은 항상 그런 성격이 있었다는 이른바 lifetime effect를 의미한다. 예를 들어 John was smart는 John이 더 이상 존재하지 않는데 그가 과거 생존해 있을 때는 그 기간 내내 현명한 사람이었음을 뜻한다. 마찬가지로 다음 예문을 보면 'X-맛이 있다'도 그런 유형의 IL-술어임을 알 수 있다.

뉴욕 우래옥의 갈비는 연하고도 감칠맛이 있었다.

+> 뉴욕 우래옥의 갈비는 과거 한동안 그런 맛을 갖고 있었다.

+> 뉴욕 우래옥의 갈비는 더 이상 존재하지 않는다.

반면에 SL-술어인 '맛있다'는 과거 시제로 쓸 경우 과거 한 시점에서 일회적인 사건을 의미하며 그 사건의 주체가 더 이상 존재하지 않는다는 것은 함축하지 않는다. 예를 들어 "영미가 어제 만들어준 비빔냉면은 맛있었다"는 그런 비빔냉면이 과거에 계속 존속되었다든지 앞으로 더 이상 존재하지 못하게 된 것이라는 함축이 없다. 한국어에서 'X-맛이 있다'가 'X-맛있다'로 축약되지 못하는 것은 이 둘의 술어적 특성이 SL과 IL로 각기 차이가 있기 때문이다. 백하우스(Backhouse, 1994: 165)는 일본어에서 '맛있다'-'맛없다'에 해당하는 'oishii/umai'-'mazui'가 가리키는 의미영역은 'X-맛이 있다'에 해당하는 'X-aji-ga suru'보다 더 넓은 영역을 가리킨다고 주장했는데, 한국어의 '맛있다'와 'X-맛이 있다'의 차이는 의미 영역보다는 그 술어와 결합하는 주어가 가질 수 있는 속성의 차이가 더 두드러진다고 생각할 수 있다. 텔레비전의 모 맛집 탐방 프로그램에 나온 일본인 사유리 양은 어떤 맛집으로 소문난 식당에 찾아가 주인이 보는 자리에서 음식 맛에 대한 소감을 묻자 흔히 듣기 어려운, 보통 한국인들이 이해하기 어려운 비유적 표현을 나열하면서 "맛이 없어요"라고 해서 주위 사람들을 아연실색하게 하는 것을 본 적이 있다. 이 말은 그녀의 솔직한 성격을 보여주는 것이라고 할 수도 있지만 적어도 다른 사람이 싫어하는 말을 직설적으로 표현하는 것은 금기인 일본인답지 않은 말이기도 하다. 그런데 그녀가 "맛이 없어요"라고 한 것은 쓰다든지 달다든지 혹은 짜거나 시거나 떫은, 그런 두드러지고 특징적인 맛이 존재하지 않는다고 말한 것이지 '맛이 없다'는 것을 의도한 것은 아니라고 볼 수 있다. 즉 이럴 때 '맛이 없다'는 'not yummy' 또는 'not delicious'라기보다는 영어로 말하면 'bland'나 'have no distinct taste or flavor'에 가깝다고 볼 수 있다. 세계 어딜 가더라도 우리는 음식을 대접받는 손님이 음식을 맛보면서 음식을 내어준 주인에게 적어도 의례적인 칭찬이나 호감을 표시하는 것을 기대한다. 그럼에도 불구하고 객관적이거나 화자의 좋아하는 마음이 덜 담긴 듯한 표현인 bland와 같은 말만 한다면 앞서 본 그라이스(Grice)의 양의 격률이나 레빈슨(Levinson)의 Q-원리에 따라 그보다 더 정보량이 많은 'yummy, delicious, fabulous, wonderful' 등과 같은 것은 아니라는 함축을 유발하는 것으로 이해된다. 즉 리포터로서 사유리는 자신이 의도했든 아니든 이런 화용적 함축 때문에 오해를 낳을 수 있고 오히려 그런 당혹스러운 상황에서도 다소 뻔뻔히 자신의 말을 고수하는 모습이 의례적인 맛집 리포터와는 너무나 다르기 때문에 시청자들이 재밌게 받아들일 수 있었다고 볼 수 있다.

2. 음식에 대한 담론: 일식의 예

앞에서 본 것처럼 음식은 섹스와 함께 인간 생존의 필수 요소로 출발했지만 음식이 삶을 살아가는 중요한 이유 중의 하나라고 고백할 정도로 중요한 의미를 지니게 되었다. 음식은 섹스처럼 쾌락의 감정에 직접적으로 작용하기 때문에 이에 대해 적절한 통제가 필요하게 된다. 음식을 무분별하고 게걸스럽게 탐닉하는 사람들에 대한 사회적 경계와 비판은 어느 문화나 마찬가지이지만 공중 예절과 사회적 절제를 중시하는 일본에서는 더욱 두드러진다. 일본 음식, 즉 washoku(和食, 화식)는 말의 향연이라고 할 만큼 음식을 둘러싼 언어적 기술이 마치 규범처럼 잘 발달되어 있다. 이는 일본 국내에서뿐 아니라 전통적인 서양 음식이나 중국 음식과 전혀 다른 일본 음식을 접하게 된 유럽 및 미국인들 사이에서의 새로운 문화 현상으로서 일본 음식에 대한 담론도 활발하다. 역사적으로 일본에서는 그다지 육류를 소비하지 않았는데 1800년대 후반부터는 일본 사람들도 고기를 많이 먹게 되었다.

1872년 1월 1일에 메이지 천황은 프랑스 요리사를 궁으로 초빙해서 쇠고기를 요리하게 함으로써 몸소 육식을 실천하는 모습을 보였고 국민들도 이를 따르도록 했다. 바버(Barber, 2010)에 따르면 그 당시만 해도 서양식 복장과 두발을 하고 한 손에는 독일 철학 서적을 들고, 다른 손으로는 쇠고기를 먹는 사람이 유행을 선도하는 인물로 간주되기도 했다고 한다. 그런데 이런 yoshoku(洋食, 양식)의 바람이 불기 시작했지만 그래도 일본식 식사로서 화식은 전통을 이어나가는데, 화식이 양식과 다른 것은 음식의 재료에 있지 않고 일본인들이 말하는 다섯 가지 원칙에 있다고 할 수 있다. 이 다섯 가지 원칙이란 음식이 갖추어야 할 원칙으로서 1) 다섯 가지 색, 2) 다섯 가지 맛, 3) 다섯 가지 요리 방법, 4) 다섯 가지 감각 및 5) 다섯 가지 모습을 말한다. 어떻게 보면 일종의 말장난 같기도 하고, 동양 사상의 핵심인 5행설에 억지로 갖다 맞춘 것 같기도 하다. 그러나 이는 일본 사람들이라면 누구나 인지하고 있고 매번 100% 실천하기는 어렵지만 이런 원칙에 따라 음식을 만들고 준비하며 섭취하는 것이 중요하다고 생각한다는 점에서 단순히 말장난으로만 볼 수 없는 의미를 지니고 있다.

음식에 대한 다섯 가지 원칙 중 일본인들이 첫째로 꼽는 것은 goshoku(五色, 오색)이다. 음식의 다섯 가지 색이란 하양, 빨강, 노랑, 녹색, 검정을 말하는데 요리를 하는 사람은 될 수 있는 대로 이 다섯 가지 색이 조화롭게 들어가도록 음식을 장만해야 한다는 것이다. 이 점은 최근 채소나 과일의 색깔에 따라 영양소가 다르므로 여러 색깔의 채소나 과일을 골고루 섭취해야 한다는 영양학적 이론과 맥락이 있다고 본다. 한국 사람들은 채식을 많이 하는 것으로 생각되어왔지만, 2011년 한국보건산업진흥원 이행신 박사와 숙명여대 성미경 교수팀이 국민건강영양조사 4기 자료를 토대로 연구한 '한국인의 채소 · 과일 섭취량과 항산화 영양소의 섭취 실태 분석'에 따르면 총 8,631명의 표본 집단을 분석한 결과, 채소와 과일 1일 권장 섭취량을 모두 만족하는 경우는 단지 6.7%에 불과했다고 한다. 한국영양학회에서 권장하는 채소 섭취량은 성인 남자 기준으로 7접시(1접시당 30~70g), 과일은 3접시(1접시당 100~200g)인데 실제 섭취량은 이에 못 미친다. 이 조사에서 특기할 것은 한국 사람들이 다섯 가지 색깔 채소나 과일을 골고루 충분히 먹고 있지 않았다는 점이다. 이 조사에 따르면, 빨간색(Red), 녹색(Green), 보라색(Purple), 노란색/오렌지색(Yellow-Orange), 하얀색(White) 채소나 과일을 각각 92.6%, 91.4%, 87.4%, 70.8%, 67.1% 부족하게 섭취하고 있다고 한다. 이 결과를 발표한 이행신 박사는 "채소와 과일의 섭취량이 1일 권장량에 크게 못 미치는 것은 현대인의 식생활의 균형이 깨졌다는 것을 의미하며, 채소에는 비타민, 미네랄 외에도 만성질환 예방을 위한 항산화 영양소가 풍부한데, 항산화 영양소는 골고루 섭취해야 건강에 시너지 효과가 크기 때문에 충분한 양의 5가지 색깔의 신선한 채소와 과일 섭취를 하는 것이 바람직하다"고 주장했다. 즉 영양학적으로도 다섯 가지 색은 의미가 있는 것으로 보인다. 영국에서도 우리나라의 보건복지부에 해당하는 Department of Health and Human Services에서 "5 a day"라고 해서 하루에 다섯 가지 색깔의 과일이나 채소를 먹자는 운동을 하는 것도 이와 같은 맥락이다.

한국이나 중국에서는 '의식동원'(醫食同源), 즉 의약과 식품은 근원이 같다는 생각이 널리 퍼져 있어서 음식을 보신(補身)과 장수(長壽)의 수단으로 여기는 경향이 강하다. 따라서 무엇을 먹든지 그것이 갖고 있는 의약적 효험을 찾으려고 애쓰며 그 결과 서양에서는 식품의 범주를 벗어났다고 생각하는 각종 엽기적인 음식, 즉 몬도가네(Mondo Cane) 식 재료들이 음식으로 간주되고 소비되는 경우도 많다. 그것의 가장 극단적인 경우가 원나라 때 행해졌다는 '상육'(想肉)인데 이는 사람 신체의 일부를 의학적인 동기에서 음식화해서 먹는 것을 말한다. 물론 한국에서도 경북 울진군에 사는 이윤이라는 효자는 병환 중인 노모의 건강을 위해 자신의 넓적다리 살을 베어 요리해서 드시게 했다는 이야기가 후대에 전해지지만,[12] 중국에서는 이런 일이 꽤 심심치 않게 벌어진 듯하다. 즉 원대의 도종의(陶宗儀)가 저술한 『철경록』(輟耕錄)에는 이러한 상육의 요리법이 소개되어 있고 명대의 이시진(李時珍)이 쓴 『본초강목』(本草綱目)에도 인체 각 부위의 약효가 기술되어 있다. 이는 물론 일반화할 수 없는 극단적인 예이지만 문명화된 현대인들도 무병장수라는 본능적 욕구에 따라 균형이 잡히고 영양분이 많은 섭생을 위해 노력하는 것은 마찬가지라고 생각한다. 인간의 신체까지는 아니라고 하더라도 뱀의 교미 시간이 길다든지, 물개 무리의 수컷 우두머리가 암컷들을 다 독점하는 것과 같은 자연 현상을 보고 뱀이나 수컷 물개의 고환을 먹으면 그런 효험이 올 거라고 생각하는 현대인들도 많이 있다. 이에 비해 콩나물을 많이 먹으면 키가 커질 것이라고 생각한다든지, 검은 콩을 먹으면 모발이 무성해질 거라는 생각은

12 경상북도 울진군 평해읍 월송2리에 전해지는 이야기인데 조정에서는 이 이야기를 듣고 1405년(태종 5년)에 이 동네를 '효자방'이라고 부르고 정려(旌閭)를 지었다고 한다.

어떻게 보면 성장이나 건강에 대한 염원을 다소 순진한 방식으로 표출한 것으로 볼 수 있다. 위에서 열거한 예에 비해 보다 과학적 근거가 있는 것이 바로 채소와 과일의 영양학적 효과라고 할 수 있다. 영어로 이들 채소와 과일을 컬러 푸드(color food)라고 하는데 영국의 보건복지부에서 요약한 각 색깔별로 영양학적/병리학적 특징과 대표적인 채소와 과일을 들면 다음과 같다.

하양: 산화작용 억제와 면역력 증강에 도움이 된다고 함.
마늘, 버섯, 바나나, 배, 알로에, 감자, 양파, 양배추 등.

빨강: 라이코펜이 들어 있어 혈액순환이나 노폐물 제거에 효과가 있고, 붉은 고추에는 캡사이신이 있어 체지방을 줄여주는 효과가 있다고 함.
대추, 사과, 딸기, 석류, 토마토, 구기자, 홍피망 등.

노랑: 카로티노이드 성분이 많아 항암효과가 있고 소화를 촉진시켜준다고 함.
카레의 강황, 감, 파인애플, 파프리카, 옥수수, 살구, 당근, 밤, 귤 등.

녹색: 엽록소가 많이 있어 상처 치료와 세포 재생에 도움이 되고 혈중 콜레스테롤 수치를 낮추는 데 효과가 있다고 함.
시금치, 상추, 키위, 녹차잎, 미나리, 오이, 케일, 매실, 브로콜리 등.

검정: 안토시아닌이란 성분이 있어 항산화작용과 세균 제거, 시력 보호에 효과가 있다고 함. (검정색은 완전히 까만색만을 의미하는 것이 아니라 보라색이나 진한 갈색 등도 포함한다.)
가지, 포도, 블루베리, 복분자, 무화과, 적채, 자두, 올리브 등.

한국어에서는 여러 가지 색이 혼재되어 있을 때 '5색'이라는 표현을 사용한다. 예를 들어 무지개는 과학적으로 일곱 가지 색으로 되어 있지만 흔히 "오색 빛깔 무지개"라고 부른다든지, 무엇인가 오묘하고 아름다운 빛깔을 묘사할 때 "오색영롱한"이라든지 "오색찬란한"이라고 말하는데 이때의 '오색'이란 비단 특정한 다섯 가지 색이나 빛만을 말하는 것은 아니고 여러 개의 색이나 빛이 조화롭게 섞여 있는 것을 말한다. 한국어에서 '다섯'이란 물건을 하나하나 세면서 손가락을 꼽을 때 꽉 닫아 채울 수 있는 숫자라는 뜻으로 '닫다'에서 나온 것인 반면, '열'은 손가락을 다시 열면서 다 채울 수 있는 숫자로 '열다'에서 나온 것이라는 설도 있는데 그만큼 다섯이란 충분히 꽉 채워져 많은 것을 의미한다. '많다'라는 뜻으로 '육만 가지'나 '칠만 가지'가 아니라 굳이 '오만 가지'라고 한다든지 '팔만 상'이나 '구만 상'이 아니라 '오만 상'이라는 말을 쓰는 것도 이와 연관이 있다고 보인다. 아무튼 다섯 가지 색깔의 채소나 과일을 끼니마다 챙기라는 것은 비단 다섯 개 색을 국한하는 것이 아니라 골고루 섭취하라는 뜻으로 받아들일 수 있는데 일본에서는 이미 오래전부터 이를 요리의 원리로 확립해놓고 있었던 것이다. 두 번째 일본 음식의 원칙은 gomi(五味), 즉 다섯 가지 맛이다. 오미란 오색의 다섯과 같은 개념으로서 음식이 여러 가지 맛을 조화롭게 갖춘 상태를 말하는데, 이에는 짠맛(saltiness), 신맛(sourness), 단맛(sweetness), 쓴맛(bitterness), 감칠맛(umami)이 포함된다. 그런데 영양학적으로 이 다섯 가지 맛 중에 어느 하나가 다른 것들을 압도할 정도로 특출나서는 안 되며 골고루 균형을 잡는 것이 바람직하다고 여긴다. 그런데 맛의 종류를 기본 어휘 다섯 가지로 한정하는 것은 맛에 대한 담론이나 사유 과정에 영향을 줄 수도 있다는 점에서 매우 중요한 연구 과제이다. 원래 맛에 대한 어휘 표현은 언어마다 색(color)에 대해 표현하는 것이 다른 것처럼 언어마다 그 범주화가 다르다. 마이어스(Myers, 1904)의 선구자적인 연구에서는 미각 표현이 가장 덜 분화된 언어로 토레스 스트레이츠(Torres Straits)의 아메리카 원주민의 언어를 들고 있다. 그는 이 원주민들을 상대로 단맛, 짠맛, 신맛, 쓴맛의 대표적인 음식인 설탕, 소금, 산, 키니네를 각각 녹인 용액을 맛보게 한 후 그 맛을 어떻게 기술하는지에 대해 실험했다. 그 결과, 이 언어에서는 '달다'와 '짜다'가 구분되어 있지 않고 영어의 'tasting good'에 해당하는 하나의 단어로 쓰인다고 한다. 다만 소금을 녹인 물과 설탕을 녹인 물이 어떻게 다르냐고 묻자 원주민들은 소금을 녹인 물이나 설탕을 녹인 물 모두 'tasting good'이라고 표현하지만 보다 구체적으로 소금을 녹인 물은 '바닷물의 맛'이라는 단어를 써서 구별하기도 했다. 더 나아가 신맛을 나타내는 별도의 독립된 표현도 없어서 이 역시 'tasting good'에 해당하는 표현을 사용했다고 한다. 다만 쓴맛 역시 하나의 단어로 표시된 것은 없었지만 이는 다른 맛들과 달리 'tasting good'이라고는 하지 않았다고 한다. 그 결과 이 언어는 단맛, 짠맛, 신맛이 모두 'tasting good'이란 하나의 미분화가 되어 있고 그 반대쪽에 쓴맛이 감각으로는 인식하지만 언어로는 표현되지 않은 채 존재하는 것으로 되어 있다. 영어의 경우도 로빈슨(Robinson, 1970)에 따르면 레몬을 맛보게 한 후 그 맛을 묻는 실험에서 67%가 "sour"라고 대답했지만 33%는 "bitter"라고 대답했고, 라임 주스의 경우는 39%가 "sour"라고 한 반면 또 다른 39%는 "bitter"라고 했으며 나머지는 정확한 하나의 어휘로 표현하지 않았다고 한다. 이 사실은 객관적으로 존재하는 맛에 대한 어휘는 일정한 범주 내에서 작동하지만 그 범주화는 절대적이지 않다는 점을 시사한다. 또한 뉴기니(New Guinea)나 뉴헤브리디즈(New Hebrides) 등의 폴리네시아 지역의 많은 언어들이 짠맛, 신맛, 쓴맛을 가리키는 하나의 단어를 사용하는 반면, 쿠퍼스(Kuipers, 1984)의 조사에 따르면 인도네시아 동부의 숨바(Sumba)어에서는 신맛, 단맛, 짠맛, 쓴맛, 떫은맛, 매운맛, 싱거운 맛의 일곱 가지가 기본 어휘로 사용되고 있다고 한다. 그러나 이런 언어적 표현의 분화 정도가 각기 다른 맛의 지각에 영향을 주는 것은 아니어서 아무리 적은 수의 미각 어휘를 가진 언어라고 할지라도 서로 다른 미각을 구별할 필요가 있을 때에는 적절한 우회 표현을 사용하여 나타낼 수 있다. 그런데 지구상의 많은 언어에 보편적으로 고정 어휘화된 것은 다섯 가지 맛인데 그 다섯 가지의 구성은 각 언어마다 차이가 있다. 즉 다섯 가지 기본적인 맛 중에 단맛과 짠맛, 쓴맛은 가장 보편적으로 널리 어휘화된 반면, 그 나머지 맛 중에 어떤 언어는 신맛과 떫은맛을 기본 어휘에 추가하고, 또 다른 언어는 매운맛과 감칠맛을 추가하는 등 언어마다 변이가 있다. 이는 마치 언어의 모음 체계와 비슷한데 세계 모든 언어는 적게는 3개의 모음을 가진 언어부터 많게는 20개가 넘는 모음을 가진 언어까지 다양하지만 가장 흔히 볼 수 있는 모음 체계는 a, e, i, o, u의 5모음 체계이다. 물론 5모음 체계도 언어마다 그 구성이 조금씩 다를 수 있다는 점에서 미각 어휘의 체계와 유사하다. 모음의 숫자가 많다고 해서 반드시 진화된 언어라고 할 수 없는 것처럼 기본적 미각 표현의 숫자가 많다고 해서 맛에 관한 한 뛰어난 감각을 지닌 사람들의 언어라고 단정하는 것은 무리이다.

일본어의 맛 표현에 대해 연구한 백하우스(Backhouse, 1994: 165)에 따르면 일본어의 맛 표현은 다음과 같이 기본(basic) 표현과 비기본(non-basic) 표현 및 이 둘 사이의 경계(borderline) 표현으로 나뉜다고 한다.

기본 표현:

1. amai(あまい[甘い], 달다/싱겁다)
2. nigai(にがい[苦い], 쓰다)
3. karai(からい[辛い], 맵다/짜다/얼얼하다)
4. shibui(しぶい[澁い], 떫다)

경계 표현:

1. suppai(すっぱい[酸っぱい], 시다)

비기본 표현:

1. amazuppai(あまずっぱい[甘酸っぱい], 달콤새큼하다)
2. amakarai(あまからい[甘辛い], 달콤짭잘하다)
3. horonigai(ほろにがい[ほろ苦い], 씁쓰레하다)
4. shiokarai(しおからい[塩辛い], 짭잘하다)
5. shoppai(しょっぱい[塩っぱい], 찝질하다)

이 연구는 실제 일본인들의 언어생활에서 맛 표현이 어떻게 쓰이는지를 조사한 것으로서 보통 다섯 가지 맛을 기본적인 것으로 생각하는 것과 다른 결과라고 할 수 있다. 한국어의 미각 표현을 연구한 마에다(Maeda, 1978)에 따르면 한국어에는 sweet, sour, salty, appropriately salty, bitter, hot, astringent의 일곱 가지 기본적 미각 어휘 표현이 있고 이 기본 어휘에 여러 가지 접사의 강조 표현이 붙을 수 있고 또 모음조화, 파생접미사 등의 형태음운론적 변이까지 가능해서 총 90여 개의 미각 어휘가 있다고 보고한 바 있다. 그러나 이는 한국어 제보자(informant)의 주관적인 판단에 따른 연구이기 때문에 정확한 분석에 의문이 드는 것이 사실이며 특히 그의 appropriately salty라는 미각 범주는 정확성에 의문이 가는 부분이다.

일본 음식의 세 번째 원칙인 goho(五法, 오법), 즉 다섯 가지 방법은 음식을 조리할 때 다양한 방법을 말하는데, 끓이기(simmering), 석쇠 같은 것을 이용해서 전도열로 조리하기(grilling), 찌기(steaming), 튀기기(frying) 및 회 뜨기(sashimi, 刺身)의 방법을 일컫는다. 일본에서는 식재료를 직접 불에 접촉시켜서 굽는 방식은 전통적으로 사용하지 않는다. 따라서 앞 장에서 자세히 보았듯이 영어의 bake라든지 roast에 해당하는 표현은 전통적인 일식의 조리 방식에 들어 있지 않다.

일본식 요리를 논할 때 다섯 가지 원칙 중 네 번째 원칙은 gokan(五官, 오관)이다. 화식은 단순히 미각만을 충족시켜주어서는 안 되며 인간의 다섯 가지 감각, 즉 미각(taste), 후각(smell), 시각(sight), 촉각(touch), 청각(hearing) 등을 고루 만족시켜야 한다는 것이다. 흔히 일본 음식은 입으로만 먹는 것이 아니라 눈으로도 먹는다(They eat with their eyes)라고 하는데 그만큼 시각적으로도 아름답게 보이도록 음식을 차리는 데 각별한 신경을 기울인다는 것이다. 타니자키 준이치로(谷崎潤一郎)라는 일본의 유명한 작가는 "국 한 그릇을 앞에 놓고 앉아 멀리서 벌레 우는 소리처럼 내 마음을 파고드는 웅얼거리는 소리에 귀 기울이면서 이제 맛보게 될 풍미를 생각하노라면 언제나 황홀경에 빠져드는 것 같은 느낌이 든다"고 하였는데 이쯤 되면 음식을 먹는 것은 오관을 만족시키는 총체적인 경험이라고 할 수 있다.

음식에 대한 이런 감각적 집착이야말로 일본 음식이 단순히 요리에 끝나는 것이 아니라 세계인들이 인정하는 화려한 미학적 예술의 경지에까지 올라갈 수 있게끔 해준 것이라고 할 수 있다. 물론 한식에서도 음식의 모양과 빛깔을 돋보이게 하고 음식의 맛을 더하기 위한 노력으로 고명이라는 것이 발달했다. 버섯이나 실고추, 계란 지단, 대추, 밤, 호두, 은행, 잣가루, 깨소금, 당근, 파 따위를 음식 위에 얹거나 뿌리는 것을 통틀어 고명이라고 하는데, 프랑스 요리에서 강낭콩과 강낭콩 퓨레로 만든 장식

용 요리인 브레톤느(bretonne)나 완두콩으로 장식한 요리인 클라마르(clamart) 등도 대표적인 장식용 요리이고, 미국이나 영국에서의 고명이라고 할 수 있는 각종 가니쉬(garnish)나 트리밍(trimming)들도 그런 시각적 효과를 노린 것이지만, 일식은 특정 요리에서만 시각적 효과를 노리는 것이 아니라 거의 모든 종류의 음식에서 필수적으로 이를 고려한다는 점이 특징이라고 할 수 있다. 특히 초밥이나 철판(てっぱん, 鐵板)요리와 같은 음식은 요리사가 손님 앞에서 대화를 나누면서 직접 만들어 그 자리에서 바로 제공한다는 점에서 주방을 손님으로부터 격리하거나 차폐하는 다른 나라의 음식과 구별된다.

마지막으로 음식에 대한 일본의 담론으로 외국인들이 이해하기 가장 어려운 부분이 gokanmon(五關門, 오관문)이라고 불리는 다섯 번째 원칙이다. 지금까지의 원칙이 형이하학적인 것이었다면 다섯 번째 원칙은 다분히 철학적이거나 형이상학적 원칙이라고 할 수 있는데, 이는 음식에 대한 마음가짐에 관한 것으로서 선불교의 가르침에 기초한 것이다. 이 원칙에는 식재료의 원천인 자연을 경외하고 이를 음식으로 만들기까지 애쓴 모든 사람들, 즉 농부나 어부뿐 아니라 요리사, 배달원, 심지어는 운전기사 등에게 감사하는 마음을 가져야 한다. 또한 음식을 먹을 자격이 있도록 선행을 해야 하며, 평화로운 마음으로 밥상을 마주해야 하고, 몸과 마음을 위해 먹어야 하며, 정신적인 개화를 달성하기 위해 매일같이 성실한 마음으로 노력해야 한다는 것으로 되어 있다. 음식을 만들어 먹는 것이 단순히 생명 연장의 수단으로서 본능적인 욕구 충족으로만 보지 않고 하나의 신성한 의식과 같이 생각하여 이에 적절한 형이상학적 구조를 설정하는 것은 비단 일본만이 아니라 이슬람이나 유대교 등의 다른 문화에서도 볼 수 있다.

그런데 음식은 필연적으로 동물이든 식물이든 살생과 연결되어 있고,

조리 과정에서 각종 자원의 낭비와 쓰레기 생산, 환경오염이 불가피하고 각종 질병과 체중 문제를 생각할 수밖에 없으며, 더 나아가 누구나 혐오하는 배설과 필연적으로 관계되기 때문에 참다운 도인이나 성인의 경지를 추구하는 사람들에게는 거추장스러운 것이 될 수 있다. 마치 이슬만 먹고 마치 사슴처럼 살 수 없을까 하는 의문이 생길 수 있다(물론 사슴도 이슬만 먹고 사는 것은 아니지만). 따라서 단지 소식(小食)이나 절식(節食), 또는 일시적인 단식(斷食)의 수준을 넘어 아예 '음식 없이도 사는 법'(living food-free)에 대해 많은 사람들, 특히 수도자들이 연구하고 실천하고 있다. 예를 들어 의식적 호흡을 통해 음식 없이도 살 수 있다는 호흡식주의자로서 중국의 쉬훙칭(Nun Shihongqing)이나 러시아의 올레그 마스로프(Oleg Maslov)와 같은 사람들도 있고, 태양 요가(sun-yoga)를 통해 음식으로부터 자유를 얻은 우마상카르(Umasankar)와 같은 구루(guru)도 있다. 『논어』를 보면 공자(孔子)의 식생활을 엿볼 수 있는 구절이 있는데 "밥은 흰쌀밥을 싫어하지 않으며 회는 가늘게 썬 것을 싫어하지 않았다. 쉬어서 맛이 변한 밥이나 생선이 상하고 고기가 부패한 것은 먹지 않았다. 색깔이 변한 것, 냄새가 나쁜 것은 먹지 않았다. 익지 않은 음식은 먹지 않았으며 제철의 음식이 아니면 먹지 않았다. 음식은 썬 것이 반듯하지 않으면 먹지 않았고 간이 맞지 않은 것도 먹지 않았다"(食不厭精 膾不厭細 食饐而餲 魚餒而肉敗不食 色惡不食 臭惡不食 失飪不食 不時不食 割不正不食 不得其醬不食)고 적고 있다. 이처럼 음식에 대해서 여러 가지 세심한 주의를 기울였던 공자는 "술의 양에 대해서만은 특별히 양을 정하지 않았는데, 또 마시고 취해 흐트러진 일이 없고 시중의 주점에서는 마시지 않았다"(惟酒無量 不及亂 沽酒市脯不食)라고 전해진다. 뿐만 아니라 "말을 삼가고 음식을 조절하며 족함을 알면 불행을 극복한다"(愼言節飮食 知足勝不祥)고도 하였다. 즉 공자는 정갈하고 위생적으로 조리된 음식을 먹되 식탁을 하지 않고 절제하는 것을 원칙으로 했지만 현대적 기준으로 볼 때 맛난 음식만을 찾아다니는 이른바 미식가는 아니었다. 오히려 "거친 음식을 먹고 물을 마시고 팔베개를 하고 살아도 즐거움은 그 속에 있는 것이다"(飯疏食飮水曲肱而 枕之樂亦在其中矣)고 하여 오늘날 대량 생산 및 표준화에 따른 전지구적인 미각의 획일화와 상품화를 염려하고 자기가 사는 지역에서 생산된 덜 가공된 음식과 다양한 전통적 식문화를 보존하려는 노력인 '슬로푸드'(slow food) 개념과 일맥상통하는 말을 하였다. 노자(老子) 역시 "맛있는 음식을 추구할수록 사람의 입은 상하게 된다"(五味口爽)라고 하고 "음식을 즐기고 부를 소유하는 것은 그 자체가 악은 아니다. 다만 과도한 데에 문제가 있다"(厭飮食, 財貨有餘, 是謂盜誇, 非道哉)라고도 말했으며, "인간에게 타오르는 탐욕의 불을 끄고 마음을 고요하게 만들면 장차 천하를 얻을 것이다"라고 했는데 탐욕 중의 하나인 식욕 역시 잘 다스리는 것이 중요하다는 것을 일깨워준다. 식탐이나 과도한 식욕에 대한 이런 경구는 그만큼 음식에 대한 인간의 욕심이 거의 본능적인 것이어서 중용을 지키기 어려운 것임을 말해준다.

지금까지 살펴본 음식에 대한 다섯 가지 원칙은 비단 일식에만 적용되는 것은 아니고 실제로 보편적으로 받아들여지는 음식에 대한 생각을 일본에서 제일 먼저 구체적으로 규범화했다는 의의를 지닌다. 음식에 있어서도 국경을 초월한 교류와 세계화가 급속히 이루어지고 있는 현실을 감안할 때 각 언어에서 사용하고 있는 음식 어휘 체계와 음식에 대한 화용적 사고방식을 제대로 이해하는 것이 중요하며 이는 세계의 다양한 문화를 제대로 이해하는 데 매우 큰 부분을 차지한다고 하겠다.

제5장
식사와 언어 행위

이 장에서는 음식을 먹는 상황에서 볼 수 있는 언어 사용의 여러 측면을 화용론적 관점에서 살펴보고 음식의 분석이 언어의 분석과 어떤 점에서 유사한지를 알아본다. 식탁에서의 대화나 발화는 언어의 친교적 성격에 대한 적절한 연구 소재일 뿐 아니라 실제 생활에서도 사회적인 윤활유 역할을 하는 중요한 의사소통의 일부이다. 이에 대해 상위화용적 분석을 알아보고, 마지막으로 한 사회의 식문화를 엿볼 수 있는 좋은 자료라고 할 수 있는 메뉴에 사용된 언어에 대해 살펴보기로 한다.

1. 식탁에서의 발화

가까운 사람들과 한 식탁에서 맛있게 잘 차려진 식사를 함께하는 것은 모든 사람들에게 유쾌한 경험이다. 이에 덧붙여 정겹고 예의바른 대화가 오간다면 금상첨화라고 할 것이다. 반면에 의사소통은 잘 되는 경우보다 잘못 되는 경우가 더 흔한 것이라는 금언처럼 식탁에서 사소한 말실수나 격식에 맞지 않는 발화가 일어날 수 있는데 각 언어는 이를 경계하기 위한 장치로서 적절하다고 생각되는 식탁에서의 언어 행위를 정해놓고 있다. 이런 언어 행위 중의 하나가 언어의 기능을 생각하면서 말을 주고받는 것인데, 대표적으로 친교적 표현(phatic expression)을 적절하게 사용하는 친교적 기능에 입각한 언어 행위라고 할 수 있다. 언어의 여러 기능 중 친교적 기능은 1923년에 인류학자인 말리노우스키(Bronisław Malinowski)가 처음 만든 용어이다. 여기서 'phatic'이란 그리스어에서 '자신을 드러내 보이다'라는 뜻의 phanein이라는 단어에서 비롯된 것으로 언어의 친교적 기능이란 문장에 사용된 말이 원래 가질 수 있는 구체적 지시 대상을 지칭하여 그것에 대한 서술을 하는 것이 아니라 그 말의 의미와는 무관하게 가볍게 상대방을 무시하지 않고 적절한 관심을 보여준다는 의도로 말을 건네는 것이다. 이런 말을 영어로 "small talk"라고도 하는데 주로 날씨나 시간 등에 대해 언급함으로써 상대방에 대한 관심을 표시한다. 박서(Boxer, 2002)가 열거하는 영어의 친교적 의사소통 표현, 즉 small talk에는 다음과 같은 것이 있다.

"How are you?"
"How ya doin'?"
"Cold enough for you?"
"How about those Mets?"
"Some weather we're having."
"This train is really crowded."
"What's your sign?"
"What's your major?"

"Do you come here often?"

"Sincerely yours."

"Have a nice day!"

박서(Boxer, 2002)는 대화의 초입이나 말미에 사용될 수 있는 이런 어법들을 중요한 "사회적 윤활유"(social lubricant)라고 부르고 있다. 사회학자인 고프만(Goffman, 1981) 역시 우리가 보통 별 뜻이 없어서 공허하다(empty)고 생각할 수 있는 동작에도 많은 뜻이 채워져 있다고 한 바 있는데 이런 친교적 기능 표현은 그 언어 표현이 갖고 있는 기호적 의미(coded meaning)는 별로 크지 않을지 몰라도 그 말을 발화하게 되면 그 언어 사용이 갖는 화용적 의미(pragmatic meaning)와 더 나아가 상위화용적 의미(metapragmatic meaning)는 매우 중요할 때가 많다. 즉 대화참여자들이 대화를 나눌 때는 말해지는 발화 내용도 중요하지만 그보다 한 단계 위에서 그 발화의 화용적 의의에 대해 화자가 청자와의 상호인간적 관계를 염두에 두고 자기의 언어로써 설명하거나 기술하는 것을 상위화용적 행위라고 하며 이에 따라 얻어지는 의미를 상위화용적 의미라고 한다. 어떤 말이 구체적인 맥락에서 발화되었을 경우 그 발화가 가진 화용적 의미와 그 의미가 발생하는 방법이나 과정에 의해 파생되는 의미가 상위화용적 의미이다. 예를 들어 사람들로 가득 찬 엘리베이터에서 뒤쪽에 있는 사람이 내리기 위해 앞으로 나오면서 비켜달라는 뜻을 전달하기 위해 "잠시만이요"나 또는 "실례합니다"의 두 가지 방법으로 말할 수 있다. 이 두 가지 발화는 직접 표현되어 있지는 않지만 '제가 나가려고 하니 비켜주세요'라는 화용적 함축을 갖고 있다. 즉 화용적 수준에서 이 두 발화는 대등한 기능을 담당할 수 있다. 그러나 이 두 발화는 그 의미가 똑같다고 볼 수 없는데 그 차이는 바로 그런 화용적 의미를 전달하는 방법의 차이에서 발생한다. 즉 "잠시만이요"에 비해 "실례합니다"는 보다 더 상대방에게 자신의 요청이 가져올 수 있는 불편함에 대해 미리 화자인 내가 인식하고 있으며 이런 말을 함으로써 상대방인 청자가 자신이 미안해하는 마음을 이해하길 바란다는 상위화용적 의미를 함축하고 있다. 반면에 "잠시만이요"는 그런 상위화용적 의미보다는 자신의 행위가 그리 오래 걸리지 않으니 이해해달라는 약간 다른 상위화용적 의미를 함축하고 있다. 이런 상황에서 특히 나이가 많은 노년 세대에 비해 젊은 세대에서는 "잠시만이요"라고 말하는 경우가 더 많은 것은 상대방과의 상호인간적 관계에서 타인에 대한 배려보다는 자신의 주장이나 이유를 보다 앞세우려고 하는 세태를 반영하는 것으로 볼 수 있다. 위에서 본 언어의 친교적 기능은 상위화용적으로 연구할 수 있다. 일반적으로 언어학이란 우리가 직접 사용하고 그에 대해 지식을 갖고 있는 대상 언어(object language)에 대해 여러 규칙과 원리로써 설명하는 상위언어(metalanguage)의 집합이라고 볼 수 있듯이, 화용론이 맥락적 언어 사용에 대한 분석과 설명이라면, 상위화용론이란 그런 언어 사용에 대해 또 다른 차원에서의 분석과 설명이라고 할 수 있다. 상위화용론은 화용론 연구가들이 시도하는 이론적 설명인 동시에 실제 언어 사용자가 마음속에 갖고 있는 언어 사용에 대한 언어적 지식이나 능력으로 볼 수 있다.

언어의 친교적 기능과 관련하여 한국 사람들의 경우, 영어 화자가 자기에게 "How are you?"라고 말하면 이 말을 자신의 상태에 대해 알고 싶어 물어보는 정보적 기능의 문장으로 생각한 나머지 실제 자신의 상태가 좋지 않을 경우에는 "Not so good"이라든지 "So so"와 같이 솔직한 답을 하는 경우가 많다고 한다. 물론 이 말을 건넨 영어 화자가 상대방의 몸 상태라든지 건강에 대해 정말로 알고 싶어서 물어보는 경우도 있지만, 보통 이 말은 그런 정보를 확인하려는 질문이 아니라 그저 상대방에게 가벼운 인사를 던지는 것으로서 상대방의 대답 자체는 큰 관심사가 아닌 경우가 대부분이다.

Speaker one: "What's up?"
Speaker two: "Hey, man, how's it going?"

"Thank you"라는 말에 대해 의례적으로 하는 답인 "You're welcome" 역시 상대방을 환영한다는 뜻이 아니라 고맙다는 사의를 표한 것을 알아들었다고, 이로써 '감사하기'라는 하나의 화용적 언어 행위의 상황이 종결되었다는 것을 나타내는 표현이다. 따라서 이 역시 phatic function으로 볼 수 있다. 일본어에서는 이런 용도로 쓰이는 표현을 대장간에서 대장장이와 그의 조수가 서로 힘을 합쳐 교대로 정확하게 쇠를 두들기는 작업에 비유하여 "aizuchi"(相槌, あいづち)라고 하는데 간단한 "はい"(hai), "ええ"(ee), or "うん"(un)이라든지 종종 더 나아가 "ほんと"(hontō), "ほんに"(hontō ni), "ほんま"(honma)라든지 "なるほど"(naruhodo), "そうですか"(sō desu ka) 등으로 마치 상대방의 말에 크게 동의하는 듯 맞장구를 치는 말을 하는 것이 그런 예이다.[13] 이는 당신의 말에 내가 관심을 갖고 주의를 집중하고 있다는 것을 표시하는 말로써 그 이상의 더 큰 의미가 있는 것은 아닌데 이런 말에 익숙하지 않은 외국인들은 일본인 대화자를 오해할 수 있다. 이처럼 small talk는 언어마다 조금씩 달라질 수 있다. 앞에서 보았듯이 영어에서는 "How are you?"나 "What's up?" 같은 말이 격의 없는 사이에서 별 다른 뜻 없이 사용될 수 있는 표현인

13 메이(Mey, 2001)의 조사에 따르면 일본에는 약 150가지나 되는 이런 aizuchi가 사용된다고 하는데 이를 메이는 '맞장구치기 표현' 또는 '추임새'(back-channeler)이라고 부른다.

반면, 한국어에서는 이를 문자 그대로 번역한 "너 어때?"라든지 "무슨 일 있어?"와 같은 말은 친교적 기능이라기보다는 정보적 기능으로 사용될 가능성이 높다. 반대로 아래에서 곧 다시 보겠지만, 한국어에서는 길이나 직장에서 지나가다 우연히 마주친 가까운 사이의 친구에게 "밥 먹었어?"와 같은 말은 굳이 밥을 먹었는지 아닌지를 확인하려는 의도가 아닌 친교적 기능의 표현인 경우가 많다. 마찬가지로 "어디 가니?"라고 묻는 경우도 꼭 상대방이 가는 곳을 알고 싶어 묻는 경우보다 그저 상대방이 어딘가를 가고 있다는 것을 화자가 보았다는 뜻 정도만을 나타내는 경우가 일반적이다. 반면에 영어로 "Have you eaten?"이라든지 "Where are you headed?"라고 하는 것은 정식으로 알고 싶어서 묻는 경우가 일반적이다. 이런 질문을 받으면 청자는 그 질문을 그저 웃어넘기거나 손만 흔들고 지나가서는 안 되며 잠시라도 멈춰서 그 질문을 한 사람이 알고자 하는 답을 정확히 해주는 것이 기대된다. 현대 언어학의 주된 패러다임인 생성문법에서 '문법'(grammar)을 정의할 때 '이상적인 모국어 화자가 갖고 있는 언어 능력이나 지식 체계 또는 그것을 언어학자들이 설명해놓은 것'이라고 정의하는 것과 마찬가지로 상위화용론은 '화용론 연구가들이 시도하는 이론적 설명인 동시에 실제 언어 사용자가 마음속에 갖고 있는 언어 사용에 대한 언어적 지식이나 능력'으로 볼 수 있다. 예를 들어 "이것을 신입사원에 불과한 제가 지금 과장님께 말씀드리는 게 적절할지 모르겠지만, 제가 지금까지 느낀 우리 회사에서 가장 시급하게 고쳐야 할 문제는 …"이라는 말에서 "이것을 신입사원에 불과한 제가 지금 과장님께 말씀드리는 게 적절할지 모르겠지만,"이라는 부분은 그 다음에 전개될 내용을 말하는 것에 대해 화자 스스로 논평하는 상위화용적인 기능을 담당하고 있다. 이는 화행 이론에서 청자에게 부담이 되거나 당혹스러울 수 있는 요청 또는 제안 행위를 보다 공손하게 수행하기 위한 일종의 포장 기능을 하는 것인데 이런 기능은 대화참여자의 상호 관계에서 때때로 말의 내용 자체보다도 더 중요하게 작용할 수 있다. 발화의 상위화용적 기능을 잘 인식하는 화자일수록 언어의 친교적 기능에 능숙하다고 볼 수 있다.

호프스테드(Hofstede, 2000)도 각 문화에서 친교적 표현으로 사용할 수 있는 주제나 어법은 그 문화의 특성에 따라 달라질 수 있음을 예증적으로 설명한다. 예를 들어 날씨가 자주 변하고 예측불가능한 곳에서는 날씨에 대해 화제를 삼아 이야기의 물꼬를 트는 것이 자연스럽게 여겨지며 개인보다는 가족 중심의 삶을 사는 아시아나 아랍 문화권에서는 어떤 사람의 가족에 대해 물어보는 것도 적절한 친교적 어법이 된다. 축구가 생활의 일부가 되다시피한 영국의 경우 그 전날 있었던 프리미어리그 경기를 화제로 대화를 시작하는 것이 자연스럽지만 스포츠에 대해서는 별로 관심이 없는 지역이나 문화에서는 이런 주제는 적절한 친교적 어법이 될 수 없을 것이다. 또한 중국이나 일본처럼 신분지향적인 문화에서는 새로 알게 된 사람들 사이에서 각자의 사회적 범주화를 가능케 해주는 질문을 교환하는 것도 적정하다고 생각된다. 우리나라 사람들은 대화를 이어나가기 위해서는 무엇보다 존댓말을 써야 할 것인지 아니면 말을 놓아야 할지 등 말의 경어법 수준을 정해야 하기 때문에 초면이라도 상대방의 나이를 묻는 것이 실례로 생각되지 않는다. 또한 조금이라도 관심이 있으면 상대방의 결혼 유무까지도 확인하는 경우가 많은데 이런 질문은 서양인에게는 프라이버시를 침해하는 것으로 초면에는 거의 묻지 않는 것이 예의로 되어 있다. 반면에 한국인들 중 특히 젊은 여성은 자신의 몸무게를 물어보거나 외모에 대해 이야기하는 것을 적절하지 않다고 생각하고 잘 모르는 사람이 이런 주제로 이야기를 꺼내면 민감하게 반응하는 경우가 많은데 이와 같은 문화적 차이에 따른 친교적 기능에 익숙하지 않아서 대화가 어색해질 때가 많다. 저자가 잘 아는 어느 서양 여성은 처음 한국에 와서 한국인과 대화를 하게 되면 으레 "How old are you?"라든지 "Are you married?"와 같은, 그녀가 보기엔 사적인 질문을 한국인들은 아무 거리낌 없이 묻는 것을 보고 놀랐다고 한다. 유럽에서는 날씨나 경제, 환경 등의 문제를 친교적 어법의 주제로 선택해도 적절하다고 생각하는 경우가 많은 반면, 잘 모르는 사이에서 상대방의 연봉이나 수입에 대해 묻는 것은 일종의 금기로 되어 있다. 한국에서 지인들과의 식탁에서는 침묵을 지키는 것은 매우 어색하고 부자연스럽게 생각되고 서양인들이 보기엔 과도할 정도로 목청을 높인 유쾌한 대화가 필수적이지만 최근의 경향은 종교와 정치 이 두 주제는 식탁 대화에서 대화를 나누기에 적절하지 않은 것으로 생각되는 것 같다.

앞에서 보았지만 한국 사람들은 누군가를 만나 인사할 때, "진지 잡수셨습니까?"라든지 "밥 먹었니?"처럼 종종 식사를 하였는지 묻는다. 이는 상대방이 식사를 했는지 정말로 궁금하거나 확인해야 할 필요가 있어서 던지는 질문일 수도 있지만 대개의 경우 그저 인사에 불과하여 필요할 경우 대답을 하지 않아도 될 가벼운 친교적 발화이다. 이성범(2004)의 분석에서 이런 종류의 발화는 '나는 네게 이런 말을 할 정도로 관심이 있고 거리감이 없다는 것을 전달하려고 한다'는 언어 사용에 대한 상위적 메시지, 즉 상위화용적 함축(metapragmatic implicature)을 듣는 이에게 전달하는 것으로 해석된다.**14** 마찬가지로 중국에서도 가장 널리 쓰이는 인사 표현인 "您好" 외에도 "식사하였습니까?"의 뜻인 "你吃了嗎?"라는 말로

14 하나의 발화가 그 문장이 갖는 문자적 의미 외에 그 발화 맥락에서 화자가 의도한 의미를 화용적 함축이라고 한다면 그런 발화에 대해 화자가 언급하는 상위적 의미를 상위화용적 함축이라고 할 수 있다. 이에 대해서는 이성범(2007)을 참고할 것.

인사하는 경우가 많다. 이 말 역시 문자 그대로는 식사를 하였는지 묻는 것이지만 그런 정보를 요구하는 의사소통적 기능의 발화가 아니라 친교적 기능을 수행하는 인사말에 가깝다. 이 점에서는 한국과 중국이 큰 차이가 없어 보인다. 그런데 한국에서는 음식을 준비한 주인이 손님에게 식사를 권하면서 겸양의 표현으로 "차린 것은 없지만 많이 드세요"라고 하거나 또는 "맛은 없지만 많이 드세요"라고 말한다. 이를 영어로 직역하면 "There is nothing to eat, but please help yourself", 또는 "These are not very tasty, but eat a lot" 정도가 되겠지만 영어 문화권에서 이렇게 손님에게 식사를 권하는 주인은 없다. 한국어에서 "차린 것은 없지만 많이 드세요"라든지 특히 "맛은 없지만 많이 드세요"라고 말하는 것은 한국어의 독특한 점이라고 할 수 있다. 물론 중국에서도 "많이 드세요"라는 뜻으로 "吃多一点"이라고 하긴 하지만 "차린 것이 없다"든지 "맛이 없다"든지 하는 이야기는 굳이 하지 않는다. 중국도 한국과 마찬가지로 손님을 초대할 경우 푸짐하게 한 상 잘 차려 대접하는 것을 미덕으로 생각하기 때문에 대개의 경우 맛있는 음식이 그득하게 잘 차려져 있을 것이다. 그럼에도 불구하고 "차린 것이 없다"라거나 "맛이 없다"라고 한다면 이는 그라이스(Grice, 1975)라는 학자의 화용론 이론에서 대화에 참여하는 사람은 '사실대로 이야기하라'는 질의 격률(Maxim of Quality)을 어긴 것이 된다. 일반적으로 그라이스 화용론에서 질의 격률을 어긴 것은 충분한 증거가 없는 말을 한다든지 사실이 아닌 말을 하는 경우로 거짓말이 되겠지만, 위에서 본 식사와 관련된 언어 행위는 여기서 끝나는 것이 아니다. 비록 문장에 쓰인 단어들의 축어적 의미만으로는 사실이 아닐지라도, 집 주인이 질의 격률을 표면적으로 어겨가면서 그런 말을 했을 때에는 그 문장에 직접 표시되지 않은 다른 의미를 전달하려고 하는 것으로 해석해야 한다. 이처럼 문장으로 직접 발화되지 않았지만 발화 표현의 이면에 숨은 의미를 그라이스는 '함축'(implicature)이라고 하는데, 한국인의 경우 식사를 둘러싼 언어 행위 중의 하나로 손님들을 초대해 음식을 대접하는 주인은 최대한 자신이 준비한 것을 낮추어 말함으로써 상대방에게 편안한 마음으로 식사를 할 수 있는 분위기를 만들려고 노력한다. 물론 손님들은 주인의 말을 액면 그대로 받아들이지 않고 그 함축된 의미와 그 발언의 의도를 쉽게 이해하게 된다. 반대로 중국에서는 음식 초대를 받은 사람이 적절한 행위를 취할 것이 기대된다. 즉 중국인들은 누군가에게 음식 초대를 받아간 자리에서 식탁에 나온 모든 음식을 다 먹는 것은 예의가 아니고 적당히 남기는 것이 바람직한 손님의 자세라고 생각된다고 한다. 만약 손님이 식탁에 나온 모든 음식을 하나도 남김없이 다 먹어치우면 이는 자칫 준비한 음식이 모자란다는 인상을 줄 수 있기 때문에 결례가 될 수 있다는 점이다. 오히려 한국에서는 음식 대접을 받았을 때 밥그릇을 싹싹 비워서 쌀 한 톨도 남김없이 먹으면 주인이 흐뭇해하는 경우가 많은데 이 점에서 중국과 한국은 차이가 있다.

또한 일본인들은 식사를 하기 전에 반드시 "itatakimasu"(戴きます 또는 頂きます)라는 말을 외친다. 우리말의 "잘 먹겠습니다"에 해당하는 이 말은 단순히 음식을 차린 사람이나 자신을 초대한 주인에게 감사의 뜻으로만 하는 것은 아니다. 혼자서 밥을 차려 먹는 경우에도 이 말을 하고 수저를 뜨는 사람들이 많은데, 일본어의 'いただく'(戴く 또는 頂く)란 원래 '물건을 머리에 이다'라는 뜻이지만 비유적으로 '받들어 모시다'의 뜻도 있다. 더 나아가 이 말은 '받다'(もらう)의 보다 공손한 표현으로서 '먹다'(たべる)나 '마시다'(のむ)를 공손하게 나타내는 것이다. 즉 '겸손한 마음으로 음식을 잘 받아 (내 몸에) 모시겠습니다'라는 뜻이 포함된다. 이 말을 하면서 마치 불교 의식에서 하듯 두 손을 합장하는 것은 일종의 종교적 경건함이 내포되어 있음을 알 수 있는데 이 말은 비단 음식뿐 아니라 누군가가 제안하는 것이나 선사하는 물건을 정중히 수락할 때에도 사용된다. 이 점은 앞 장에서도 보았듯이 바버(Barber, 2010)가 말한 일본 음식의 다섯 가지 원칙 중 마지막 형이상학적 원칙인 go-kanmon과 관련이 있다. 기독교의 주기도문에서도 "우리에게 일용할 양식을 주옵시고"라는 구절이 나오는데 이 역시 생명을 유지할 수 있는 기본 요소로서 음식에 대한 경건함과 감사함을 표현하는 것으로 볼 수 있다. 일본에서는 또한 음식을 다 먹은 후에는 "gochisosamadesita"(ご馳走樣でした 즉 ごちそうさまでした)라고 하는데 이는 한국어의 "잘 먹었습니다"에 해당하는 말이다. 일본인들은 음식이 맛있다고 할 때는 "おいしい" 또는 "おいしいです(ね)"라고 하는데 한국인들이 보기에는 다소 과장된 듯한 음조로 약간 호들갑을 떨 듯이 말해야 칭찬이 될 수 있고 특히 "おいしい"는 여성들의 말에 많이 나오는 반면 남성들은 "うまい"라는 표현을 더 자주 사용하는 것으로 조사되었다.

2. 음식과 언어 분석의 공통점

역사적인 관점에서 언어는 미국 영어와 영국 영어, 호주 영어, 캐나다 영어처럼 같은 영어에서 연원하여 오랜 세월 방언으로 발전했지만 상호 이해 가능한 언어가 있고 프랑스어와 힌디어처럼 역사적으로는 같은 조상인 원인구어에서 유래하였지만 더 이상 상호 이해 가능하지 않은 언어가 있다. 마찬가지로 로단(Laudan, 2010)은 요리에 있어서도 상호 이해 가능한 요리가 있고 그 차이가 너무 심해서 상호 이해가 불가능한 요리가 있다고 주장한다. 그녀는 더 나아가 현존하는 수천 개의 언어를 역사적 기원과 친족 관계에 따라 몇 개의 어족(language family)과 세부 어족(subfamily)으로 나누어 계통 관계를 설정하듯이, 현존하는 수많은 요리를 계통별로 그룹화할 수 있을 것으로 본다. 예를 들어 태평양의 뉴기니(New Guinea)에서 이스터(Easter) 섬에 이르는 민족들의 전통적인 요리를 보면 땅을 파서 만든 화덕(underground oven)을 널리 사용하고, 타로나 얌, 빵나무 열매, 코코넛, 생선 등 불과 열 가지도 안 되는 식재료를 공통적으로 사용하며, 이런 주재료를 두드려서 얻어지는 전분을 생선이나 코코넛과 함께 먹는 단순한 요리 방법을 쓰고, 저장이나 발효 등의 기술은 거의 발견되지 않는다는 공통점이 있다. 인류학자들의 연구에 따르면 이들 남태평양 지역은 기원전 1000년경부터 뉴기니로부터 이주한 사람들이 거주하기 시작한 것으로 이들의 요리의 공통점은 이런 이주의 결과라고 생각한다. 이처럼 세계의 대표적인 요리를 마치 언어학자들이 몇 개의 어족으로 나누듯 몇 개의 요리 그룹으로 분류하고 계통화하는 것이 가능할 것으로 본다. 로단(Laudan)은 언어의 흥망성쇠가 음식의 흥망성쇠와 유사성이 있을 거라고 추정한다. 그녀에 따르면 약 2,000년 전에 유럽의 주요 언어였던 켈트(Celt)어는 그 후 게르만(German)어나 라틴(Latin)어의 발달로 인해 상대적으로 축소되어 현재는 상대적으로 미미한 언어가 되었듯이 그들의 음식이라고 할 수 있는 켈트 요리는 현재 별로 알려진 바 없는 요리가 되었다고 본다. 반대로 강인한 생명력을 가진 한국인의 경우, 일제강점기에 연해주로 이주했던 동포들 중 일부가 스탈린(Stalin)의 강제 이주 정책에 따라 아무 연고도 없는 중앙아시아의 카자흐스탄(Kazakhstan)이나 우즈베키스탄(Uzbekistan)으로 이주해서 혹독한 시련을 이겨내고 새로 뿌리를 내린 것은 잘 알려진 역사적 사실이다. 고려인으로 불리게 된 이들 이주민들은 원래 벼농사와 전혀 무관한 새 거주 지역에서 그들이 소중히 갖고 온 볍씨를 뿌리고 환경적 악조건과

씨름하면서 결국 벼농사를 정착시켰다. 뿐만 아니라 한민족의 대표적인 발효 음식인 김치와 각종 채소 요리들을 보급하여 현재는 고려인뿐 아니라 토착인들도 과거에는 구경하지도 못했던 쌀밥은 물론 김치와 각종 한식 나물 요리까지 즐겨 먹게 되었고 이제는 그들 식단의 중요한 일부가 되었다고 한다. 이는 언어학적으로 보면 일종의 차용 현상으로 두 개의 서로 다른 언어가 접촉할 경우 정치적, 군사적, 문화적인 힘에 의해 한 언어의 언어 요소가 다른 언어의 하층(substratum) 또는 상층(superstratum)으로 편입되는 과정과 유사하다. 과거 만주족이 세운 청나라는 한때 중원까지 진출하여 한민족의 명나라를 무너뜨리고 중국을 지배했지만 그들의 문화적 역량은 중국의 거대한 문화적 힘에 미치지 못한 까닭에 오늘날 만주어는 중국에 일부 흔적만을 남기고 사멸하였듯이 모든 문화적 교류는 그 문화를 소유한 집단들의 역학관계와 힘의 논리에 영향을 받게 된다. 오늘날 영어는 원래 고유한 게르만계 어휘가 총 어휘의 50%도 되지 않고 대신 주로 11세기 이후 들어온 프랑스어나 라틴어계 어휘가 50%를 넘으며, 기타 스칸디나비아(Scandinavia)어나 그리스(Greece)어계 어휘가 총 10%를 넘고, 세계 각지 언어에서 들어오는 어휘가 급속도로 늘고 있어서 문자 그대로 세계적인 언어가 되고 있다. 외래어휘의 유입은 그 언어의 정체성을 훼손한다는 우려도 있지만 그만큼 어휘력의 증대에 따른 표현력의 풍부함을 가져올 수 있는 긍정적 효과도 있고 보다 포용력 있는 언어로 인식될 수 있는 장점도 있다. 옥스퍼드 영어사전(Oxford English Dictionary) 편찬위원회에 따르면 2006년에 이미 영어 단어 개수가 100만 개를 돌파했다고 한다. 이러한 기록을 세우는 데에는 새로운 제품이나 기기 또는 최근에 나타난 사회적 변화를 반영하기 위해 만들어진 신조어의 역할이 대단히 컸다. 그러나 무엇보다도 영어 단어 개수가 급증하는 데 가장 큰 공헌을 한 것은 혼종어이다. 영어와 프랑스어, 영어와 스페인어, 영어와 중국어, 영어와 일본어 등 영어와 다른 언어의 결합으로 만들어진 혼종어의 개수가 100만 개의 영어 단어 중 무려 20%나 차지할 정도로 그 비율이 상당하다.[15] 그런데 이렇게 단어 중에서 혼종어의 비율이 높아지는 현상은 비단 영어에만 국한되어 나타나는 현상은 아니다. 현대 한국어에서도 이와 같은 현상이 발생하고 있다.

고기홀릭: 고기를 즐겨 먹는 사람
개드립: 어이없는 발언이나 앞뒤가 안 맞아 누가 봐도 막 지어낸 듯한 발언
어이리스: 너무 어처구니없이 뜻밖이어서 기가 막히는
효리쉬: 이효리처럼 세련되고 섹시한
치아니스트: 손톱으로 치아를 쳐서 연주하는 사람
재미니스트: 재미를 추구하거나 재미를 즐기는 사람
짐승돌: 마치 짐승처럼 몸이 좋고 터프한 아이돌
유아틱: 마치 어린아이 같은 느낌이 드는
우라질네이션: 기분 나쁜 상황에서 쓰는 욕
우아러스: 세련되면서 우아한 느낌이 드는
귀차니즘: 귀찮은 일을 싫어하는 태도나 사고방식
네타티즘: 자기의 잘못을 남의 탓으로 돌리는 태도 또는 그런 사고방식

이처럼 한국어의 어간에 영어의 접미사나 접두사 또는 단어의 일부를 붙인 혼종어에 대한 젊은 층의 반응은 일단 혼종어가 비혼종어보다

15 http://news.naver.com/main/read.nhn?mode=LSD&mid=sec&sid1=104&oid=005&aid=0000241710에서 인용.

좀 더 재미있거나 세련된 느낌을 준다는 것이다. 또한 때로는 한국어의 비혼종어만으로는 정확하게 의미를 표현하기가 힘들었던 대상들을 혼종어를 통해서 말하고자 하는 대상을 좀 더 정확하게 표현할 수 있다고 생각하는 경우도 많았다. 특히나 컴퓨터의 보급과 인터넷의 발달과 함께 새로 나오는 프로그램이나 상황에 대하여 영어와 한글을 섞은 신조어가 많이 나오고 있는 추세인데, 한편으로는 최근에 '디시인사이드 갤러리'나 일부 커뮤니티를 통해서 특히 한글 욕에 영어의 접미사를 섞어서 재미를 뛰어넘어 저질스러운 느낌까지 주는 단어들이 너무 많이 나오는 것 같아서 아쉽다는 반응도 많았다.

언어뿐 아니라 음식에서도 한국 사람들은 반만년의 역사 속에 전통적인 요리와 음식 문화를 계승해왔지만 그 과정에서도 이민족의 요리와 음식 문화의 영향을 지속적으로 받았을 것으로 생각된다. 특히 최근 세계화가 거세게 일어나면서 한국인들의 음식에도 대변혁이 일어나고 있고 불과 몇 세대 전에는 구경할 수도 없었던 각종 외국 음식들이 우리의 식탁에 오르고 있다. 언어에도 혼종 어휘(hybrid words)가 유행하듯이 음식도 각종 퓨전 음식(fusion foods)이 유행하고 있다. 다음은 식당의 메뉴에서 직접 조사한 한식-양식 퓨전 음식들이다.

치즈 해물 떡볶이	매운 갈비 크림 파스타
양동이 마늘 갈릭 치킨	치즈 순대볶음
핫핫 무뼈 닭발	규동 곱창
존슨 부대찌개	된장 버섯 리조또
핫 칠리 꽃게 튀김	된장 도토리묵 소보로
꽃게 치즈 그라탕	크리스피 된장 타코
폰즈 소스 불고기 샐러드	누룽지 까나페

김치 퓨전 타코	새우젓 까나페
김치 퓨전 바비큐 버거	감베로니 김치 파스타
김치말이 로스구이	막카푸치노(막걸리+카푸치노)
김치 크로켓	아보카도 초밥
비비고 라이스	누룽지 파스타
단호박 매운 스테이크	미역국 파스타
단호박 데리야키 스테이크	미역 빠에야
단호박 해물 치즈	묵은지 토르티야 샐러드
단호박 치즈 불닭	등심 백김치말리 오븐구이
오다리 튀김 바구니	소시지 치즈롤 밥핫도그
치즈 감자전	고추장 소스를 곁들인 연어구이

이런 메뉴들은 조금 전에 보았던 한국어-영어 혼종 표현들만큼이나 특이하고 낯설게까지 보인다. 일부에서는 이런 요리들을 가리켜 국적 없는 요리라고 혹평하기도 하지만 그럼에도 불구하고 주로 젊은이들을 중심으로 점차 확산되고 있는 실정이다. 퓨전 음식은 전통적인 한식이 갖고 있는 장점을 살리고, 대신 한식의 약점을 새로운 조리 방법이나 재료 도입을 통해 보완할 수 있게 해준다. 한국인들에게 한식의 장점으로는 한국 고유의 지리적 여건과 사회적 구조 및 음식 문화에서 만들어지고 발전되어왔기 때문에 한국인의 입맛에 가장 잘 맞는다는 점과 메뉴가 다양하고 가변성이 뛰어나며 주재료나 기본 음식의 저장, 가공 기술이 발달했다는 점을 들 수 있다. 반면에 한식의 세계화를 가로막는 요인으로는 무엇보다 한식 요리법과 메뉴의 표준화가 부족하고, 이른바 '글로벌 스탠더드'(global standard)에 맞지 않는 조리 과정을 들 수 있다. 「뉴욕타임스」(New York Times)의 요리 탐방 기사에 보면 숯불 불고기와 같은 한식은

맛은 뛰어나지만 식사하는 도중에 연기와 냄새가 옷에 배기 때문에 식사하고 나서 고급 공연장에 갈 사람이라면 선택하기 어려운 메뉴라고 평한 적이 있음을 주목할 필요가 있다. 또한 한식은 햄버거나 피자 등의 테이크아웃 메뉴처럼 간편히 먹기 어려운 점이나 일부 재료의 현지화가 어려운 것 등이 문제점으로 제기된다. 전통적으로 한국에서는 식사는 한자리에 앉아서 먹는 것이 올바른 식사법으로 간주되고 들고 다니면서 먹는 것은 예의에서 벗어난 것으로 생각하는 경향이 강했기 때문에 간편한 테이크아웃 메뉴의 개발이 비교적 소홀했던 것도 사실이다. 지금은 고인이 된 「조선일보」의 이규태 논설위원은 1986년 아시안게임을 앞두고 미국에 본사를 둔 다국적 외식업체가 한국 시장에 진출해서 성공 가능성이 있는지 자문을 구했을 때 당시만 해도 시기상조라고 답했다고 하는데 그 주된 이유로 한국인들은 식사의 개념이 서양하고는 달라 to go의 메뉴가 절반을 차지하는 그 외식업체의 메뉴가 생소하게 여겨질 것이기 때문이라고 했다. 그러나 불과 2년 뒤 1988년 서울 올림픽이 개최될 즈음에는 이미 굴지의 다국적 외식업체들이 한국 시장에 들어와 성공적으로 정착되었는데 아마도 이 시기가 한국의 외식 문화에 큰 분기점이 된 시기로 볼 수 있다.

반면에 한식이 세계화되기 위해서는 넘어야 될 산이 많다. 지금은 그런 경우가 줄었다고 하지만 한국 사람이 미국에서 한식당을 운영하면 반드시 당국의 위생 검사를 받아야 하는데 장아찌 등의 밑반찬이나 된장에 발효한 흔적을 곰팡이로 오해하여 불합격 판정을 내리거나 벌금을 물게 하는 웃지 못 할 일도 있었다고 한다. 실제로 뉴요커들에게 최근 인기를 끄는 김치는 자극적인 냄새와 향의 고춧가루나 젓갈류를 하나도 넣지 않고 최소한의 양념만으로 담가서 마치 백김치 같은 심심한 맛의 김치라고 한다. 태국인들이 전 세계적으로 '타이 푸드(Thai food)는 건강 음식(well-being food)'이라는 인식을 주면서 성공적으로 데뷔할 수 있었던 배경에는 원래 전통적인 태국 음식에 필수적으로 쓰이던 생선 젓갈류와 장류를 세계인의 보편적 미각을 고려하여 과감히 빼거나 최소화한 데 기인한다고 한다. 그런 점에서 당장 토속적인 한식에 거부감을 가질 수 있는 세계인들에게 한식의 퓨전(fusion)화는 한식이 세계화되는 과정에서 택할 수 있는 하나의 방법으로 생각할 수 있다. 오늘날 우리 한국인들이 즐겨 먹는 김치만두나 김치볶음밥, 짜장면, 오므라이스 등도 엄밀히 말하면 퓨전화된 음식이라고 할 수 있다. 위에서 본 퓨전 메뉴들은 대부분 한국 내에서 만들어지고 소비되는 것들이지만 최근에는 외국에서 한식을 세계화하는 과정에서 현지인들의 구미에 맞게 일부 재료와 조리 방법을 바꾸거나 현지 음식과 혼합하여 새 메뉴를 개발하고 있다. 한식이란 고전적 정의에 따르면, 한국에서 전통적으로 사용되어온 식재료를 사용해 한국 고유의 조리 방법으로 만들어진 음식으로서 한민족의 역사적, 문화적 특성을 갖고 생활 여건에 알맞게 창안되어 발전, 계승되어온 음식이라고 할 수 있지만, 이제는 식재료나 조리 방법, 생활 여건 등이 상호 교환되어 정착되는 시대인 만큼 좀 더 융통성 있는 정의가 필요하다고 생각한다. 이는 최근 한국이 다문화 사회로 변모하는 과정에서 한국인에 대한 정의 및 한국적인 것의 정의를 재발견해야 한다는 것과 유사하다고 생각한다.

역사적으로 볼 때 고려 충렬왕 때 만들어졌다는 가요 「쌍화점」의 "쌍화"는 만두 같은 것으로 추정되는데, 이 쌍화점의 주인은 회회(回回)아비, 즉 이슬람권의 서역 쪽에서 온 외국인으로서, 이들이 만든 "쌍화"가 당시에도 유행했다는 것을 알 수 있다. 또한 호떡은 이름의 "호"(胡)자가 의미하는 것처럼 원래 외래 음식임을 알 수 있는데[16] 19세기말 중국으로부터 들어온 것으로 원래 중국의 떡은 만두(饅頭)나 딤섬(dimsum,

點心), 덤플링(dumpling), 교자(jiaozi, 餃子), 춘권(spring roll, 春捲)처럼 안에 채소나 고기로 된 소를 넣든지 아니면 아예 화권(花捲)처럼 아무것도 넣지 않는 게 보통이지만, 한국인의 입맛에 맞게 계피 맛이 나는 달콤한 흑설탕을 넣어 현지화에 성공한 것으로 보인다. 한국인의 대표적 애호 음식인 짜장면(炸醬麵) 역시 잘 알려진 대로 중국의 면 요리가 한국식으로 퓨전화된 것이다. 중국에도 밀가루를 반죽하여 가늘게 늘려 만든 국수에다가 야채와 고기를 넣고 식용유와 함께 춘장을 넣어 볶은 양념을 비벼먹는 유사한 요리가 있기는 하지만 캐러멜이 많이 들어가는 한국의 짜장면과 비교해서 단맛이 덜하고 짠맛이 강하다. 한국에 여행 온 중국인들이 호기심으로 짜장면을 맛보고 이구동성으로 너무 달다고 말하는 것이나 한국에 체류하는 인도인들이 한국의 카레라이스를 보고 너무 묽다고 말하는 것은 한국인들이 미국에 여행했을 때 한식 식당에서 현지 비빔밥을 먹고 너무 달다고 말하는 것이나 독일인들이 미국 맥주를 마시고 싱겁다고 말하는 것과 같은 것으로 원래 토착 음식에서 발전된 퓨전 음식에 대한 토착 문화의 미각 차이를 말해주는 현상이다. 이처럼 중국인들의 관점에서 보면 호떡이나 짜장면은 중국 음식이 퓨전화된 것으로서 앞으로는 이런 음식의 퓨전 현상이 가속화될 것으로 전망된다. 짜장면이

16 '호'(胡)는 원래 중국에서 이적을 뜻하던 말이었지만 한국에서는 중국에서 건너온 사물이나 현상을 뜻하는 접두사 역할을 한다. 이런 예로는 '호고추', '호콩', '호밀', '호주머니', '호각'(만주에서 뿔로 만든 피리), '호나복'(미나리과에 속한 두해살이 풀), '호렴'(중국산 굵은 소금), '호마', '호마유', '호마인'(참깨나 검은깨), '호맥', '호바늘꽃', '호비수리'(콩과에 속한 여러해살이 풀), '호악', '호연지', '호유실'(고수의 열매), '호차', '후추'(胡椒), '호희' 등이 있다. 반면에 서양에서 들어온 문물은 보통 '양'(洋)이라는 접두사로 표시한다. 이런 표현에는 '양배추', '양상추', '양송이', '양파', '양동이', '양재기', '양식', '양요리', '양달량', '양은', '양말', '양복', '양장', '양잿물' 등이 있다. 재미있는 사실은 중국에서도 자기 나라 밖에서 들어온 문물에 대해서는 '오랑캐'라는 뜻으로 barbarian이란 말을 붙인다는 점이다.

한국에 정식으로 도입된 것이 1905년이라고 하니 이제 약 100년 남짓한 역사를 갖고 있는데 이 짜장면은 한식화되는 수준에서 멈추지 않고 아래와 같이 여러 갈래로 분화 발전하고 있다.[17]

간짜장: 물과 전분을 넣지 않은 춘장을 기름에 볶아서 만든 짜장. 특징은 국수와 별도의 그릇에 짜장이 따로 나와 섞어 먹는다.

삼선짜장: 생선을 제외한 새우, 오징어, 해삼과 같은 해산물을 넣어 만든다.

삼선간짜장: 재료는 삼선짜장과 같으나, 간짜장을 만들 듯 조리한 것이다.

유니짜장: 돼지고기와 채소를 잘게 다져 춘장을 기름에 볶아 만든다.

유슬짜장: 재료를 가늘게 채 썰어서 양념을 만든다.

옛날짜장: 옛날 형태의 짜장면으로 소스가 묽은 편이고 감자가 들어가 있어 춘장의 맛이 부드럽다.

사천짜장: 쓰촨 음식 같이 맵게 만든 짜장이다. 짜장에 겨자를 넣은 것이 특징이다.

쟁반짜장: 큰 쟁반에 볶은 짜장을 올려 여럿이 같이 먹는 짜장면이다. 대표적으로 해물 쟁반짜장이 있다.

짜장밥: 면 대신 밥에 짜장을 비벼먹는 음식이다.

이외에도 국민 음식으로서 짜장면은 계속 진화해서 짬짜면, 짜볶이, 짜파게티 등으로 변신하고 있으며 그 한계는 거의 무한할 것으로 보이며 이제는 타이완이나 일본에서도 한국식으로 용기에 든 인스턴트 짜장면을 즐겨먹는다고 한다. 짜장면이 국민 음식이다 보니 그 표기법도 국민적 관심의 대상이 되고 있다. 1986년에 교육부에서 고시한 외래어 표기법에는 그동안 민간에서 널리 쓰던 표기법인 '짜장면' 대신에 '자장면'으로

17 이 자료는 http://ko.wikipedia.org/wiki/에서 인용한 것임.

쓰도록 고시되었다. 그러나 이 표기법이 생소하다고 느꼈는지 많은 사람들이 여전히 '짜장면'으로 표기하거나 발음하고 일부에서는 '자장면'이 맞다면 '짬뽕'도 '잠봉'이 맞는 것 아니냐고 이의를 제기하기도 했다.[18] 당시 국립국어원에서는 '자장'(zhájiàng)이라는 중국 된장을 가리키는 단어가 있고 이를 이용한 음식은 당연히 '자장면'으로 표기해야 한다는 입장이었다. 그럼에도 불구하고 다수의 언중이 이 새 표기법이 마뜩치 않았는데 예를 들어 시인 안도현은 "짜장면을 먹자고 해야지 자장면을 먹자고 하면 영 입맛이 당기지 않을 게 뻔하다"라고 했다. 마침내 2011년 8월에 국립국어원은 '자장면'에 비해 '짜장면'이 대한민국의 언어 실생활에서 압도적으로 많이 쓰임을 감안, '짜장면'도 표준어로 인정하였다. 이는 규범적 어문 규정을 우선시하던 국립국어원이 일반 대중들의 반발로 입장을 바꾼 드문 사례로 기록된다. 다만 '짬뽕'은 중국에서 유래한 음식이 아니라 일본에서 유래한 것으로 원래 일어로는 '잔폰'(ちゃんぽん)이며 중국어식 이름은 '챠호'라고 한다. '짬뽕'은 19세기말에 나가사키 지방의 중국식당 시카이로(四海樓)의 창업자 천핑순(陳平順)이 만든 것이라고 전해지는데 오늘날 이런 유래를 따서 '나가사끼 짬뽕'이라는 이름의 인스턴트 짬뽕 제품도 있다. 위키피디어의 설명에 따르면 당시 중국 푸젠성 출신 중국인 유학생들은 가난해서 식사를 거르기 일쑤였는데 이를 불쌍히 여긴 천핑순이 이들을 위해 해물 혹은 고기와 다양한 채소를 기름에 볶은 후 닭이나 돼지 뼈로 만든 육수를 넣어 끓이고 삶은 국수를 넣어 먹는 국수 요리를 대접했다고 한다. 이 국수 요리를 지칭하는 '짬뽕'이라는 이름은 푸젠성 출신 학생들이 푸젠 사투리인 인사말로 '챠호'(식사하셨습니까?)라고 말했는데, 이와 연관해서 요리의 이름이 만들어졌다고

18 김하수, 「한국어 외래어 표기법의 문제점」, 『배달말』 25, 배달말학회.

한다. 따라서 '짬뽕'은 '짜장면'과는 다른 유래를 갖고 있다. '짬뽕'은 원래 고춧가루나 고추기름이 들어가지 않아서 담백한 맛이었는데 유난히 매운맛을 좋아하는 한국인들을 위해 1970년대 초부터 지금과 같이 얼얼한 매운맛이 추가되었다고 한다. 그런데 정작 중국의 중식당에는 없는 '짜장면'과 '짬뽕'이 한국의 중국 음식점의 대표적인 메뉴가 된 것은 아이러니하다고 볼 수 있다. 여기에다가 순일본식 요리이자 이름 자체도 일본어인 '우동'(饂飩, うどん)까지 넣으면 한국의 중국 음식점은 실상은 완전히 퓨전화된 국적 불명의 음식을 주 메뉴로 하고 있는 셈이다. 앞에서도 언급했듯이 1970년대 후반에 외래어를 한국어로 순화하자는 움직임이 일어났을 때 '오뎅'은 '어묵'으로, '덴푸라'는 '튀김'으로 바꾸는 데 비교적 성공하는 듯했으나 '우동'만큼은 우리말로 바꾸는 데 실패했다. 그 이유는 '우동'을 대치할 만한 한국어로 '국수'가 이미 한국 음식에서는 다른 것을 지칭하고 '우동'은 이미 다른 우리말로 바꾸기 어려운 특수한 음식으로 자리 잡았기 때문이다.

이처럼 음식도 이제는 어느 한 민족이나 문화의 고유한 폐쇄적 영역이 아니라 서로 교류하고 혼합될 수 있는 개방적 영역이 되고 있다. 사실 음식의 퓨전 현상은 그리 역사가 오래지 않고 신자유주의 및 WTO 체제 출범에 따른 세계화 또는 전지구화 논의와 궤를 같이한다. 예를 들어 미국에서 중국 음식과 양식이 본격적으로 퓨전화된 것은 1980년대 캘리포니아(California)주 로스앤젤레스(Los Angeles)의 식당가에서라고 볼 수 있다. 'Chinois on Main'이라는 로스앤젤레스의 식당 주방장인 볼프강 푹(Wolfgang Puck)은 중국 요리와 프랑스 요리를 본격적으로 융합한 음식 메뉴를 개발하여 상품화하기 시작하였다. 중국 요리에서 많이 쓰는 재료인 청경채, 숙주나물, 상추, 배추, 껍질 콩을 프랑스 요리에서 많이 쓰는 치즈와 마요네즈, 크림, 올리브유, 발삼 오일 등과 결합하되 간장이나 참기름을 곁들여 조리한 새로운 개념의 샐러드를 개발하고, 중국 요리에서 대표적으로 쓰는 돼지고기나 오리고기의 기름을 줄이고 프랑스의 오르되브르와 결합한 요리를 개발하여 상품화하는 데 성공하였다. 이와 같은 퓨전 요리는 미국의 대도시에 퍼지게 되었고, 그 후 들어온 타이 푸드나 베트남 푸드와 함께 미국인들의 주요 식사 메뉴에 변화를 가져오게 하였다.

그런데 예일대학교의 언어학자인 스티븐 앤더슨(Stephen Anderson)은 영어의 미래에 대해 언급하면서 앞으로 세계의 모든 사람들이 영어만을 말하지는 않겠지만 영어가 매우 중요한 언어의 지위를 계속 유지할 것이고 이와 함께 자국의 언어를 동시에 말하는 이른바 다중언어(multi-lingual) 내지는 두 언어를 유창하게 잘 하는 이중언어(bi-lingual) 현상이 더욱 보편화될 것이라고 예측하였다. 이와 마찬가지로 로단(Laudan, 2010)은 음식에 있어서 대부분의 사람들은 자기가 속한 문화의 고유한 음식과 하나 이상의 다른 문화의 음식을 동시에 즐기는 이중요리(bi-cuisinal) 현상이 보편화될 것으로 예측하고 있다. 예를 들어 한국에서도 신혼부부들이 자기들끼리만 아침을 먹을 때는 간편하게 시리얼(cereal)에다 토스트(toast) 몇 조각, 우유 한 컵 등으로 때우지만, 직장에서 점심을 먹을 때는 구내식당이나 인근 식당에서 백반 정식 또는 비빔밥, 갈비탕 등을 먹고 입가심으로는 근처 커피점에서 아메리카노(Americano)를 뽑아 마신다. 그러다가 저녁에 집에 들어오면 밥을 차려 먹기가 피곤하기도 하고 해서 피자(pizza)나 프라이드치킨(fried chicken)을 시켜 먹는다. 이처럼 하루에도 몇 가지 다른 계통에서 유래했지만 이제는 우리 음식의 일부로 자리 잡은 요리들을 먹는 경우가 많다. 이제는 한국인이라고 해서 하루 삼시세끼를 모두 쌀밥에 김치, 국을 고집하는 경우는 많이 사라졌고, 중국식, 일본식, 태국식, 인도식, 미국식, 월남식, 이탈리아식, 프랑스식 등 다양한 음식들을 두루 즐기는 시대가 되고 있다. 뿐만 아니라 한국 음식도 이들 외래 음식의 요리법이나 재료 등의 영향을 받아 어떻게 보면 정체불명의 희한한 요리들이 속출하고 있다. 이런 과정에서 한식의 정체성에 대해 걱정을 할 수도 있겠지만 넓게 보면 이는 문화 접촉의 한 양상으로 볼 수 있다.

영어가 한때 중세시대에 외래 어휘의 유입으로 일부 '먹물들', 즉 식자들만이 쓰는 현학적인 외래어로서 "inkhorn terms"와 같은 어려운 외래 어휘 사용에 대한 거부감도 있고 배척 운동까지 있었지만, 결국에는 영어에 다 녹아들어 수용된 것처럼, 각국이 장벽을 없애고 모든 면에서 싫든 좋든 세계화로 나아가고 있는 시점에서 음식에서도 이런 이문화 사이의 접촉은 필연적인 과정이라고 생각된다. 다만 우리말과 우리글을 무조건 비하하고 무분별하게 외래어를 숭상하는 것은 문제이듯, 한국의 고유한 음식에 대해 폄하하고 외국 음식만을 좇는 것 역시 문제이다. 오히려 한국 음식 중에는 세계인들이 미처 발견하지 못했던 새로운 미각의 세계를 보여주는 세계화가 가능한 훌륭한 음식들이 많으며 이러한 한국 음식의 확산은 시간문제인 것으로 보인다. 실제로 그런 가능성을 보여주는 사례는 무수히 많은데 최근 뉴욕의 유명 요리사인 소사(Sosa)가 개발한 '비빔밥 버거'가 최고의 버거로 선정된 것이라든지, 최고의 권위를 자랑하는 「뉴욕타임스」(New York Times)에서 '한식의 재발견'에 대해 장문의 기사를 실은 것은 좋은 예라고 할 수 있다.

3. 메뉴의 언어: 음식과 광고

음식점이나 식당은 가정이나 학교에 못지않게 사람들이 음식을 섭취하는 중요한 장소이다. 홍콩이나 싱가포르 같은 나라는 더운 곳에 있다 보니 음식이 쉽게 상할 수 있는데다가 또 각종 식재료가 풍부하고 다양한 음식점들이 즐비해서 비교적 저렴한 가격으로 끼니를 해결할 수 있기 때문에 외식 문화가 발달했다. 이런 나라에서는 아침부터 저녁까지 하루 세끼를 식당에서 해결하는 경우도 많고 남녀노소 그런 라이프스타일이 보편화되었다. 한국도 비록 경기에 따라 다소 부침이 있기는 하지만 직장인들의 경우 구내식당이나 직장 근처의 식당을 이용하는 빈도가 높다. 게다가 한국의 경우는 음식점은 개인적으로 배고픔을 해소하는 목적으로 방문하는 곳뿐 아니라 직장 동료나 친구, 동호인, 학교 선후배, 동창들이 어울려 이른바 회식을 하는 공간도 된다. 한국 직장인의 경우 식사를 혼자 하는 것은 무언가 사회생활에 문제가 있는 것처럼 보일 정도로 패거리 음식 문화가 발달한 편이다. 그래서 어떤 식당은 아예 1인분은 취급하지 않는 경우도 있고 각종 음식 배달이 세계적으로 유례가 없을 정도로 발달한 한국이지만 1인분 배달은 거절당하기 쉽다. 반면에 외국은 혼자서 식당을 찾는 것이 그다지 이상한 일로 여겨지지 않으며 사회 부적응자 취급을 받지도 않는다. 미국 대학의 경우 "brown bag"이라고 불리는, 점심 음식이 든 종이백을 들고 나와 잔디밭이나 벤치에서 혼자 조용히 한 끼를 해결하는 모습을 쉽게 볼 수 있다. 또한 남자든 여자든 식당뿐 아니라 술집도 혼자 찾아가 외로이 자작을 하거나 바텐더(bar tender)와 대화를 나누는 것을 특이하다고 생각하지 않는다. 이처럼 식당 또는 주점은 이용 방식과 그 사회적 의미가 문화마다 차이가 있다.

그런데 식당의 메뉴는 기본적으로 그 식당에서 만들어 파는 음식들의 정보를 제공하는 것이 목적이지만 그런 목적 외에도 다른 기능을 수행할 때가 있다. 한국의 이른바 대중식당에서는 '차림표'라고도 불리는 메뉴가 식당 벽 한쪽에 나란히 걸려 있는 경우도 있고, 라미네이트(laminated)된

종이에 음식 이름과 가격 및 원산지 표기 등이 간단히 적혀 있기도 하며, 어떤 레스토랑에서는 고급 양장 커버에 두툼하게 몇 쪽으로 인쇄된 소책자로 메뉴를 보여주기도 한다. 때로는 음식을 사진으로 찍어 시각적으로 확인하기 용이하게 되어 있는 경우도 있지만, 한두 가지 음식만 전문으로 하는 곳에서는 아예 메뉴판이나 메뉴지가 없이 주문을 받기도 한다. 그러나 보다 고급이라고 일컬어지는 호텔 레스토랑이나 전문 음식점의 경우는 화려하게 장식되거나 두툼한 양장 제본을 한 메뉴 책자를 볼 수 있는데 대중적인 음식점의 메뉴판보다 음식에 대해 더 상세하게 기술되어 있거나 가끔 영어나 프랑스어와 같은 외국어로 병기해놓은 경우도 있다. 뿐만 아니라 비행기에서도 장거리 여행인 경우 기내식을 설명하는 메뉴가 제공되기도 한다. 자본주의와 상업주의가 가장 먼저 뿌리내린 미국은 식당의 메뉴도 중요한 영업 전략의 일부로 생각되기 시작해서 전문 음식점은 물론 일반 대중을 위한 소규모 식당의 경우도 메뉴에 쓰일 언어에 대해 적지 않은 신경을 쓰는 것으로 알려져 있다. 메뉴는 음식에 대한 정보만을 간략히 전달하는 소책자에서 벗어나 광고 전략의 일부로 자리매김했다.

미국 레스토랑에서 메뉴가 차지하는 중요성이 얼마나 큰지는 영국 BBC 텔레비전 방송국의 리포터인 로버트 로빈슨(Robert Robinson)이 미국을 방문한 후 남긴 말에서도 잘 알 수 있다. 로빈슨은 미국의 대표적 국민 음식이라고 할 수 있는 햄버거를 맛보고는 "(메뉴에 나온) 화려한 수사에 허우적거리다가 맛이 죽어버렸다"(Drowned in rhetoric, the flavour dies)고 혹평한 후 "미국의 진정한 국민 음식은 메뉴이다"(The national dish of America is menus)라고 꼬집었다. 프리드만(Freedman, 2010)의 조사에 의하면 미국 식당은 제2차 세계대전 이후 메뉴를 적은 작은 책자가 점점 더 고급화되었고, 그 내용에 있어서도 단순히 요리를 간단하게 기술하던 예전의 것에서 벗어나 식당 매출에 도움이 되도록 각종 현란한 수사가 동원되기 시작했다고 한다. 예를 들어 1949년 오클라호마 시티(Oklahoma City)의 유명한 음식점은 메뉴에 진부한 요리 이름을 쓰는 대신 'Chicken in the Rough: The Most Famous Chicken in the World'라든지 'Delicious Tempting Spaghetti', 'Genuine Yearling Calf's Liver', 'Baked Delicious Individual Chicken Pot Pie Supreme'과 같이 당시로는 상상할 수 없었던 장황하고도 허풍이 심한 용어로 메뉴판을 구성해서 사람들을 놀라게 했다. 그러나 이런 특이한 광고 기법은 곧 미국 전역으로 퍼져 1950년대 뉴욕의 최고급 레스토랑이던 The Forum of the Twelve Caesars는 일반 대중은 정확한 뜻을 이해하기 힘든 과장적 내용에 대문자를 마구 사용하여 'Fiddler Crap Lump A LA NERO'라든지 'Flaming, of course and Fresh Truffles HERCULANEUM'처럼 음식을 보아야만 정체를 알 수 있는 내용으로 가득한 메뉴판을 사용하였다. 한국 식당에서도 이와 유사한 장황하고도 과장적인 메뉴를 볼 수 있는데 "그냥 고추장 양념 불고기가 아닙니다. 초특급 울트라슈퍼 스펙터클 판타지 리얼 딜리셔스 내추럴 불고기입니다"라는 한영 혼합 메뉴도 있다. 이런 식의 과장 광고를 프리드만(Freedman, 2010)은 '메뉴 과대광고'(menu puffery)라고 부르는데 이는 일상 대화에서의 어법과 다른 접근 방식을 요구한다. 과장적 표현 외에도 다음과 같이 pun과 같은 말장난을 이용한 음식 이름도 있다.

> 가슴을 pizza
> 코박코 돈까스(그릇에 코를 박고 먹을 정도로 맛있는 돈까스)
> 죽이는 죽, 잠자는 주꾸미
> 아이러브 乳 – 밀크 셔벳

또한 메뉴에는 사회적으로 적절하지 않다고 생각되는 표현들이 사용되기도 한다. 예를 들어 서울 양재동의 전주식 한상집 한쪽 벽의 메뉴판에는 "지나친 음주는 감사합니다"라고 적혀 있어서 사람들의 실소를 자아내게 한다. 이는 앞서 본 그라이스(Grice)의 격률 체계로 보면 '적절한 발화를 하라'라는 관계의 격률(maxim of relation)이나 적합성의 격률(maxim of relevance)에 어긋나는 것으로 그 자체만으로는 이상한 말이지만 그 이면에는 '술을 많이 팔아주셔서 감사하다'는 주인의 속내가 특이한 방식으로 전달되고 있다고 볼 수 있다. 이와 유사한 예로 어떤 치킨집 메뉴에는 "양년 치킨"이라고 적혀 있어 찾아오는 손님들이 매번 지적하지만, 무슨 이유에서인지 치킨집 사장은 그 '오타'를 고치지 않고 몇 년째 과감히 고수하고 있다고 한다. "양년"이란 마치 서양 여자를 깔보는 듯한 비하 표현으로 일상 대화에서는 문제를 일으킬 수 있는 말이지만, 적어도 문제의 치킨집 사장의 판단으로는 식당 메뉴라는 특수 상황에서 이 정도 일탈 표현은 심각하게 받아들일 필요 없이 가볍게 재미를 주는 광고 기법으로 용인될 수 있다고 생각한 것 같다. 역으로 서울 신촌 등지에는 "그놈이라면"이라는 특이한 상호의 자칭 틈새라면 전문점이 있는데 메뉴에도 "시커먼놈", "시원한놈", "매서운놈", "게놈", "잡놈", "잡놈이덮친밥" 등 다소 난감한 표현이 등장하고 있는데 이런 이름을 접한 손님들 반응은 "재미있다"에서부터 "완전 이상하다"에 이르기까지 다양하다고 한다.

이처럼 메뉴에서 일부러 그라이스(Grice)의 대화의 격률을 어긴 듯한 예로는 "소거기 김밥"을 들 수 있는데 이는 물론 '소고기 김밥'을 일부러 틀리게 표현하여 특수한 광고 효과를 노린 것으로 보인다. 또한 충무로에서 맛집으로 알려진 "닭 한 마리 배터지는 집"이라는 상호명의 음식점은 메뉴에 닭백숙을 맛있게 먹는 10단계를 재미있게 표기해 유명해졌다.

또한 "싼데찾다 열받아 내가 차린집"이나 "불타는 숯총각"이라는 상호의 음식점도 파격적인 이름으로 기억을 사로잡으려 하고 있고, "돼지가 고추장에 빠진 날"이나 "오(븐에) 빠(진) 닭"이라는 음식점은 기발한 상호로 유명해진 경우이며, 방송사의 맛집 찾기 프로그램이 범람하는 것을 비꼬기라도 하는 듯 "MBC, KBS, SBS에서도 못 찾은 최고의 맛집"이라는 횟집도 있다고 한다. 1970년대부터 불어 닥친 외식 산업의 발달과 육식 소비의 증가로 한때 어디에서 시작되었는지 모르지만 '가든'이라는 이름이 옥외 공간이 있는 고급스런 고깃집의 대명사가 되어 "○○가든"이라는 고깃집이 우후죽순 격으로 생긴 것에 비해 요즘 새로 생기는 식당들의 이름은 보다 다양하고 격식을 타파한 재미있는 것들이 많다. 예를 들어 "전국에서 두 번째로 맛있는 집"이라는 상호는 자기 음식점 맛이 전국에서 첫 번째는 아니라고 겸양지덕을 발휘한 것 같지만 실은 딱히 확인할 방법이 없어 재밌고도 무난한 이름으로 기억을 사로잡게 되면서 이제는 진부한 것이 될 정도로 널리 사용되고 있다. 이는 마치 미국의 렌트카 업체에서 허츠(Hertz)사에 이어 만년 2위인 에이비스(AVIS)사가 "AVIS is only No.2 in rent a cars. So why go with us? We try harder. (When you're not the biggest, you have to)"라는 광고 문구로 공세적 마케팅을 하던 것과 비교될 수 있다.

즈위키와 즈위키(Zwicky and Zwicky, 1981)는 미국 전역의 다양한 유형의 음식점에서 쓰이는 메뉴의 언어를 조사하였는데 이에 따르면 미국 레스토랑의 메뉴에 사용되는 언어는 레스토랑 광고라는 특유의 문체를 인식할 수 있을 정도로 정형화된 포맷을 갖고 있다고 한다. 그 결과 이들은 레스토랑 메뉴를 형식이나 내용에 있어서 특별한 연구가 필요하고 가능한 하나의 장르(genre)로 설정하여 연구할 것을 제안한다. 이들이 조사한 미국 메뉴 언어의 특징은 다음과 같다. 첫째로 메뉴는 한정된 공간 속에서 최대한의 정보를 효과적으로 전달해야 하기 때문에 보통의 문장과는 달리 간결성(brevity)이 중요해지고 그로 인해 전보식 어법(telegraphic speech)이 많이 쓰인다. 전보식 어법이란 원래 유아가 언어 습득 과정에서 완전한 구문 대신 이를 압축하여 주요 단어만 나열하는 것을 말하는데, 예를 들어 "Milk now!"라는 유아의 말은 "I would appreciate a glass of milk, immediately"라는 뜻으로 이해된다. 이와 유사하게 메뉴 언어도 의미에 큰 영향을 주지 않는 범위 내에서 'Sauted in Butter with Rolled Anchovies on Lemon Slice'처럼 관사나 접속사, 관계사 등의 문법적 기능어 등을 생략하고, 구나 절 대신 복합어를 많이 사용하는 특성이 있다. 그러나 이런 메뉴 언어의 간결성 요건은 때로는 고의적으로 위반되는 경우도 있다. 이와 관련해서 시버그(Seaberg, 1973)가 조사한 다음 예들을 보자.

ENGLISH DOVER SOLE, Broiled or Saute Meuniere or Amandines... Incomparable Dover Sole has been called the wonder of the fish world. The sole served at Downing Square is snatched from British waters and cooked a la meuniere—or broiled or Amandines, seasoned, and served with a delicate butter sauce—to reveal the natural flavour at its best.

CREPES OF THE DAY. Each day our Chef creates a filling to compliment our tender French crepes, enhanced with an outstanding Granville Inn sauce served with tossed salad.

이런 메뉴는 읽는 데에도 꽤 오랜 시간이 걸릴 정도로 자세하고, 배고픈 손님에게는 적지 않은 인내심을 요하며 때로는 요리 연구가에게나 어울릴 정도로 다분히 학술적이기까지 한데, 그럼에도 불구하고 그라이스(Grice)의 양태의 격률(maxim of Manner)을 어겨가면서까지 이런 식으로 다소 장황하게 메뉴에 기술하는 것은 그만큼 요리에 대해 관심을 끌게 하고 레스토랑의 품격을 높이려는 시도에서 비롯된 것으로 볼 수 있다.

둘째로, 신문 기사나 공적인 표지판에서 볼 수 있는 딱딱한 문어체를 버리고 가능한 한 친근한 느낌을 주는 대화체를 구사하려는 경향이 있다. 이런 대화체의 메뉴 언어는 종종 앞에서 본 전보식 문체에서 볼 수 있는 간결성과 상충할 수 있는데 이는 메뉴 언어도 광고 언어로서 기능을 해야 한다는 점에서 상호인간적 관계를 고려한 접근이 필요하기 때문이다. 즈위키와 즈위키(Zwicky and Zwicky, 1981: 87)는 시버그(Seaberg, 1973)가 조사한 다음 예에서 correct나 zesty와 같은 형용사의 용법에 주목한다.

> South African Lobster Tail [……] Broiled or perhaps for something different "Maine Style", breaded and then fried to the correct doneness Sauteed Shrimp in Garlic Butter [……] The zesty garlic butter brings out the best in this epicurean treat from the sea.

즉 즈위키와 즈위키(Zwicky and Zwicky)는 이 문구에서 correct와 zesty는 요리의 내적인 속성을 기술하기 위해 쓰인 것이 아니라 자신들이 그런 식으로 요리를 하고 있음을 광고하기 위해 사용한 것으로 보고 있다. 메뉴 언어의 첫 번째 요점인 간결성의 원리에 의하면 이런 형용사의 사용은 비정보적인 것이어서 불필요하다고 볼 수 있지만 자신들의 요리의 장점을 강조한다는 차원에서 다소 잉여적이라고 생각되어도 사용할 만한 가치가 있다고 생각된다는 것이다. 메뉴 언어가 고려해야 할 이와 같은 광고적 유효성은 앞에서 본 간결성과 균형을 맞추어야 전체적인 조화를 얻게 된다. 메뉴 언어의 대화체 아방가르드하거나 실험적이며 퓨전 스타일의 새로운 메뉴를 추구하는 음식점일수록 메뉴도 간결함을 버리고 다소 장황하더라도 자기 요리의 특장점을 마치 대화하듯 익숙한 스타일로 구성하는 경우가 많다.

셋째로, 메뉴는 레스토랑의 얼굴과 같기 때문에 최대한도로 고급스러운 인상과 느낌을 전달하려고 한다. 이를 앞서 보았던 즈위키와 즈위키(Zwicky and Zwicky, 1981)는 'connoisseurship', 즉 '감식안'에 대한 고려라고 했다. 미국이나 캐나다의 레스토랑에서는 이를 위해 외래어, 특히 프랑스어를 과하다 싶을 정도로 사용하는 경향이 있다. 예를 들어 토론토(Toronto)와 스코츠데일(Scottsdale)의 레스토랑에서 쓰는 메뉴는 다음처럼 큰 글씨체의 프랑스어나 이탈리아어로 요리 이름을 달고 그 밑에 작은 글씨체의 영어로 설명을 하고 있는데 그렇다고 해서 이들이 프랑스 요리나 이탈리아 요리 전문 레스토랑은 아니다.

ENTRECOTE GRILLEE BEARNAISE
New York sirloin with a sauce containing shallots, tarragon, eggs butter

ENTRECOTE AU POIVRE MADAGASCAR
Sirloin steak topped with green peppercorn, served with cream sauce and cognac

INTERCOSTA DI "SOPHIA"
New York Strip sirloin, crowned with Fresh-Sized Orange and Lemon with a hint of Garlic

이는 향수와 같은 화장품에서 고가품일수록 프랑스어로 된 이름을 사용하거나 제품 설명도 프랑스어로 표기하는 것과 비슷한 속물근성(snobbism)을 노린 마케팅 현상이라고 할 수 있다. 한국어에서는 극히 일부 일식집에서 메뉴를 윗줄에 큰 글씨의 일본어로 표시하고 그 밑에 아주 작게 한국어로 번역하여 제시하는 경우도 있지만 대부분은 한국어로 표기하고 있고 그 내용도 그렇게 이해하기 어렵지 않다. 한국 레스토랑의 메뉴는 그 문구보다는 이미지를 중요시하는 경향이 있는데, 이는 전통적인 한식의 요리 내용은 비교적 표준화되어 있어서 자세한 설명이 그다지 필요하지 않기 때문이다. 대신 메뉴의 각 항목이 짧고, 가격 정보 위주로 되어 있으며, 최근에는 원산지 표시제가 실시되면서 각종 재료의 원산지 표시가 추가되었고, 이런 정보 외에 요리의 사진을 찍어 제시하는 경우가 많은 반면 요리에 들어가는 재료나 요리 방식 등에 대한 정보는 상대적으로 덜한 편이다. 식당에서 주문할 경우에도 한국에서는 주문을 받는 웨이터나 웨이트리스에게 요리 이름과 수량만 간단히 말하는 경향이 있지만 미국이나 유럽의 경우 특히 고급 레스토랑일수록 웨이터나 웨이트리스의 설명을 청해 듣는 경우가 많고 요리를 주문하더라도 자신의 입맛이나 기호에 맞게 특별히 요구 사항을 곁들일 때가 많다.

이상에서 본 메뉴 언어의 특성 외에도 일반적으로 볼 수 있는 메뉴의 형식은 다음과 같다. 첫째, 대부분의 메뉴는 리스트의 형식을 취한다는 점이다. 이때 가장 풀코스로 서브되는 양식은 프랑스식 정찬 아홉 가지 코스 순서인 Appetizer, Soup, Fish, Sherbet, Salad, Main Dish, Cheese, Dessert, Beverage 순으로 적혀 있거나 프랑스어를 사용하는 경우는 aperitif, hors d'oeuvres, entree, poisson, viande, salad, fromage, dessert/fruit, cafe/cognac로 적혀 있고, 이보다 약식일 경우는 보통 Appetizer, Soup, Salad, Main Dish, Dessert, Beverage의 순으로 적혀 있다. 일식의 경우는 전채요리, (참치뱃살이나 자연산 회 등의) 사시미회, (참돔이나 방어머리 소금구이 또는 양념구이 형식의) 야끼모노, (튀김류의) 아게모노, (술찜이나 조림류)의 무시모노, (샤브샤브와 같은) 나베모노, 후식 등의 순으로 적혀 있다. 이는 마치 서양에서 공식 서한을 작성할 때 엄격하게 정해진 순서대로 빠짐없이 적어야 하는 것과 마찬가지이다. 그러나 대중적인 식당에서의 메뉴는 음식의 각 범주를 적어놓고 그 밑에 몇 가지 해당되는 요리를 나열하면서 그 이름과 가격을 쓰고 필요할 경우 간단한 요리 소개를 하는 것이 보통이다. 서양 메뉴 언어의 또 다른 형식적 특성으로는 served, broiled, marinated와 같은 과거분사형 수식어를 많이 사용한다는 것이다. 이는 메뉴는 이미 요리가 될 준비가 완료된 재료들을 기술하는 것이기 때문이다. 즈위키와 즈위키(Zwicky and Zwicky)의 조사에 따르면 이런 과거분사형 수식어 중에서 가장 빈도가 높은 것은 broiled와 poached라고 하며, gently simmered, specially flavored, kettle-simmered, delicately broiled와 같은 표현들도 널리 쓰인다고 한다. 특히 topped나 dipped는 일상용어로는 잘 쓰이지 않지만 광고 언어로서는 흔히 쓰이는 표현인데 메뉴에서 종종 발견된다. 메뉴에 또 자주 쓰이는 언어 표현은 당연히 맛과 관련된 수식어이다. 이 중 가장 빈도가 높은 어휘는 fresh이고 그 뒤를 hot이 따르고 있다. 이 점은 요리가 신선할수록 좋다는 점은 의문의 여지없는 것이지만 서양 요리는 hot한 것이 매우 중요하다는 것을 반영한다. 물론 양식이나 중식의 코스 요리에서 처음에는 차가운 음식으로 시작해서 점점 따뜻한 음식으로 옮겨가지만 전체적으로 요리는 열을 가해 뜨거운 상태에서 먹는 것이 맛도 좋게 느껴지는 것으로 받아들여진다. 그런 점에서 한국인들이 애호하는 냉면은 main dish 다음에 먹는 음식으로는 보기 드물게 차가운 음식이라고 할 수 있고 서양인들이 보기엔 따뜻하지 않아서 결코 main dish가 될 수 없는 음식으로 생각할 것이다. 따라서 한식을 잘 모르는 서양인과 음식을 먹으러 갈 때 냉면만 먹으면 아마 뭔가 본 요리를 먹지 않은 듯한 느낌을 받을 수 있다. 미국 레스토랑의 메뉴 어휘 중에는 fresh나 hot 외에도 프랑스어에서 유래한 단어들이 적지 않았는데 petit, au gratin, du jour와 같은 단어는 이미 많은 미국인들도 친숙해져서 더 이상 번역이 필요 없는 외래 어휘가 되었다고 한다. 미국에서 1990년대 이후 급속히 성장한 스타벅스와 같은 커피전문점에서는 venti, trenta, grande, Americano, machiato, caldo, latte와 같이 당시로서는 생소한 외국어 용어들을 사용함으로써 충격을 주었고 심지어는 tall과 같은 단어를 커피 사이즈 용어로 사용함으로써 일부에서는 거부감을 나타내기까지 했다. 그러나 이제는 거의 누구나 그런 용어를 마치 영어처럼 사용하고 있는데 이는 새로운 커피 문화의 일부로 받아들여진다. 음식점 메뉴에서도 "Steak Minute"처럼 수식어를 프랑스어처럼 맨 뒤로 보내거나 심지어 미국에서 가장 권위 있는 요리 잡지인 구르메(Gourmet)도 새 요리를 소개할 때 그 이름을 "Steak Diane", "Clams Larry", "Baked Stuffed Lobster Chef Barry", "Vegetable Melange Posvolsky", "Chicken Breasts with Port Sauce The Greenhouse"처럼, 요리를 개발한 사람이나 음식점의 이름을 앞에 쓰는 영어식 어법을 파괴한 비영어적인 어법을 일부러 사용하기도 한다.

지금까지 살펴본 것처럼 메뉴 언어는 일반적인 대화나 다른 장르의 언어와는 구별되는 기능적, 형식적 특성을 갖고 있다. 이는 음식이나 요리가 갖는 특별한 문화적인 속성에 기인한다고 볼 수 있다. 한국어에 남아 있는 일본어 "잔재" 중에 유독 음식과 관련된 일본어 어휘가 많고 이 중 어떤 것은 거의 한국어로 "순화"되기 어려울 정도로 한국어에 깊이 뿌리를 내린 것도 있다는 사실이라든지, 다른 분야에서 외래어 사용에 엄격한 중국의 경우도 메뉴 언어에서만큼은 예외적으로 영어나 프랑스어의 사용이 비교적 자유로운 것 등은 쉽게 번역될 수 없는 음식 관련 용어의 힘이 얼마나 큰 것인지를 잘 보여준다. 그런 점에서 한 나라의 메뉴는 그 나라 언어와 문화의 축소판이라고 할 수 있다.

4. 포장지의 언어

생활필수품으로 하루도 빠지지 않고 매일 소비하는 상품으로서 각종 음식은 기업화된 자본주의 사회에서 광고와 떼려야 뗄 수 없는 관계를 맺고 있다. 광고주와 마케팅 담당자들은 가급적 효과적이고 설득력이 있는 광고를 위해 온갖 시각적, 청각적, 언어적 방법을 동원한 광고를 제작하고 보급한다. 가장 흔한 것은 음식물의 포장지에 각종 의무적인 공지 사항 외에 해당 제품의 특장점을 효과적으로 제시하는 것이다. 스탠포드대학의 언어학자인 댄 주라프스키(Dan Jurafsky) 교수는 음식 포장지의 광고 언어에 대해 조사했다. 그는 미국에서 팔리는 12개의 감자칩을 가격에 따라 보다 비싼 6개의 제품(Boulder, Dirty, Kettle Brand, Popchips, Terra, Season's)과 보다 저렴한 6개의 제품(Hawaiian, Herr's, Lays, Tim's, Utz, Wise)으로 나누고 각 제품군의 포장에 적힌 광고 언어의 특성을 조사하였다. 비싼 제품은 온스당 68센트였는데 비해 저렴한 제품은 온스당 40센트였다. 그 결과 비싼 제품은 값싼 제품에 비해 "low fat"(저지방), "healthier"(더 건강한), "no cholesterol"(콜레스테롤 없음), "lowest sodium level"(가장 낮은 염분)과 같은 말을 여섯 배나 더 많이 사용하고 있었다. 12개 감자칩 모두 트랜스지방을 함유한 것은 하나도 없었는데도 불구하고 저렴한 제품 6개 중에 단 2개만이 "no trans fat"(트랜스지방 없음)이라는 말을 사용한 반면, 비싼 제품들은 6개 모두 이 말을 사용하고 있었다. 또한 상대적으로 고가의 제품은 "natural", "real", "nothing artificial"과 같은 단어가 저렴한 제품에 비해 2.5배 더 많이 적혀 있었다. 뿐만 아니라 비싼 감자칩은 자기 제품의 특성을 다른 제품과 비교하는 표현인 "less fat than other leading brands"(다른 주 브랜드들보다 지방이 덜한), "best in America"(미국에서 최고), "in a class of their own"(그 자체로 일류인). "a crunchy bite you won't find in any other chip"(다른 칩에서는 찾을 수 없는 아삭한 느낌) 등을 다섯 배나 더 많이 사용했다. 저렴한 감자칩은 다른 브랜드와의 비교를 하지 않는 반면, 비싼 감자칩은 차이점을 비교, 강조하는 표현들을 많이 사용했다. 앞 장에서도 보았던 부르디외(Bourdieu)는 개인의 사회적 지위가 음식은 물론 음악이나 영화, 예술 등에 있어서 그 사람의 취향에 결정적인 영향을 준다고 한다. 물론 그 사람의 언어 사용 역시 사회적 지위와 밀접한 연관성이 있다. 부르디외는 취향은 타인의 취향에 대한 부정이라고 규정한다. 그런 점에서 음식은 다른 사람들로부터 자신을 구별하려고 하는 개인의 욕망이 두드러지게 나타나는 영역이고 마케팅 차원에서 음식 광고는 이런 개인의 특성을 이용하고 있는데 소비자들은 그런 의도를 간파하고 있으면서도 대부분의 경우 별 저항 없이 이를 받아들인다는 점이 다른 부문에서의 광고와 다른 점이라고 할 수 있다.

제6장
음식과 속담

음식은 모든 사람이 관심을 갖는 생활의 필수 영역이며, 흔하고 친숙한 것이어서 누구나 이해하기 쉬울 뿐 아니라, 그 종류와 가짓수가 많고 다양해서 여러 상황에서 여러 방식으로 묘사되고 비유될 수 있기 때문에 속담의 단골 소재이다. 속담은 일반 대중들 사이에서 생겨나고 통용되는 것이 보통이므로 현학적이거나 사변적이기보다 일상생활에서 몸소 체득한 경험에서 비롯되는 솔직하고 직설적인 표현이 주를 이룬다. 때에 따라서는 범속하다고 느껴질 정도로 거침없는 풍자와 노골적인 해학이 깃들어 있는 속담은 한 문화의 저변을 이루는 일반 대중들의 생각과 가치를 엿볼 수 있는 민속학적 보고라고 할 수 있으며 때론 교훈적이기는 하되 인간미가 녹아들어 있어서 대대로 생명력을 잃지 않는 지혜의 샘이라고 할 수 있다. 이 장에서는 음식과 관련된 한국어와 영어 속담을 살펴보기로 한다.

1. 속담의 의미

속담은 일반 대중의 관심사를 축약되고 응집된 표현으로 나타낸다. 속담은 지식보다는 지혜를 주며 미처 생각하지 못했던 관점이나 사고방식을 제시한다. 보통 한두 줄로 이루어진 속담은 수많은 문장들로 이루어진 학술 논문이나 수많은 쪽으로 된 한 권의 책이 줄 수 있는 세상에 대한 지혜를 촌철살인으로 압축하여 보여주기 때문에 이를 제대로 이해하기 위해서는 시적 상상력과 해석적 연상 능력이 요구된다. 그런 뜻에서 최창렬(1999: 12)은 속담을 "비유로 표현된 언중의 시(poetry)"라고 부르고 있다. 또한 아처 테일러(Archer Taylor)는 "속담은 보통 사람들의 관심사와 일상생활을 반영한다"고 했다. 넓은 의미에서 속담은 구전으로 내려오는 짤막한 경구로서 격언이나 명언도 포함될 수 있으나 엄밀히 말해서 속담은 명언이나 격언과는 다르다. 즉 속담은 거의 대부분 작자 미상으로 그 기원이 불명확하고 한 사회가 두루 공유하면서 구전되어 내려온다는 점에서 그 출처와 목적 및 기록이 확실하되 제한된 집단에서 주로 사용되는 유명 인사들의 명언과 다르며, 주로 도덕이나 행동 규범에 대해 철학적이고 이론적이며 율격과 형식미를 갖춘 잠언이나 격언과도 구별된다. 예를 들어 다음에 인용한 말은 영국의 소설가 조지 메레디스(George Meredith)의 말로서, '키스는 오래 가지 않지만 요리는 오래 간다'는 뜻을 간결한 대구법의 형식으로 표현하고 있다.

Kissing don't last; cookery do.

이 말이 함축하고 있는 것은 '키스에 능한 여자보다는 요리에 능한 여자가 남자의 사랑을 더 지속적으로 받을 수 있다'는 뜻인데 이는 요리의 중요성을 설파한 것이지만 속담은 아니며 명언(famous saying)이라고 할 수 있다. 온실에서 곱게 자란 화초처럼 세련미를 갖춘 격언이나 금언에 비해 속담은 일반 민중들이 주체가 되어 시작한 말이기 때문에 "먹다 죽은 귀신은 때깔도 좋다"나 "짠 것 먹은 놈이 물 켠다", "Money like dung does no good till it's spread", "(It's like) Lincolnshire where hogs hit soap and cows shit fire"처럼 다소 거칠고 조악하게 보이지만 토속적이고 순박하며 잡초와 같은 강인한 생명력이 느껴진다.[19]

속담은 명언이나 격언과 달리 대중들이 함께 만들었다고 해도 과언이 아닐 정도로 사회성을 갖고 있고 그 지역이나 시대의 모습을 거울처럼 반영하며 생활방식과 가치관 등을 보여준다는 점에서 문화 연구나 민속 연구의 중요한 부분이 된다. 그런데 속담은 될 수 있는 대로 많은 사람들에게 공통적으로 적용될 수 있는 영역에서 번성하게 되는데, 그런 영역 중의 하나가 바로 음식이라고 할 수 있다. 인간의 기본 요건인 의식주의 하나이자 우리가 매일같이 접하고 가깝게 생각하는 음식에 대한 비유나 서술을 통해 깜짝 놀랄 만한 경구나 교훈 또는 재미를 얻을 수 있다. 그런 점에서 모든 언어에는 음식과 관련된 속담이 있을 것으로 생각되고 그 주제나 요지도 공통점이 있을 것으로 생각되지만, 속담이 다루는 소재는 지역이나 인종 및 시대의 상황에 좌우되기 때문에 각기 다른 방식으로 표현된다. 예를 들어 서튼(Sutton, 2010)에 의하면 영어에서 음식 속담은 프랑스어나 이탈리아어, 스페인어의 음식 속담과는 달리 요리법

19 속담이 갖는 이런 서민적인 성격 때문에 일부 계층에서는 속담을 못마땅하거나 저열한 것으로 여기기도 했다. 예를 들어 영국의 Lord Chesterton은 속담은 "속된 인간들의 수사"(the rhetoric of the vulgar men)라고 부르면서 자신의 아들에게 속담을 멀리하라고 조언하기까지 했다.

에 대한 조언이나 지혜를 보여주는 예는 별로 없고 대신 일반적 사실에 대해 세속적 지혜와 음식에 대한 태도 등을 보여주는 예가 더 많다고 한다. 한국어에는 요리법에 빗대 세속적 지혜를 표현한 다음과 같은 속담이 있다.

급히 데운 밥이 쉬 식는다.

이는 물론 그라이스(Grice)의 대화에서 전해지는 의미 내용의 이분법적 분석에 따르면 "말해진 것"(what is said)은 밥에 관한 것이지만, "함축된 것"(what is implicated)은 '쉽게 화를 내는 사람은 그만큼 또 쉽게 뒤끝이 무르다'는 것으로서 사람을 밥에 비유하여 풍자한 것이다. 이처럼 속담은 기호로써 표현된 축어적 의미(literal meaning)와 그것이 함축적으로 의도한 의미(intended meaning)의 이중적 의미 구조를 갖고 있다. 또 다른 예로 수사의문문의 형식을 취하고 있는 다음 속담을 보자.

구더기 무서워 장 못 담그랴.

이 속담의 축어적 의미는 물론 '장을 담글 때 구더기를 꺼려해서는 안 된다'는 뜻이지만 그것이 전하고자 의도한 함축적 의미는 '아무리 역경이 예상된다고 해도 굴하지 말고 밀고 나가야 한다'는 뜻이다. 이처럼 이 속담은 축어적 의미와 함축적 의미가 다른데 이는 비유적 표현의 비축어적 의미는 축어적 의미를 통해서만 이해가 가능하다고 생각했던 블랙(Black, 1993)과 같은 수사학적 이론에 반례가 된다. 블랙(Black)은 비유법은 정상적인 어법에서 벗어난 것으로서 비유적이거나 함축적인 언어 사용은 축어적인 언어 사용과의 관계 하에서만 설명되어야 한다고 보았다. 그런데 이 속담은 간장이나 고추장 등을 직접 집에서 담가 먹었던 시절에 만들어졌기 때문에 그런 풍습이 많이 사라진, 특히 대도시에서 자라난 현대인들에게 그 축어적 의미는 잘 모를 수도 있다. 그러나 태어나 한 번도 구더기를 본 적이 없는 사람이라도 그 속담이 전하는 함축적 의미는 축어적 의미와 무관하게 생생하게 전달될 수 있다는 점에서 함축적, 비유적 의미를 찾을 때 선결 조건으로 축어적 의미 해석이 완전히 일어날 필요가 없음을 보여준다. 블랙(Balck)의 주장과는 달리 루멜하트(Rumelhart, 1993)는 축어적 어법과 비유적, 함축적 어법을 구별하는 것은 심리학적으로 아무런 의미가 없다고 주장한다. 비유적이거나 함축적인 비직설적 어법의 처리는 축어적 어법 처리와는 다른 별도의 심리적 장치가 필요하지 않다고 한다. 만약 함축적, 비유적 의미의 처리가 축어적 의미의 처리에 후속하는 별개의 과정이라면 축어적 의미가 확실치 않은데도 비유적, 함축적 의미를 명확하게 찾아내는 것을 설명하기 어렵다.

내용 면에서 한국어의 음식 관련 속담은 굶주림이나 배고픔에 대한 언급이 많은데 이는 아마도 끼니를 이어나가기 힘들었던 시절의 서민들의 애환을 묘사한 것으로 보인다. 이런 범주에 속한 예로는 다음과 같은 것들이 있다.

구복(口腹)이 원수다.
산 입에 거미줄 치랴?
구레나룻이 댓 자(五尺)라도 먹어야 생원님이다.
굶주리면 지게미나 겨도 감식(甘食)한다.
굶기를 밥 먹듯 한다.
먹다 죽은 귀신은 때깔도 좋다.
시장이 반찬

즉 기본적인 식사 문제를 해결하지 못하여 고생하는 신세를 푸념하거나 어떻게 해서든 탈출구가 있을 거라고 스스로에게 용기를 주는 내용의 말이며 더 나아가 먹는 것은 인간의 다른 모든 조건보다 우선하는 기본적인 생존과 결부된 문제라는 인식을 보여준다. 이런 인식의 극단적인 예가 바로 '굶주려 죽을 지경에 놓인 사람은 남의 음식을 훔쳐 먹어도 죄가 안 된다'는 뜻의 "먹은 죄는 없다"라는 속담과 "사흘 굶어 담을 뛰어넘지 않는 사람 없다"는 속담인데, 어찌 보면 이는 반사회적인 위법 행위를 묵인하거나 옹호하는 내용으로 되어 있어서 위험하다고 볼 수도 있다. 그러나 서두에서도 언급했듯이 속담은 민중들의 솔직한 생각을 표출하는 것이기 때문에 격언이나 잠언처럼 도덕적이고 윤리적인 내용만으로 되어 있지는 않다는 점을 되새길 필요가 있다. 또 다른 예로 "개천에 든 소다"라는 속담은 평소에 양껏 먹지 못하는 서민들이 먹을 복이 많은 사람을 마치 개천 양쪽 언덕의 풀을 마음껏 뜯어먹을 수 있는 소에 비유한 것도 일종의 질투에서 비롯된 사회적 야유 또는 신랄어법(sarcasm)의 예라고 할 수 있다.[20]

위에서 든 예보다 좀 더 순화된 표현으로서 양반이나 상민 가릴 것 없이 사용할 수 있는 것이 "금강산도 식후경"인데 일본어에서는 "꽃보다 경단"(花より団子)이라는 표현을 쓰고 있으며,[21] 중국에서는 '천 번이라도 죽을 수 있지만, 살아서 굶주림은 한 번이라도 견디기 어렵다'는

20 속담은 아니지만 중국어에서는 질투하는 것을 식초 마시기에 비유하는 '吃醋'라는 표현이 있다.

21 몇 년 전에 방송했던, 이른바 글로벌드라마 붐 시대의 "최초의 한중일 트로이카 드라마"의 제목인 "꽃보다 남자"는 바로 이 속담을 패러디한 것이다.

뜻으로 "千死敢當 一飢難忍"이라는 말이 있고, '굶주릴 때 곡식 한 줌은 배부를 때의 곡식 한 말'이라는 뜻으로 "飢時一口 飽時一斗"라는 말도 있다. 또한 "산 입에 거미줄 치랴?"와 유사한 뜻으로 "하늘에서 추락하는 용이 없듯 땅에서 굶어죽는 벌레 없다"(天上應無墜落龍 地上應無餓殺蟲)라는 속담도 있다. 영어에서는 "The belly has no eyes"라든지 "Pudding rather than praise", "Hunger is the best sauce", "A loaf of bread is better than the song of many birds"라는 속담이 있다. 이처럼 영어에도 굶주림에 대한 내용도 있지만 이에 비해 먹는 것에 대해 조심하라는 취지의 속담이 많다. 옥스퍼드 영어 사전(Oxford English Dictionary)에 수록된 다음의 속담들은 바로 앞에서 보았던 굶주림에 관한 속담에 비해 한결 여유 있는 상황에서 만들어지고 전파된 것임을 추측할 수 있다.

Eat in measure and defy the doctor.
An apple a day keeps the doctor away.
Good wine makes good blood.
Bread and cheese is medicine for the well.
Much meat, much disease.
Health is better than wealth.
Better no pies than pies made with scabby hands.
Garlic makes a man wink, drink and stink.
The smell of garlic takes away the smell of onions.
A fat chicken makes a lean will.
A lean dog lives longest.
Taste makes waist.
Gluttony kills more than the sword.

Butter is gold in the morning, silver at noon, lead at night.

이 속담들을 보면 지나치게 많이 먹는 것은 좋지 않다든지 특정한 음식을 먹으면 건강에 좋거나 나쁘다는 내용이 주류를 이룬다. 이와 비슷한 한국어 속담을 찾으면 "미운 자식에게 떡 하나 더 준다"나 "밥이 보약이다", "된밥을 좋아하는 사람은 오래 산다" 정도가 있는데 이 역시 위의 영어 속담의 요지와는 다소 거리가 있다. 한국어에서 먹는 방식이나 먹는 마음가짐에 대한 경구로서의 속담으로는 '남모르게 하는 일은 탈이 나기 쉽다'는 뜻으로 "가만히 먹는 음식이 체하기 쉽다"가 있는 반면, "급히 먹는 밥에 목 메인다"라고 하여 '너무 서두르면 일을 그르칠 수 있다'라고도 한다. 또한 "밥은 봄같이 먹고, 국은 여름같이 먹고, 장은 가을같이 먹고, 술은 겨울같이 먹으랬다"는 말은 각가지 다른 종류의 음식은 저마다 적당한 온도가 있다는 경구이고, "걱정이 없어야 먹는 것도 살이 된다"는 속담은 식사를 할 때 마음을 편하게 해야 한다는 것을 말해준다. 중국어에서는 "아침식사는 기분 좋을 정도로, 점심식사는 배부르게, 저녁식사는 조금만 먹어라"(朝餐好 午餐飽 晚餐少)라고 하는데, 이는 "아침은 왕처럼, 점심은 평민처럼, 저녁은 거지처럼 먹어라"라는 속설과 거의 비슷하다. 특히 중국어에는 저녁 이후 늦은 시간에 먹는 것을 경계하는 말들이 많다. 예를 들어 "밤에 먹는 것은 하룻밤 쉬는 것만 못하다"(一夜吃飯 不如一夜歇力)라고 한다. 그리고 건강한 식생활 습관을 나타내는 말로 "고기는 조금, 채소는 많이, 술은 조금, 과일은 많이"(少肉多菜 少酒多果)라는 경구가 있다. 그밖에도 "떡집에 가서 술 달란다"라는 속담은 엉뚱한 곳에서 잘못된 행동을 하지 말라는 경구인데, 이와 유사하게 중국어에는 '산촌에서는 산에서 먹을 것을 구하고 어촌에서는 물에서 먹을 것을 구하라'는 뜻으로 "靠山吃山 靠水吃山水"라는 속담이 있다. 북한 지방에서 말해지는 속담으로 "누워서 떡 먹으면 팥고물이 눈에 들어간다"가 있는데 이는 '쉽고 편한 일만 찾으면 오히려 해롭다'는 뜻이다.

2. 속담과 문화

그런데 어떤 경우는 속담이 의도한 함축적 의미가 하나 이상일 수 있어서 해석이 애매해질 수 있는 경우도 있다. 이는 함축이란 화용적 의미가 맥락의존적이어서 그 말이 해석되는 집단이나 사회가 갖는 상호배경(mutual background)에 좌우되기 때문이다. 예를 들어 "그 밥에 그 나물이다"라는 속담은 '서로 격이 잘 맞는다'라는 뜻도 있고, 때에 따라서는 '하나를 보면 다른 것도 짐작할 수 있다'라는 뜻도 전달할 수 있다. 즉 같은 말이라도 화자가 어떤 맥락에서 무엇을 염두에 두고 말했는가에 따라 그 결과로 나오는 함축 의미는 달라질 수 있다. 뿐만 아니라 "끼니 없는 놈에게 점심 의논하기다"라는 속담은 '식량이 떨어진 곤궁한 사람과 밥 할 것을 상의하듯이 헛일만 한다'는 뜻도 되지만 '일을 함께 할 때는 상대를 잘 선택해야 한다'는 뜻도 가능하다. 이 역시 축어적 의미와 비유적, 함축적 의미가 일대일 대응관계에 있지 않을 수도 있다는 점을 보여준다. 그라이스(Grice)는 구체적 맥락에서 하나의 발화가 가질 수 있는 함축 의미는 하나로 고정되어 있지 않고 무한할 수 있다고 한 바 있는데, 속담 역시 맥락에 따라 그것이 의도한 함축적 의미는 달라질 수 있고 이 점이 직설적이고 비함축적인 언어에 비해 의사소통에 장애 요인이 될 수도 있다. 그럼에도 불구하고 속담에 함축적인 표현이 활용되는 것은 그만큼 상상의 여백이 제공되어 신선한 감각과 융통성 있는 추론의 여유를 제공하기 때문이라고 할 수 있다. 예를 들어서 "산천어 굽는 냄새에 나갔던 며느리가 되돌아온다"는 말의 함축된 의미는 "산천어 구이의 맛이 매우 뛰어나다"는 것도 될 수 있지만, 경우에 따라서는 "아무리 나쁜 며느리라도 실은 집에 돌아올 구실을 찾으려고 한다"는 해석도 가능하다. 반면에 비슷한 예지만 "가을 전어 대가리 속에 깨가 서 말"이라든지 "가을 전어 한 마리가 햅쌀밥 열 그릇 죽인다"라는 말은 그만큼 가을 전어의 맛이 좋다는 뜻을 내포한다. 또한 "전어는 며느리 친정 간 사이에 문 걸어 잠그고 먹는다"라든지, "전어 먹기 위해 며느리 친정에 보낸다" 및 "가을 상추는 문 걸어 잠그고 먹는다"는 각기 전어나 가을 상추의 맛이 일품이라는 것을 전달하고 있다.

한국의 문화와 관련하여 한국어 음식 속담의 특징 중 하나는 음주가무를 즐기는 민족성 때문인지 술이나 음주와 관련된 것이 많다는 점이다. 다음의 예들은 전달하고자 하는 함축적 의미는 달라도 공통적으로 모두 술을 주된 소재로 삼고 있는데 괄호 안은 그 속담의 대표적인 함축 의미이다.

겉은 눈으로 보고, 속은 술로 본다. (사람의 외모는 눈으로 알 수 있고 속마음은 술을 먹여놓으면 알 수 있다.)

물 댄 놈은 술 차지하고, 쌀과 누룩 댄 놈은 지게미 차지한다. (세상의 정의가 거꾸로 되었다. 즉 술을 만들 때 별로 값도 안 나가는 물을 부담한 사람은 술을 차지하고 오히려 비싼 쌀과 누룩을 부담한 사람은 지게미만 차지하듯 분배가 반대로 되었다.)

미운 놈이 술 사달란다. (미운 사람은 미운 짓만 골라 한다.)

반 잔 술에 눈물 나고, 한 잔 술에 웃음 난다. (접대를 할 때는 넉넉하게 해야 하며 아닐 경우 오히려 인심만 잃게 된다.)

성급한 놈이 술값 먼저 낸다. (성미가 급하면 손해를 보게 된다.)

뿐만 아니라 한국 속담에서는 술 못지않게 떡이 중요한 소재가 되고 있는데 이는 도작(稻作) 문화가 발달한 중국이나 일본과 비교해도 두드러진다. 다음은 떡이 들어간 한국어 속담의 예이다.

개가 그림 떡 바라듯 한다. (아무런 구체적 노력 없이 행여나 하는 기대심리를 가져서는 소용이 없다.)

굶주린 양반 개떡 하나 더 먹으려고 한다. (아무리 지체가 높은 양반이라도 배가 고프면 체면도 내팽개친다.)

굿이나 보고 떡이나 먹자. (남이 하는 일에 쓸데없이 참견하지 말고 주는 것이나 잘 받아먹고 가만히 있자.)

귀신 듣는데 떡 소리 한다. (그러지 않아도 좋아하는 것을 알려주기까지 해서 더 좋아지게 되었다.)

그림 떡으로 굶주린 배를 채우려고 한다. (그림의 떡으로 배를 채우려 하듯이, 너무나 허망하고 엉뚱한 짓을 한다.)

누워 떡 먹기다. (하려는 일이 수월하다.)

꿈에 떡 맛보기다. (음식을 먹는 둥 마는 둥했다는 뜻으로, 곧 신통치 않게 먹었다.)

날 떡국에 입천장만 덴다. (변변치 못한 떡국에 데기만 하듯이, 하찮은 일을 하다가 도리어 손해만 봤다.)

남의 떡으로 제사 지내기. (남 덕분에 일을 성취하기)

내 떡이 두 개면 남의 떡도 두 개다. (내가 남에게 떡을 준 대로 남도 나에게 떡을 주듯이, 대인관계에 있어서는 내 태도에 따라 상대방의 태도도

달라지게 된다.)

누워서 저절로 입에 들어오는 떡은 없다. (노력하지 않고 저절로 이루어지는 일은 없다.)

당장 먹을 떡에도 살 박아 먹으렷다. (무슨 일이든지 적당히 하지 말고, 격식은 제대로 갖추어서 해야 한다.)

떡도 나오기 전에 김칫국부터 마신다. (줄 사람은 조금도 생각지 않는데 미리부터 무엇을 바란다는 뜻.)

떡에 웃기떡이다. (떡을 담아놓고 그 위에 모양을 내기 위해 올려놓은 웃기떡처럼 필요하지 않은 것이다.)

먹다가 보니 개떡수제비다. (아무런 내용도 모르고 좋아하다가 정신을 차리고 보니 변변치 않은 것이다.)

못 먹는 떡 찔러나 본다. (이왕 내 것이 안 될 바에야 훼방이나 놓겠다.)

밥 위의 떡 (마음에 흡족하게 가졌는데도 더 주어서 그 이상 더 바랄 것이 없을 만한 상태.)

봄 떡은 들어앉은 샌님도 먹는다. (봄에는 춘궁기가 있어서 누구나 군것질을 반긴다.)

싼 게 비지떡. (값이 싼 물건은 그만큼 질이 좋지 않다.)[22]

선떡 가지고 친정 간다. (남의 집에 보내는 선물에 나쁜 것을 골라서 보낼 때를 이르는 말.)

양손의 떡 (두 가지 일 중 어느 것을 먼저 해야 할지 쉽사리 선택하기 힘든 상황.)

어른 말을 들으면 자다가도 떡이 생긴다. (노인들은 오랜 경험과 교훈을 잘 알고 있기 때문에 그의 말을 들으면 유리하다.)

이 장떡이 큰가 저 장떡이 큰가 한다. (이쪽이 유리한지 저쪽이 유리한지

---

22 이런 상황을 영어는 “A bad thing is dear at any price”라고 표현한다.

결정하지 못하고 망설이고만 있다.)

입에 문 떡도 못 먹는다. (다 된 일도 마지막에 가서 그르치게 되는 수가 있으므로 조심해야 한다.)

큰 어미 제삿날 작은 어미 떡 먹듯 한다. (자기에게 못마땅한 일이 있으면 차라리 자기 실속이나 차리게 된다.)

이처럼 떡이 속담의 주요 소재로 나오는 한국어와 달리 중국은 대표적인 음식의 하나인 만두가 속담에 자주 등장한다. 예를 들어 한국어에서는 "남의 떡이 더 커보인다"라고 하는데 중국어에서는 같은 의미로 "别人碗裏饅頭是大的"이라고 하여 떡 대신에 만두를 사용하고 있다.[23] 또한 음식을 감사하게 먹어야 한다는 뜻으로 한국어나 일본어에서는 "벼는 여든여덟 번의 손길을 거쳐 밥상에 오른다"고 하지만 중국어에서는 '스물네 번의 손길을 거치지 않고서는 만두가 네 입에 들어오지 않는다'는 뜻으로 "不費二十四道手 饅頭不到你口中"이라고 한다. "먹기 좋기로는 만두만한 게 없다"(好吃不如餃子)라는 말도 있고 "먼 길 떠나는 사람을 배웅할 때는 만두, 돌아온 사람을 영접할 때는 국수"(送行的餃子 接風的麵條)를 먹는다는 말도 있다. 뿐만 아니라 '경험도 없는 사람이 큰일을 맡아 곤란한 지경에 처하다'라는 뜻으로 "冷手抓熱饅頭"라고 한다. 일반적으로 불과 기름을 많이 사용하는 중국 음식의 특성 때문에 중국어에서는 일을 능수능란하게 잘 하는 것을 비유하여 불을 잘 사용하는 것으로 표현하기도 한다. 준비가 잘 되지 않아서 소기의 목적을 달성할 수 없을

---

23 같은 뜻을 영어에서는 음식을 사용하지 않고 "The grass is greener on the other side of the fence"라고 한다. "'물'은 영어로 'self'이고 '만두'는 영어로 'service'"라는 우스갯소리가 있을 정도로 한국의 중식에서 만두는 깍두기 음식처럼 취급될 때가 있지만 정작 중국에서 만두의 위상은 이보다 훨씬 높다.

때에는 "夾生飯不能吃"라고 하는데 이 말의 축어적 의미는 '덜 익은 밥은 먹을 수가 없다'이다. 사시미나 회 같은 날생선 요리가 발달한 일식과 달리 중식은 재료를 날로 먹는(生吃) 경우가 드문데, 그런 음식 문화 때문에 재료를 잘 익힌 것, 즉 '숙'(熟)은 좋은 것이라는 등식이 성립하고, 반대로 재료를 가공하지 않은 날것, 즉 '생'(生)은 서투른 것이나 이상한 것이라는 비유가 널리 퍼져 있다. 즉 '숙'자가 들어간 단어들인 '성숙하다, 원숙하다, 숙고하다, 숙련되다, 숙인(잘 아는 사람)' 등은 긍정적인 뜻으로 사용되고, 반면에 '생'자가 들어간 '생경하다, 생소하다, 생인(낯선 사람)' 등은 부정적인 뜻이 강하다. 반면에 '생'은 일본어와 중국어에서 보듯 부정적인 의미가 없다. 예를 들어 중국어에서는 낯설고 멀게 느껴져서 서투르게 되는 것을 "생소(生疎)하다"고 말하지만, 일본어에서는 '생'(生)자를 떼고 그냥 '疎い'(うとい)라고만 한다. 중국어 음식 속담에서 만두와 함께 자주 등장하는 것은 중국인들의 필수품인 차(茶)이다. 중국에서는 일상생활에서 매일 꼭 필요한 일곱 가지로 '柴(장작), 米(쌀), 油(기름), 鹽(소금), 醬(장), 醋(식초), 茶(차)'라고 할 정도로 차를 중요하게 생각한다. 하물며 "寧可一日無米 不可一日無茶", 즉 "하루 쌀이 없어도 되지만, 하루라도 차가 없어서는 안 된다"고 할 정도로 차를 극진하게 생각한다. 이와 유사한 말로 "하루라도 차를 마시지 않으면 체하고 3일 차를 마시지 않으면 병난다"(一日無茶則滯 三日無茶則病)라는 말도 있다. 고사에 따르면 중국 고대 삼황 중의 하나인 신농(神農)씨가 좋은 초목을 찾아 산을 다니다가 독초에 중독이 되었는데 우연히 날아온 잎을 씹고 해독이 되었다고 한다. 바로 그 잎이 찻잎이었고 차의 효험을 알게 된 신농씨는 모든 백성들에게 차를 끓여 마시도록 했다고 전해진다. 기름진 음식을 많이 먹는 중국인들에게 차는 생활필수품이 된 지 오래인데, 그에 따라 "식사 후의 석 잔의 차"(飯後三碗茶)는 건강과 장수에 좋다는 속설이 있다. 반면에 '공복에 차를 마시는 것은 건강에 해롭다'는 뜻으로 "이른 아침에 마시는 차 한 잔은 곤궁한 집에 강도가 든 것보다 더 나쁘다"(早時一杯茶 勝似强盜入窮家)라는 속담이 있는데 이는 차에 들어 있는 카테킨과 카페인 성분이 위장 장애를 일으킬 수 있다는 연구 결과와 일치하는 것으로, 이 속담은 보통 사람들의 생활 속에서 얻은 경험적 지혜를 담고 있음을 알 수 있다.

한국어 속담에 떡과 술이 자주 등장하고 중국어 속담에 만두와 차가 자주 등장한다면, 영어 속담이나 비유적 표현에는 pie나 cake이 자주 등장한다. 즉 "그림의 떡이다"이라는 말은 영어에서는 "pie in the sky"라고 하고, "그건 누워 떡 먹기"는 "It's a piece of cake"이나 "It's a cakewalk", 또는 "It's as easy as a pie/an apple pie"라고 한다. "One cannot eat one's cake and have it"은 '어느 한쪽은 포기해야 한다'는 뜻이고, 속담은 아니지만 비유적 표현으로 "sell like hot cakes"는 '날개 돋친 듯 팔린다'는 뜻이고, "icing on the cake"은 '금상첨화'(錦上添花)의 뜻인데 파티용으로 쓰려고 만든 케이크의 장식인 icing을 어린아이들이 떼어먹는 경우가 흔하다. "Her room is always in apple-pie order"란 '그 여자의 방은 언제나 잘 정돈되어 있다'는 뜻인데, 여기서 apple-pie order는 원래 '잘 정돈된'이라는 뜻의 프랑스어 표현인 'nappes pliees'에서 유래한 단어로서 apple이나 pie와 발음만 유사할 뿐 의미상으로는 아무런 연관성이 없는 단어였는데 민간 어원에 의해 apple-pie로 재구성된 것으로 추정된다. 그밖에 영국에서는 butter가 소재로 쓰이는 속담들이 많이 발달해 있다. 틸리(Tilley, 1950)와 서튼(Sutton, 2010)의 조사에 따르면 영어는 유럽의 다른 언어들보다 butter를 소재로 한 속담들이 많다고 하는데 대표적인 예를 들면 다음과 같다:

That is for that, and butter's for fish.

As sure as if it had been sealed with butter.

Butter is good for anything but to stop an oven.

Butter is gold in the morning, silver at noon, lead at night.

That which will not be butter must be made into cheese.

Butter is mad twice a year.

To melt like butter before the sun.

Butter is once a year in the cow's horn.

No butter will stick to his bread.

His bread is buttered on both sides.

It is a good knife; it will cut butter when it is melted.

Be not a baker if your head be of butter.

All is not butter that the cow shits.

이밖에도 "재수 없는 놈은 곰 잡아도 쓸개 없다"라든지 "뒤로 넘어져도 코가 깨진다"는 한국 속담과 유사한 뜻으로 영어에서는 "빵이 떨어질 때는 꼭 버터 바른 쪽으로 떨어진다"(The bread never falls but on the buttered side)고 한다. 또한 "곳간에서 인심 난다"는 말과 비슷하게 "They that have got good store of butter may lay it thick on their bread"이라고 한다. 영어 단어 butter는 관용적으로 "butter someone up"이란 '~에게 아첨하다'의 뜻으로 쓰이고, "butter wouldn't melt (in somebody's mouth)"라는 말은 '겉보기에 벌레 한 마리도 죽이지 못할 얼굴을 하고 있다'라는 뜻으로 겉과 속이 다를 때 쓸 수 있는 말이다. 또한 "bread and butter"란 'a bread and butter job'이나 'bread and butter education'과 같은 문구에서 보듯이 '주된 소득원인, 먹고 살기 위한, 중요한'이라는 뜻을 갖게 되는데 이는 빵과 버터가 그만큼 필수품이기 때문에 비유적으로 그런 의미가 파생된 것으로 보인다. 같은 영어권이라도 미국에서는 "meat and potatoes"라는 표현을 '기본적인 것' 또는 '핵심적인 부분'의 비유적 의미로 사용하기도 한다.

butter와 밀접한 관계에 있는 음식 어휘인 bread라는 단어 역시 비유적 어법에서 많이 쓰이는데 "eat idle bread"나 "beg one's bread"는 '무위도식' 하다라는 뜻으로 bread가 양식(糧食)이라는, 보다 일반적인 상위 개념을 비유적으로 표현하는 것이다. 따라서 'bread-winner'란 '한 가족의 생계를 해결하는 사람'이 되고 'earn one's bread'는 '밥벌이를 하다', 즉 '생활비를 벌다'라는 뜻이 되며 'be out of bread'는 '밥줄이 끊긴'이라는 뜻이 된다. 어떤 방언에서는 bacon을 써서 '생활비를 벌다'라고 할 때 "bring home the bacon"이라고 하기도 한다. "A crust is better than no bread"라는 속담은 '빵 부스러기라도 없는 것보다 낫다'라는 뜻으로 '아쉽지만 최선의 방책이 불가능할 때 차선책이라도 감수해야 한다'는 함축적 의미가 있다. 또한 'a bread-and-butter letter'는 어떤 대접을 받고 난 후 환대에 감사하는 답례 편지를 뜻하는데 이는 환대를 받았으면 반드시 답례를 해야 한다는 인식에서 비롯된 표현이다. 정치학에서 'bread and circuses'란 한 정부가 국민들의 불만을 호도하기 위해 임시방편으로 내리는 조치나 정책을 말하는데 지난번 유가가 급등했을 때 근원적으로 문제를 해결하지 못하고 3개월이라는 한시적으로 모든 주유소의 유가를 내리도록 한 결정도 그런 예라고 볼 수 있다. 마지막으로 'be on the bread line'이란 '구호대상이 될 정도로 빈곤한'이라는 뜻으로 사용된다.

지금까지 살펴본, 식재료를 소재로 한 속담 외에도 주방용품이나 식기를 소재로 한 속담들도 있다. "Empty vessels make the greatest noise"는 한국어의 “빈 수레가 요란하다”와 거의 일치하고, “The pot calls the kettle black”은 “똥 묻은 개가 겨 묻은 개 나무란다”나 “가마솥이 검다고 밥도 검을까”와 의도하는 바가 비슷한데, 이 모두 외양보다는 실속이나 마음이 중요하므로 함부로 남을 평가하지 말라는 경구로 해석된다. 중국어에서는 ‘솥과 부엌이 정갈하면 병이 나지 않는다’는 뜻으로 “鍋竈淨少生病”이라고 하며, “밥솥을 매달아놓고 종 대신 친다”(飯鍋弔起來當鐘打)라는 속담은 가난한 생활을 묘사한 것이다. 또한 음식과 일 또는 말을 비유하는 속담도 많이 있다. 예를 들어 “먹을 때는 적어야 하고, 일할 때는 많아야 한다”는 말은 ‘먹는 것은 약간 적게 먹는 것이 좋고, 일은 많이 하는 것이 좋다’는 뜻을 대구법의 형식으로 전달하고 있고, “고기는 씹어야 맛이요 말은 해야 맛이라”라든지 “음식은 갈수록 줄고 말은 갈수록 는다”나 “말은 할 탓이요, 술은 먹을 탓이다” 역시 모두 음식과 말의 관계를 대구법의 형식으로 묘사하고 있다. 중국어에서 “부지런히 일하면 밥이 가득하고 시원한 곳에 앉아 있으면 배가 고프다”(勤勤幹滿滿飯 凉凉座 荒荒餓)라든지 “얼어 죽은 파리는 있어도 피곤해서 죽은 꿀벌은 없다”나 “일찍 일어나고 늦게 자면 양식 창고가 가득 찬다”라는 속담도 모두 근면함의 중요성을 말해주는 것으로 한국어 속담의 “거지도 부지런해야 더운밥을 얻어먹는다”와 완전히 일치하지는 않지만 의미상 유사점이 있다. 뿐만 아니라 중국 속담에서 “솜씨 좋은 사람도 밀가루 없이는 만두를 못 만든다”라든지 “뛰어난 재주를 가진 며느리라도 쌀이 없으면 밥을 지을 수 없다”라는 말은 모든 일에는 필요한 절차와 순서가 있다는 것을 뜻하는데, 이는 한국어의 “김칫국부터 마시지 마라”라든지 영어 속담인 “Don’t count your chickens before they are hatched”나 독일어 속담인 “제비 한 마리가 왔다고 여름이 된 것은 아니다”(Eine Schwalbe macht noch keinen Sommer)와 일맥상통하는 점이 있다.

이상에서 본 속담은 보다 추상적이고 이해하기 어려운 '일하기'나 '말하기'의 영역을 보다 구체적이고 이해하기 쉬운 '먹기'의 영역과 관계를 맺어 비유적으로 표현하는 것이다. 비유에 관한 고전적인 이론인 리처즈(Richards, 1936)의 분석에서는 비유법에서 표현하고자 하는 생각이나 감정을 주지(主旨, tenor)라고 하고 그 주지를 드러내는 수단이나 표현 방식을 매체(媒體, vehicle)라고 한다. 즉 주지는 원관념이고 매체는 보조관념이라고 할 수 있는데 이 둘은 일정한 긴장(tension)관계에 있어야 하고 이 관계를 이해하기 위해서는 그 비유법을 접한 사람이 그 관계를 풀어내는 유추(類推, analogy) 작용이 가능해야 한다. 즉 유추란 어떤 기준이 되는 대상에 대해 다른 대상이 비슷한 성질을 갖고 있을 것으로서, 추정해 내는 추리 작용을 말한다. 이처럼 원관념과 보조관념이 유추를 통해 관계가 파악될 때 이들 사이에는 상호 일깨우기(interanimation)가 일어나 비유가 해석될 수 있다고 한다. 앞에서 본 속담들은 음식과 일 또는 말 사이의 관계를 유추해서 상호 일깨우기가 일어나 그 비유적 의미가 파악된다. 그런데 스턴버그, 투랑고, 니그로(Sternberg, Tourangeau and Nigro, 1993)의 연구에서 비유는 두 개념 사이에서 일어나는데, 좋은 비유는 서로 떨어진 두 개의 개념 공간에 속해 있지만, 이 두 개념적 공간이 멀리 떨어져 있을수록, 즉 쉽게 연상이 일어나지 않을수록 좋은 비유가 된다. 그런 점에서 음식과 말 또는 음식과 일은 음식과 식기라든지 음식과 주방에 비해 그 개념적 거리가 더 멀리 떨어져 있어서 음식을 식기에 비유하는 것보다 상상의 노력이 더 필요하지만 그 결과는 더 효과적인 것이 될 수 있다. 예를 들어 고려가요인 「사모곡」은 주제만 보면 어머니의 사랑을 그리워하는 마음을 애틋하게 묘사한 좋은 작품이지만 어머니의 따뜻한 사랑을 날카롭고 시퍼런 농기구인 '낫'에 비유하고 아버지의 사랑은 '호미'에 비유한다는 점에서 비유에 동원된 각 개념 공간 내에서 상호 의미 영역이 일반적인 추론의 범위를 지나치게 벗어났다는 문제점이 지적될 수 있다.

기호학자인 움베르토 에코(Umberto Eco, 1984)는 속담을 포함한 모든 언어 표현의 개념적, 의미적 공간은 해석에 필요한 개념을 나열한 낱말사전과 같은 것이라기보다는 순서 없이 제시되는 파노라마들을 모아놓은 백과사전에 가깝다고 본다. 이런 백과사전적 개념 구조는 일종의 네트워크적인 체계를 갖는데 음식 속담을 제대로 이해하기 위해서는 그 속담이 쓰이는 문화와 사회에 대한 백과사전적 개념 구조를 이해해야 하며 이는 단편적인 지식이 모여 하나의 그물망처럼 조직될 때 완전한 이해로 가는 길이 생기게 된다. 프레이저(Fraser, 1993)는 비유는 언어 사용의 문제로 화용적 연구를 필요로 한다고 주장하고 있고 앞에서 보았던 블랙(Black, 1993) 역시 속담에서 볼 수 있는 비유적 표현의 의미는 화자의 의도로부터 나오되 맥락에 따라 달리 재구성된다는 점을 강조함으로써 비유의 이해는 축어적 의미에 대한 유추 이상의 동적인 메커니즘이 작용한다고 주장한다. 결과적으로, 속담과 같은 비유적 표현을 이해하는 것은 속담에 담긴 문자적 의미만을 분석해서는 안 되며 그 표현이 가능케 되는 언어 사용의 맥락을 총체적으로 분석할 필요가 있다.

지금까지 살펴본 속담은 한 사회의 기층문화(基層文化)를 이해하는 첩경으로서 그 사회 구성원들의 생활에서 비롯되어 축적된 경험적 지혜와 사고방식을 알 수 있게 해준다. 특히 우리가 관심을 갖고 있는 음식은 모든 문화의 속담에 빈번하게 등장하는데, 이러한 음식 속담은 단순히 그 사회의 식문화에 대해서만 보여주는 것이 아니라 더 나아가 그들이 공유하는 인간 및 사회 전반에 대한 믿음이나 가치에 대해서도 꾸밈없이 진솔하게 보여주기 때문에 여러 언어에 쓰이는 음식 속담을 깊이 연구하고 결과를 서로 나누는 것은 그 언어를 쓰는 사람들과 사회, 문화에 대해 이해하는 것으로서 그 학문적 의의가 높다고 할 것이다.

음식은 단순히 먹을 것에 머무는 것이 아니라 우리의 삶을 규정짓는 중요한 요소가 된다. 브리야 사바랭(Brillat-Savarin)은 1826년에 "You are what you eat"라고 했는데 이는 의학적, 사회적, 문화적 함의로 다양하게 해석되지만 결국 음식의 중요성을 지적한 것임에는 틀림없다. 버지니아 울프(Virginia Woolf)는 "음식을 잘 먹지 못하면 생각이나 사랑도 잘 할 수 없다"고 했고, 샐리 에드워즈(Sally Edwards)는 "구질구질한 삶을 살고 싶지 않다면 구질구질한 음식을 먹어서는 안 된다"고 했다. 물론 이런 말들은 언어학자의 관점에서 볼 때 언어에도 그대로 적용될 수 있다. 즉 말을 잘 하지 못하면 당연히 생각이나 사랑도 잘 할 수 없을 것이며, "구질구질한 삶을 살고 싶지 않다면 구질구질한" 말을 해서는 안 될 것이다. 또한 오스카 와일드(Oscar Wilde)는 좋은 "저녁식사 한 끼로 누구든 용서할 수 있다"고 했지만, 우리 속담은 "말 한마디로 천 냥 빚을 갚는다"고 한다. 볼테르(Voltaire)는 "하나님께서 우리 인간이 먹고 마시는 것을 단순히 필요에 의한 것이 아니라 즐거움을 주는 것이 되게 해주신 덕분에 이 세상의 누구도 먹고 마시는 것에 싫증을 내지 않게 되었다"고 말한 바 있다. 마찬가지로 하나님께서 우리 인간의 혀와 입, 치아, 구개, 후두, 성대 등의 기관들을 그냥 놔두지 않고 우리의 뜻과 감정을 적절히 전달할 수 있는 효과적인 발성기관으로 사용할 수 있게 해주신 덕분에, 아니면 우리 인간이 그런 방식을 진화의 과정 속에서 터득하게 된 덕분에, 우리 인간은 언어 없이 지내는 것보다 상상도 할 수 없을 정도로 비약적인 발전과 최고 수준의 문화적 생활을 영위할 수 있게 되었다. 이처럼 인간 존재의 기본적인 양대 필수요소로서 음식과 언어는 그만큼 절제 있고 현명하게 사용할 때에 우리에게 큰 건강과 행복을 안겨주는 기쁨의 원천이 될 수 있을 것이다.

참고문헌

김진악. 2007. 『한국 수필의 표정』. 지식더미.

김하수, 1999. 「한국어 외래어 표기법의 문제점」. 『배달말』 25. 배달말학회.

도종의. 1998. 『남촌철경록』. 타이베이: 신세기 만유문고.

박완서. 1993. 『도시의 흉년』. 세계사.

유몽인. 2006. 『어우야담』. (신익철 외 옮김). 돌베개.

이성범. 2004. 「의사소통에서 미결정적 정보내용의 명시화 과정 연구」. 『언어』 29. 377~417쪽.

이성범. 2007. "Metapragmatics of Speech and Its Interactions with Pragmatic Inferences". 『담화와 인지』 14.2. 117~136쪽.

이시진. 1929. 『두주국역본초강목』. 동경: 춘양당.

진동혁. 1976. 『고시조문학론』. 형설출판사.

천승세. 1975. 『황구의 비명』. 창작과비평사.

최창렬. 1999. 『우리 속담 연구』. 일지사.

최창모. 2003. 『금기의 수수께끼: 성서 속의 금기와 인간의 지혜』. 한길사.

홍만선. 1973. 『산림경제』. 경인문화사.

Aitchison, J. 1994. *Words in the Mind.* second edition. New York: Blackwell.

Anderson, E. N. 2005. *Everybody Eats*. New York: New York University Press.

Backhouse, A. E. 1994. *The Lexical Field of Taste*. Cambridge: Cambridge University Press.

Barber, K. 2010. "In Praise of Shadows: Japanese Language for Japanese Food Experience". In R. Hosking, ed., *Food and Language*, Proceedings of the Oxford Symposium on Food and Cookery 2009. Devon: Prospect Books. pp. 37~41.

Black, M. 1993. "More about Metaphor". In A. Ortony, ed., *Metaphor and Thought*, 2nd ed., Cambridge: Cambridge University Press. pp. 19~41.

Boroditsky, L. 2003. "Linguistic Relativity". In L. Nadel, ed., *Encyclopedia of Cognitive Science*. London: MacMillan Press. pp. 917~921.

Bourdieu, P. 1979. *Distinction: A Social Critique of the Judgement of Taste*. translated by Richard Nice in 1984. Cambridge: Harvard University Press.

Bourdieu, P. 2005. "Taste of Luxury, Taste of Necessity". In C. Korsmeyer, ed., *The Taste Culture Reader: Experiencing Food and Drink*. New York: Berg. pp. 72~78.

Boxer, D. 2002. *Applying Sociolinguistics*. Amsterdam: John Benjamins.

Broadbent, D. E. 1977. "Levels, Hierarchies and the Locus of Control". *Quarterly Journal of Experimental Psychology*, 29. pp. 181~201.

Buck, L. B. 2004. "Unraveling the Sense of Smell". *Nobel Lecture*, December 8, 2004.

Campbell, B. 1998. *Human Evolution: An Introduction to Man's Adaptations*. New York: Aldine.

Carlson, G. 1977. "A Unified Analysis of the English Bare Plural". *Linguistics and Philosophy*, 1. pp. 413~458.

Chesterton, G. K. 1929. *Generally Speaking*. New York: Dodd.

Chiras, D. D. 2005. *Human Biology*, 5th edition. Boston: Jones and Bartlett Publishers.

Cotter, C. 1997. "Claiming a Piece of the Pie: How the Language of Recipes Defines Community". In *Recipes for Reading: Community Cookbooks, Stories, Histories*, ed. by Anne L. Bower. Amherst: University of Massachusetts Press. pp. 51~72.

Cruse, D. A. 1986. *Lexical Semantics*. Cambridge: Cambridge University Press.

Eco, U. 1984. *Semiotics and the Philosophy of Language*. Bloomington: Indiana University Press.

Fisher, M. F. K. 1983. *With Bold Knife and Fork*. New York: Counterpoint.

Fraser, B. 1993. "The Interpretation of Novel Metaphors". In A. Ortony, ed., *Metaphor and Thought*, 2nd ed., Cambridge: Cambridge University Press. pp. 329~341.

Freedman, P. 2010. "The Rhetoric of American Restaurant Menus and the Use of French".

In R. Hosking, ed., *Food and Language*, Proceedings of the Oxford Symposium on Food and Cookery 2009. Devon: Prospect Books. pp. 129~136.

Goffman, I. 1981. *Forms of Talk*. Philadelphia: University of Pennsylvania Press.

Grice, H. P. 1975. "Logic and Conversation". In P. Cole, ed., *Syntax and Semantics* 3. New York: Academic Press. pp. 41~58.

Harris, M., ed. 1997. *Working at the Interface of Cultures: Eighteen Lives in Social Science*. London: Routledge.

Hofmann, T. R. 1993. *Realms of Meaning: An Introduction to Semantics*. London: Longman.

Hofstede, G. 2000. *Culture's Consequences, International Differences in Work-related Values*. London: Sage.

Huehnergard, J. 2000. Proto-Semitic Language and Culture. In *The American Heritage Dictionary of the English Language, Fourth Edition*.

Katz, J. and J. Fodor. 1963. "The Structure of a Semantic Theory". *Language* 39. pp. 170~210.

Kiple, K. F. 2007. *A Movable Feast: Ten Millennia of Food Globalization*. Cambridge: Cambridge University Press.

Kuipers, J. C. 1984. "Place, Names, and Authority in Weyewa Ritual Speech". *Language in Society*, 13. pp. 455~466.

Kuipers, J. C. 1998. *Language, Identity and Marginality in Indonesia: The Changing Nature of Ritual Speech on the Island of Sumba*. Cambridge: Cambridge University Press.

Lakoff, G. and M. Johnson. 1980. *Metaphors We Live By*. Chicago: The University of Chicago Press.

Laudan, R. 2010. "What Can the Culinary Historian Learn from the Linguist?" In R. Hosking, ed., *Food and Language*. Proceedings of the Oxford Symposium on Food and Cookery 2009. Devon: Prospect Books. pp. 209~216.

Lehrer, A. 1972. "Cooking Vocabularies and the Culinary Triangle of Lévi-Strauss". *Anthropological Linguistics*, 14. pp. 155~171.

Lehrer, A. 2009. *Wine and Conversation*. New York: Oxford University Press.

Lévi-Strauss, C. 1965. "Le triangle culinaire". *L'Arc*, 26. pp. 19~26; English translation: "The Culinary Triangle". *Partisan Review*, 33 (1966). pp. 586~595.

Levinson, S. C. 2000. *Presumptive Meanings*. Cambridge, Mass.: MIT Press.

Lyons, J. 1968. *Introduction to Theoretical Linguistics.* Cambridge: Cambridge University Press.

Malinowski, B. 1923. "The Problem of Meaning in Primitive Languages". In C. K. Ogden and I. A. Richards, eds., *The Meaning of Meaning*. London: Routledge. pp. 146~152.

Maeda, T. 1978. "Chosengo No Mikakuhyoogenkeiyooshi". *Choosen Gakuhoo*, 86. pp. 19~35.

Meredith, G. 1927. *The Ordeal of Richard Feverel*. New York: Modern Lib.

Mey, J. 2001. *Pragmatics*. 2nd edition. Oxford: Blackwell.

Myers, C. S. 1904. "The Taste-Names of Primitive Peoples". *British Journal of Psychology*, 1. pp. 117~126.

Norman, D. 2004. *Emotional Design: Why We Love (Or Hate) Everyday Things*. New York: Basic Books.

Richards, I. A. 1936. *The Philosophy of Rhetoric*. New York: Oxford University Press.

Robinson, J. O. 1970. "The Misuse of Taste Names by Untrained Observers". *British Journal of Psychology*, 61. pp. 375~378.

Rozin, E. 2005. "Flavor Principles: Some Applications". In C. Korsmeyer, ed., *The Taste Culture Reader*. Oxford: Berg. pp. 42~48.

Rumelhart, D. E. 1993. "Some Problems with the Notion of Literal Meanings". In A. Ortony, ed., *Metaphor and Thought*, 2nd ed., Cambridge: Cambridge University Press. pp. 71~82.

Seaberg, A. 1973. *Menu Design, Merchandising, and Marketing*. New York: CBI Publishing (4th edition, 1991).

Sharples, R. 1998. *Stoics, Epicureans and Sceptics*. London: Routeldge.

Sternberg, R. J., Tourangeau, R., and Nigro, G. 1993. "Metaphor, Induction and Social Policy: The Convergence of Macroscopic and Microscopic Views". In A. Ortony, ed., *Metaphor and Thought*, 2nd ed., Cambridge: Cambridge University Press. pp. 277~303.

Sutton, D. C. 2010. "The Language of the Food of the Poor: Studying Proverbs with Jean-Louis Flandrin". In R. Hosking, ed., *Food and Language*. Proceedings of the Oxford Symposium on Food and Cookery 2009. Devon: Prospect Books. pp. 330~339.

Taylor, A. 1975. *Selected Writings on Proverbs*. Ed. by W. Mieder. Helsinki: Suomalainen Tiedeakatemia.

Tilley, M. P. 1950. *A Dictionary of Proverbs in England in the Sixteenth and Seventeenth Centuries: A Collection of Proverbs Found in English Literature and the Dictionaries of the Period*. Ann Arbor: University of Michigan Press.

Waxman, N. 2004. Recipes. *The Oxford Encyclopedia of Food and Drink in America*. Oxford University Press. pp. 247~250.

Zhou, M. 2000. "Metalinguistic Awareness in Linguistic Relativity: Cultural and Subcultural Practices across Chinese Dialect Communities". In Pütz, Martin and Marjolijn H. Verspoor, eds., *Explorations in Linguistic Relativity*. pp. 345~363.

Zwicky, A. and A. Zwicky. 1981. "America's National Dish: The Style of Restaurant Menus". *American Speech*, 55. pp. 83~92.

참고한 웹사이트

http://news.naver.com/main

http://ko.wikipedia.org/wiki/

http://www.boseong.go.kr/board/

http://www.2basnob.com/about.html

http://legacy.www.hani.co.kr/section-021014000/

찾아보기

ㄴ

ㄷ

ㅂ

ㅅ

ㅇ